魏晉南北朝石刻名量詞研究

鄭邵琳／著

漢字語料庫分析叢書

上海古籍出版社

圖書在版編目(CIP)數據

魏晉南北朝石刻名量詞研究／鄭邵琳著.—上海：
上海古籍出版社，2016.11
（漢字語料庫分析叢書）
ISBN 978-7-5325-8076-7

Ⅰ.①魏… Ⅱ.①鄭… Ⅲ.①古漢語—石刻文—數量
詞—研究—中國—魏晉南北朝時代 Ⅳ.①H141
②K877.404

中國版本圖書館 CIP 數據核字(2016)第 087485 號

漢字語料庫分析叢書
魏晉南北朝石刻名量詞研究
鄭邵琳 著
上海世紀出版股份有限公司
上 海 古 籍 出 版 社 出版
（上海瑞金二路272號 郵政編碼200020）
(1) 網址：www.guji.com.cn
(2) E-mail：guji1@guji.com.cn
(3) 易文網網址：www.ewen.co
上海世紀出版股份有限公司發行中心發行經銷
常熟新驊印刷有限公司印刷
開本 635×965 1/16 印張 15.5 插頁 4 字數 212,000
2016 年 11 月第 1 版 2016 年 11 月第 1 次印刷
印數：1—1,100
ISBN 978-7-5325-8076-7
H·143 定價：48.00 元
如有質量問題,請與承印公司聯繫

漢字語料庫分析叢書

國家社科基金重大項目 "秦漢六朝字形全譜"

（項目號：13&ZD131）

出 版 説 明

　　西方標音文字體系語言學之所以成為衆多領域的領先學科,其中一個重要原因就是從十九世紀到二十世紀初大規模資料庫建設,使舊有的語言學成熟為語料庫語言學。在中國乃至整個表意文字區域,這種情況則相對落後。當二十一世紀已過去十幾年,資料庫的建構及使用,仍是部分學科領域中少數專家的事。中國語言文學專業的教員,直到現在仍然有許多人不太明白電腦裏 word 文本跟數據庫結構有何區別。部分標音文字譯介能力健者,能作無間之郵:從西方語言學那裏浮光掠影一二"方法",回到東方表意文字語境中努力尋覓二三用例以"匹配",領異標新三五年。説到底是添了些連自己都不敢相信的混亂。兩種現象有同樣的結果,即導致漢語言文字學進一步滯後與不成體系。

　　漢字語料庫的建設必須邁出沉重的步伐了,二十世紀九十年代末期,經過多方聯繫,我們籌措了百萬元經費,用於包括創刊出版《中國文字研究》、召開首屆國際漢字學術研討會、購買國際品牌硬件系統所構成的一流工作平臺、研發古文字信息系統等。

　　至今猶記,一九九八年元旦前後,有很多天我們是在廈門、廣州、海口或南寧的國際機場度過的。那是一段艱難的時光,雖然是學校漢語言文字學科帶頭人,但上述所有經費支出包括差旅費,都是在這個過程裏自己去争取

1

的，沒有院系的任何資助。我不會忘記當時富有遠見卓識給予慷慨支持的出版家，像廣西教育出版社李人凡總編等。在這套叢書的第一本付梓之際，重提這些淵源，是為了記住學科建設的那個艱難的起點，這些都直接奠定了後來華東師範大學中國文字研究與應用中心進入教育部高校人文社會科學重點研究基地行列的基礎。日月如梭，這些舊事如今已變得陌生而又疏遠，基地的一切，對於一些年輕人來説，似乎都是天然的存在。這時候，我們要記住，無論世事如何變遷，道德恩義是永遠不能忘記的。

　　基地建成伊始，就有明確的規劃：以出土文字大資料挖掘為基礎，發展語料庫文字學，建成以漢字為核心的表意文字數字化學科體系。

　　基於如上定位，基地落實"十五"、"十一五"、"十二五"及"十三五"規劃，先後研發了"魏晉南北朝石刻文獻語料庫"、"隋唐五代石刻文獻語料庫"、"出土古文字語料庫"、"今文字實物用字語料庫"，并在此基礎上，完成了"中國文字發展史"、"漢字斷代調查及漢字發展史"、"表意文字系統調研"等一系列重大項目。與此同時，基地歷屆博士研究生攻讀學位論文選題，也大多依託基地出土文字語料庫平臺，進行專題調查統計分析，可以説，在一定程度上呈現出基地固有的學科特色。

　　根據上述學科建設、研究模式以及所形成的資源特色，基地學術委員會和叢書編委會將每年篩選出當年度相對優秀書目一種（特別集中的年份，會適當考慮增加，但最多不超過兩種），推薦給專業出版社付梓。考慮到出土文字語料庫完全是一個開放系統，書目不追求體系完備，只要或在某個專題上有新意、有價值，或在語言文字的某個類型上有系統、有建樹，甚至是一束有新解、有實証資料的論文集合，都在推選範圍之內。所望博雅君子、專業同好，大家都來參與建設，共同發展吧！

教育部人文社科重點研究基地

華東師範大學中國文字研究與應用中心

漢字語料庫分析叢書編委會

二〇一六年元日

目　録

第一章　緒　論

第一節　選題根據與調研意義

一、選題根據

（一）量詞在漢語乃至漢藏語系中的地位

“漢藏語系語言詞類上的一個特點是有量詞。除藏緬語族有些語言（如藏語、景頗語等）量詞還不太發達外，一般都有豐富的量詞。量詞的作用主要是表示事物的單位和動作行爲的量。此外，許多語言的量詞還兼表事物的類別、形狀、性別、級別等特徵”。[1] 也就是説，漢語量詞的基本功能是稱量，還能利用量詞表示事物的形象特徵而給事物分類，這是量詞的特點。何傑指出：“量詞是漢藏語系語言的獨有特徵。漢語的 11 大詞類中，除了量詞之外，其他 10 類詞都是漢語和印歐語系語言所共有的，只有量詞是印歐系語言的缺項。”[2] 量詞在漢語中有這樣的地位，首先是因爲漢語量詞運用十分普遍。正如吕叔湘所言：“量詞的作用本來應該是使

---

〔1〕　中國大百科全書總編輯委員會：《中國大百科全書·語言文字卷》，北京：中國大百科全書出版社，1988 年(195)。

〔2〕　何傑：《現代漢語量詞研究》，北京：民族出版社，2000 年(10)。

不可計數的事物變成可計數,例如布是不可計數的,加上'尺、米、匹、段'就可以計數了,可以計數的事物不是一個一個地計數的時候,也得用上量詞,如一'群'人、一'屋子'人。這樣的量詞是各種語言都有的。漢語的特點在於量詞應用的普遍化,可計數的事物也需要用量詞,並且這樣的量詞不是一個而是很多。"[1]不僅是事物,計量動作行為也有不同的量詞。這使得量詞自身成為一個完整的體系,成為漢語中一個獨立的詞類。其次,漢語量詞獨特性的核心在個體量詞一類上。度量衡量詞各種語言中均存在,不是漢語量詞的特色。"個體量詞是漢語量詞中最有代表性的一類。個體量詞的意義、語法、修辭都有鮮明的特徵。其中,個體量詞豐富的色彩意義和它的修辭功能,都是印歐語種所不具備的,這就是漢語所'獨'之處,也是漢語量詞最富語言價值的一部分。"[2]王力在《漢語史稿》中談道:"漢語裏有一種特殊的名詞,叫做單位詞(或稱量詞)。單位詞主要有兩種:第一種是度量衡單位,如'尺'、'寸'、'升'、'斗'、'斤'、'兩'等;第二種是天然單位,如'個'、'隻'、'枚'、'匹'、'顆'、'次'、'回'等。第一種是一般語言都具備的;第二種是東方語言所特有的,特別是漢藏系語言所特有的。"[3]本書要研究的"名量詞"是量詞類系中的第一大類,是量詞體系中產生最早、數量最多且特點最豐富的一類,而上文所述"個體量詞"即是"名量詞"的一個子類。

　　名量詞的產生比動量詞早。早在殷商時代的甲骨文中就出現了量詞,如:容器量詞"升"、"卣",貨幣單位"朋"、"珏",個體量詞"丙"等。但是量詞的種類少、數量少,已知確為量詞的不超過十個。表示數量時,數詞直接與名詞結合是比較常見的形態,量詞運用不佔優勢。[4]兩漢時代,量詞有了明顯發展,主要表現在最能代表漢語量詞特色的個體量詞的

---

〔1〕　呂叔湘:《現代漢語八百詞》,北京:商務印書館,1980 年(9)。

〔2〕　何傑:《現代漢語量詞研究》,北京:民族出版社,2000 年(31)。

〔3〕　王力:《漢語史稿》,北京:中華書局,1980 年(234)。

〔4〕　參見黃載君:《從甲文、金文量詞的應用,考察漢語量詞的起源與發展》,《中國語文》1964 年第 6 期。

數量大幅增加,并在先秦基礎上有了進一步分工。數詞與名詞直接結合的方式仍很常見,量詞的運用沒有規律,可用亦可不用。"這類量詞在南北朝特別得到發展,其詞量的豐富,分工的細密,規範的明確,都不是這個時代以前任何一個時代所可比擬的。漢語名量詞發展到這一階段,可以說基本上已經進入成熟時期了"。[1] 此時期以使用量詞爲常態,而且已經形成一種普遍的規律了。在詞序上,"數+量"開始移至名詞之前,使修飾限定名詞的關係更明確,這樣的詞序在魏晉南北朝已形成主流。[2] 在魏晉南北朝奠定的發展框架和規模的基礎上,名量詞在隋唐時期繼續走向壯大,許多量詞個體都發展出了新的意義和用法。爲滿足語言在發展中的新要求,量詞的體系和規範得以不斷調整和補充,從而更加完備。

(二) 石刻語料的價值

魏晉南北朝石刻、隋唐五代石刻,是本書探討魏晉南北朝至隋唐五代時期名量詞的主要語料。這批材料數量龐大,内容豐富,文獻真實性强,字形保存完整,語言獨具特色,是漢語詞彙史研究的重要語料。臧克和師對石刻語料的價值作了詳盡而充分的闡述:

　　漢魏六朝到隋唐五代,是漢語發展史上文字、語音、詞彙以及語法演變最爲劇烈的時期。楷書由發展成熟到規範定型,一直規定了今天漢字使用的基本體制;語音分化、詞彙發展,該時期都是漢語史研究者最爲關注的時間段落。以石刻而言,根據使用場合的規定,存在書面語和口語化兩個鮮明特點:一是書面語特點,像讚頌碑文、墓誌、表銘、文告、經典等石刻文獻類,書面語特徵體現爲格式典雅,祖述句樣,駢散相間,踵事增華,堆垛板重,具有傳承性、誇飾性。二是口語化特點,如契券、造像題記等,大多是平民化的語言,是反映有關

---

〔1〕　劉世儒:《魏晉南北朝量詞研究》,北京:中華書局,1965 年(4)。
〔2〕　參見洪藝芳:《敦煌社會經濟文書中之量詞研究》,臺北:文津出版社,2004年(25)。

時代漢語發展特點的真實語料。漢魏六朝至隋唐五代石刻,構成了這一漫長歷史時段的真實語料。用於系統編纂語言學工具書,可由此補具已經中斷的種種形音義聯繫。

同時,漢魏六朝到隋唐五代,思想史、宗教史、文學史、藝術史等各類文化發展最爲劇烈,呈現出鮮明的時代特色。由於紙張類媒介在這個時期真正進入日常書寫領域,書體獲得空前發展,書體發展的直接意義,就是各類文體全面走向"自覺"。[1]

同時,該時期玄學佛教等精神思想深入傳播,滲透到社會生活各個領域。相對於其他文獻,石刻材料將這些文化事象固定下來,成爲調研中古到隋唐文化生活的主要原始資源。不同類型的石刻文獻具有各自的用詞特徵、文體特徵、語體風格,例如人格詞彙、人名專有詞彙、制度詞彙、宗教儀式用語等,表現出有關時代特有的文化特點、民族文化心理和社會道德價值觀念。例如墓碑、墓誌等禮儀制度用語中最常見的是婚嫁喪葬、姓氏名號、職官勳爵、天文地理、年代曆法等方面的詞語,反映了特定歷史時期的禮儀制度、倫理觀念、風俗習慣、心理特徵,是凝固了的民族禮俗文化,真正稱得上是千年民族文化基本樣本積澱。相對於其他文獻,六朝到隋唐石刻具有真實保存社會生活的基本文化資源屬性。[2]

總而言之,魏晉南北朝隋唐五代石刻材料對於研究漢語文字、詞彙、語法、文化等都具有不可估量的價值。

(三) 石刻量詞研究的缺乏

前賢在石刻研究方面的成果豐碩,主要集中在歷史、字形、考古、書法等方面。從史學角度研治歷代墓誌,以補正史資料之不足,已爲學者重

---

〔1〕 臧克和:《書體發展與文體自覺——魏晉南北朝書體發展的社會因素及社會功能》,《學術月刊》2007 年第 3 期。

〔2〕 臧克和:《金石學走向系統分析》,《中國文字研究》(第十四輯),鄭州:大象出版社,2011 年。

視,而從語言學角度的研究似乎還未蔚然成風。有關魏晉南北朝時期量詞研究的成果也很豐富(參見本章第三節),涉及範圍非常廣泛,引例來源異常廣博,詩詞、曲賦、筆記、小説、史書、佛經、語録、詔令等,可謂應有盡有。然而,各家基本不用或很少使用石刻材料。目前僅見洪藝芳的兩篇論文,分別探討唐咸通十五年《法門寺供物帳碑》中的個體量詞和集體量詞。這樣的研究現狀,顯然與語料本身的價值不符。另外,引入新材料,既可爲獲得新成果提供可能,又可爲已有成果提供佐證,或可修訂前人不確切的論斷。所以我們將視野投向諸家不大注重的石刻材料,力圖從中發掘出一些有價值的第一手材料,并好好利用這批材料做出細緻深入的研究,以期得出有意義的結論。

二、調 研 意 義

我們依託華東師範大學中國文字研究與應用中心研製的《魏晉南北朝石刻文獻語料庫》和《隋唐五代石刻文獻語料庫》,對石刻中的名量詞進行全面整理,並運用二重證據法,結合同時期的傳世文獻和其他出土材料進行研究。我們首先將從石刻材料中提取的名量詞進行分類統計,逐一分析,作準確、細緻的平面描寫。在此基礎上,再將每一個名量詞放到漢語量詞發展的框架中,採用上推下衍的方法,歷時考察其產生和發展演變的過程,探求其發展的動因、規律和特點。此項研究從共時角度看,可以呈現魏晉南北朝時期的量詞系統的整體面貌;從歷時角度看,可以闡明漢語量詞發展演變的過程以及動因。

魏晉南北朝至隋唐五代石刻语料是一個語言寶庫,蘊含着豐富的語言珍寶,而且量詞是漢語的重要詞類。要全面探討量詞的發展,應當盡量利用現有的一切文獻材料,不然就難以得出周全的結論。我們將目光轉向石刻材料:一、可爲中古漢語量詞研究提供新的語言證據,彌補傳統以傳世文獻爲研究對象的不足,填補量詞研究材料上的一項空白。二、可更好地掌握漢語名量詞在這一時期內的使用狀況、發展變化及其所反映出的語言發展的規律,將會推動古漢語量詞研究和石刻語言研究的細化和深化。三、石刻材料年代確定,或可作爲判定這一時期量詞斷代的重要參照系。可考察材料中使用頻率較高的量詞,看其在此時期前後的使用情況,最終判定量詞的斷代。"因爲斷代量詞便需要從用法特別和使用年代明確的量詞入手,進而研究整個量詞系統的發展變化"。[1] 四、可爲其他典籍和出土材料量詞研究提供原始材料和佐證,并可訂正已有成果中因受語料局限等原因而得出的不夠周至的結論。五、對一些量詞現象作出科學合理的解釋,比如量詞和名詞的搭配,最主要是一個語義上的問題。在量詞長期的發展過程中,一些名量搭配的理據已經很模糊了。利用這一漫長历史時段可靠保真的研究材料,或可補具已經中斷的這種聯繫。六、爲現有大型工具書提供新的語料,彌補收詞、書證等方面的不足,可促進漢語工具書的修訂工作。

第二節　名量詞的界定與分類

一、名量詞的界定

名量詞的界定關乎本書的研究對象的確定,關乎語例數據的提取和統計。漢語量詞劃分問題一直比較複雜,爭議頗多,各家的劃分標準不一,見仁見智。但這不是本書探討的重點,因而不作深入討論。我們在提取石刻材料的名量詞時,主要參照邢福義的下述理論。邢福義認爲,"數詞+量詞"構成現代漢語詞類系統中一個特殊的子系統——數量詞系統,其基本特點有二:(1)數詞和量詞定型組合,共同外向。句法組合中,"數量詞"在同三大實詞名動形發生組合關係時,做爲一個整體結構"一致對外"。(2)數詞量詞相互規定,相互促成。當我們看到這樣的結構框架"數 X→名;X 量→名",如果已知項爲"數",未知項 X 一定是"量"。反之,如果已知項爲"量",未知項 X 如果不是"這、那"等指示代詞,或者不

---

〔1〕 洪藝芳:《論法門寺唐代〈衣物帳〉中的個體量詞》,《漢學研究》(第 24 卷)2006年第 2 期。

是"大、小、整、滿"之類形容詞,X一定是"數"。另一種特殊情況是單音量詞重疊式 AA,可以直接跟名詞組合,有時不好再加數詞。不過,它本身包含"每一"或"多"的意思。[1] 可見,能直接進入"數 X"系統,是一個量詞必須具備的條件。在先秦時代,數量詞對於中心詞的位置基本上以後置爲原則。魏晉南北朝時期,數量詞開始轉向前附於中心詞,但後置的現象依然存在。因此,我們在確定石刻材料中的名量詞時,首先確定這個詞可以進入"數 X→名"或"名←數 X"格式中 X 的位置。而且"數 X"之間不能加入其他量詞。就語義上說,偏重於表數或分類,而且"數 X"結構共同指向名詞。

關於表示時間的一類詞,如"年、月、日、旬"等,其歸類也比較棘手。朱德熙、胡裕樹歸爲名詞,趙元任、劉月華稱爲準量詞,吕叔湘稱爲自主量詞,何樂士、馬慶株、高名凱、楊曉敏歸爲量詞。何傑根據能否在前面加數量詞組來分別對待,有的是名詞,有的是時間基數詞,有的是量詞。即便真的將其當作計量時間的度量衡量詞,根據李佐豐對《左傳》量詞的研究,這類詞主要用來說明其後中心語所表示行爲經歷的時間,或者其後的行爲變化是經歷了多少時間之後才發生的。[2] 而我們要研究的是石刻中的名量詞,是用來表示事物數量的。而且,根據我們對量詞的確定標準,這類詞不能進入"數 X→名"或"名←數 X"結構,不應將其歸入量詞系統。所以,這類詞不在我們的研究範圍内。

二、名量詞的分類

從不同的角度出發,分類的標準不同,得到的結果也不一樣。儘管各家持不同的觀點,但目前意見比較一致的是把量詞分爲名量詞和動量詞兩大類別。下層的小類劃分,各家差別較大。名量詞較動量詞起源早、數

---

〔1〕 參見邢福義:《現代漢語數量詞系統中的"半"和"雙"》,《語言教學與研究》1993年第 4 期。

〔2〕 參見李佐豐:《〈左傳〉量詞的分類》,《内蒙古大學學報(哲學社會科學版)》1984年第 3 期。

量多,語義類別和語法功能相對複雜,故分類的差異主要集中在名量詞的内部劃分上。因名量詞本身的複雜性,從單一的句法標準出發或從詞彙意義出發,都難以涵蓋名量詞的所有成員。學者們在古代漢語與現代漢語的名量詞分類上均作了很多探索。

黄盛璋《兩漢時代的量詞》將名量詞分爲稱量的量詞和性狀的量詞,前者又分爲度量衡單位與貨幣單位、容量或盛器、集體的量詞三類。[1] 丁聲樹等《現代漢語語法講話》分爲個體量詞、集體量詞、度量詞、臨時量詞四類。[2] 劉世儒《魏晉南北朝量詞研究》分爲陪伴詞、陪伴稱量詞、稱量詞三類。[3] 李佐豐《〈左傳〉量詞的分類》把名量詞分爲天然量詞和人工量詞,前者包括個體量詞和集體量詞,後者包括標準量詞和容器量詞。[4] 王力《中國現代語法》分爲六類:天然的單位、集體、度量衡及幣制、盛物器、文章中的單位和行爲單位同意義的人物單位。[5] 太田辰夫《中國語歷史文法》將名量詞分爲計量和計數兩類,計量包括度量衡單位和轉用的,計數包括個體和集體兩類。[6] 柳士鎮《魏晉南北朝歷史語法》分爲個體量詞、集體量詞、度量量詞、臨時量詞四類。[7] 向熹《簡明漢語史》(下)分爲度量衡量詞、容器量詞、個體量詞、集體量詞四類。[8] 洪藝芳在系列量詞研究中,將名量詞分爲個體量詞、群體量詞、部分量詞、容器量詞、標準量詞、準量詞、不定量詞七類。何傑《現代漢語量詞研究》分爲個體量詞、集合量詞、部分量詞、借用量詞、臨時量詞、度量衡量詞六類。[9]

---

〔1〕 參見黄盛璋:《兩漢時代的量詞》,《中國語文》1961 年第 8 期。

〔2〕 參見丁聲樹等:《現代漢語語法講話》,北京:商務印書館,1961 年。

〔3〕 參見劉世儒:《魏晉南北朝量詞研究》,北京:中華書局,1965 年。

〔4〕 參見李佐豐:《〈左傳〉量詞的分類》,《内蒙古大學學報(哲學社會科學版)》1984年第3 期。

〔5〕 王力:《中國現代語法》,北京:商務印書館,1985 年(259—274)。

〔6〕 太田辰夫:《中國語歷史文法》,北京:北京大學出版社,1987 年(147)。

〔7〕 柳士鎮:《魏晉南北朝歷史語法》,南京:南京大學出版社,1992 年(207)。

〔8〕 向熹:《簡明漢語史》,北京:高等教育出版社,1993 年。

〔9〕 何傑:《現代漢語量詞研究》,北京:民族出版社,2001 年。

諸家因分類標準和角度的不同,對名量詞的分類還是存在或多或少的差異,似乎很難依照一個統一的標準。我們研究魏晉南北朝石刻中的名量詞時,應以何種標準爲其歸類。汪祎指出:"對量詞的分類必須要注意兩個基本問題:一是研究材料,二是研究材料所處的時代。不同的研究材料,量詞的存在情況肯定會有所差别,對它的歸類也應相應地調整;不同的時代,量詞處在不同的發展階段,以對後代甚至現代漢語量詞的分類方法套用於較前時代的量詞中去,恐難符合那一時代量詞的實際情況。"[1]針對魏晉南北朝石刻中名量詞的具體使用情況,並結合諸家的分類標準,我們借鑒向熹和太田辰夫兩位先生的觀點,將名量詞分爲計數名量詞和計量名量詞兩大類。其中,計數名量詞包括個體量詞和集體量詞兩類,計量名量詞包括度量衡量詞和容器量詞兩類。然後根據個體量詞在魏晉南北朝石刻中的稱量對象的義類,將個體量詞分爲十一類,包括植物類、動物類、交通工具類、人物類、衣物衾簟類、什物類、處所類、造像類、文本卷宗類、種類類和部分類。根據是否含有確定的數量,將集體量詞分爲定數集體量詞和不定數集體量詞兩類。將度量衡量詞分爲度制單位量詞、量制單位量詞、衡制單位量詞、面積單位量詞、幣制單位量詞五類。具體劃分如下表:

			植物類
名 量 詞	計數名量詞	個體量詞	動物類
			交通工具類
			人物類
			衣物衾簟類
			什物類
			處所類
			造像類
			文本案宗類

---

〔1〕　汪祎:《中古佛典量詞研究》,南京師範大學博士學位論文,2008 年(19)。

名量詞	計數名量詞	個體量詞	種類類
			部分類
		集體量詞	定數集體量詞
			不定數集體量詞
	計量名量詞	度量衡量詞	度制單位量詞
			量制單位量詞
			衡制單位量詞
			面積單位量詞
			幣制單位量詞
		容器量詞	

第三節　古漢語名量詞研究概況

在對魏晉南北朝石刻名量詞的使用狀況和發展演變進行分析研究之前,有必要先對目前古漢語名量詞的研究狀況進行一番梳理。一方面,已有的研究成果讓我們明確漢語量詞發展的大致脈絡,了解在此研究領域中哪些問題已經達成共識,哪些問題尚待解決;我們利用新的材料可爲哪些結論提供佐證,哪些結論有待商榷和改進;我們還可以在哪些方面有所深入。另一方面,前賢的研究成果爲我們提供可資借鑒的寶貴方法和經驗,是我們進一步研究量詞的堅實基礎和推動力。在這些基礎上,結合自己的語料做更全面而深入的探索。因本文的研究對象是魏晉南北朝石刻中的名量詞,動量詞不在考察範圍內,故下面介紹的研究成果主要關涉名量詞的研究。

一、專書研究

黃高憲《〈詩經〉數詞量詞的用法及特點》(1982)、李佐豐《〈左傳〉量詞的分類》(1984)、官長馳《〈老乞大諺解〉所見之元代量詞》(1988)

和《〈朴通事諺解〉中的量詞》(1989)、楊曉敏《〈左傳〉的量詞》(1988)、何樂士《〈左傳〉的數量詞》(1989)、周建民《〈金瓶梅〉的量詞系統》(1989)、黃寶生《〈聊齋志異〉中的數量詞》(1991)、劉興均《〈周禮〉物量詞初探》(2000)、張先坦《〈東京夢華錄〉的數量詞》(2002)、馬芳《〈淮南子〉中的量詞》(2002)、于濤《〈老乞大〉和〈朴通事〉的名量詞研究》(2004)、方琴《〈史記〉量詞用法探析》(2005)、孫豔《〈入唐求法巡禮行記〉的量詞》(2005)、謝新瑛《〈紅樓夢〉量詞研究》(2005)、許仰民《論〈金瓶梅詞話〉的物量詞》(2005)、王定康《〈洛陽伽藍記〉中的量詞》(2006)、陸喜英《〈拾遺記〉名量詞研究》(2009)、[法]貝羅貝《〈老乞大〉的個體量詞和語言循環現象之關係》(2010)、楊帆《〈禮記〉量詞研究》(2011)等。

近些年,還湧現出一大批進行量詞專書研究的碩博論文,如:馬芳《〈三國志〉量詞研究》(2003)、崔爾勝《〈水滸全傳〉量詞研究》(2003)、[韓]李宗澈《〈史記〉量詞研究》(2004)、葉桂郴《〈六十種曲〉和明代文獻的量詞》(2005)、賀芳芳《〈齊民要術〉量詞研究》(2005)、過國嬌《〈紅樓夢〉前80回量詞研究》(2005)、魏麗梅《〈紅樓夢〉量詞研究》(2005)、于冬梅《〈呂氏春秋〉的量詞研究》(2006)、劉文正《〈朱子語類〉量詞研究》(2006)、葉松華《〈祖堂集〉量詞研究》(2006)、王遠明《〈五燈會元〉量詞研究》(2006)、徐晶晶《〈三言〉量詞研究》(2008)、夏宇《〈華陽國志〉量詞研究》(2008)、楊琳《"二拍"量詞研究》(2009)、劉雙《〈夷堅志〉量詞研究》(2009)、栗君華《〈兒女英雄傳〉量詞研究》(2010)、余劍《〈諸病源候論〉〈黃帝內經太素〉量詞研究》(2010)、王大瑩《〈後漢書〉量詞研究》(2010)、丁敏《〈醒世姻緣傳〉量詞研究》(2012)、魏洪《〈關漢卿戲劇集〉量詞研究》(2012)等。

這些專書研究大多先對書中各類量詞進行窮盡性的調查分析,運用計量語言學的方法,在定量分析的基礎上進行確切統計和定性分析,旨在立足專書,展現書中全部量詞的面貌。有些論文能進一步將描述性的總結提升到理論高度,并與同時代及不同時代作品進行共時和歷時的比較。

從以上研究成果也可看出，最初對上古、中古典籍中的量詞關注較多，近些年才慢慢將目光轉移到近代作品的量詞上來。這些語料事實的研究從某一角度反映當時的概貌，使量詞的歷史脈絡更加清晰，對量詞整個系統的建立打下基礎。但是對量詞的歸類分組等大多沿襲劉世儒《魏晉南北朝量詞研究》，基本還是保持一個固定模式，並未從專書的量詞使用狀況出發並結合當時的歷史語境來適時歸納出更完善的體例。

二、斷 代 研 究

斷代量詞的研究以大量的語言材料爲基礎，對該時代量詞的使用情況進行詳盡的描述，然後以上推下衍的方式描述量詞的發展演變過程。斷代研究一定程度上是建立在專書研究的基礎上的。二十世紀五六十年代，劉世儒在《中國語文》發表一系列關於魏晉南北朝時期量詞研究的文章：《漢語動量詞的起源》(1959)、《論魏晉南北朝的量詞》(1959)、《魏晉南北朝個體量詞的研究》(1961)、《魏晉南北朝稱量詞研究》(1962)、《魏晉南北朝動量詞研究》(1962)，後在此基礎上擴展成專著《魏晉南北朝量詞研究》(1965)。該書是第一本研究量詞的斷代史專著，後來學者很多以此爲參照系。同時，還有黃盛璋《兩漢時代的量詞》(1961)、黃載君《從甲文、金文的應用，考察漢語量詞的起源與發展》(1964)、趙中方《宋元個體量詞的發展》(1989)、《唐五代個體量詞的發展》(1991)、《唐五代宋元集體量詞的發展》(1992)、[法] 貝羅貝《上古、中古漢語量詞的歷史發展》(1998)、李若暉《殷代量詞初探》(2000)、張穎《發展初期的漢語名量詞特點——漢代量詞研究》(2010)等。

另外，出現了一批進行斷代量詞研究的碩博論文。如：彭文芳《元代量詞研究》(2001)、游黎《唐五代量詞研究》(2002)、達正岳《上古漢語數量詞研究》(2004)、鄧幫雲《元代量詞研究》(2005)、滕一聖《先秦量詞研究》(2006)、王向毅《名量詞在唐代的新發展》(2007)、李建平《先秦兩漢量詞研究》(2010)、曹芳宇《唐五代量詞研究》(2010)等。

三、專 類 研 究

這裏的"專類研究"指專門針對某類詞彙、某類文體或某類出土文獻進行的量詞研究。

（一）基於某類詞彙的量詞研究

顏秀萍《吐魯番出土隨葬衣物疏的物量詞例釋》（2001）、敏春芳《敦煌吐魯番文書中衣物量詞例釋》（2005）、高佳《漢語服裝量詞的形成與演變》（2007）、胡萃《古代貨幣量詞研究》（2008）、敏春芳《敦煌吐魯番出土文書飲食量詞訓釋》（2010）等分別對服飾類、貨幣類、飲食類名量詞進行研究。

（二）基於文體的量詞研究

楊廷治《古詩中的數量詞》（1980）、楊如雪《六朝筆記小說中使用量詞之研究》（1988）、王紹新《唐代詩文小說中名量詞的運用》（1992）、毛永森《古代醫籍中重要的特殊量詞》（1994）、陳穎《蘇軾作品量詞研究》（2003）、孫欣《明代四大傳奇量詞研究》（2004）、陸喜英《魏晉南北朝志怪小說量詞研究》（2010）、朱曉芳《白居易詩歌中的量詞研究》（2012）等均屬這類研究。

（三）基於出土文獻的量詞研究

1. 金文量詞研究

管燮初《西周金文語法研究》（1981）統計了西周金文中量詞的出現頻率。徐正考《漢代銅器銘文中的數量詞》（1999）、趙鵬《春秋戰國金文量詞析論》（2004）、潘玉坤《西周金文語序研究》（第七章）（2005）、徐力《春秋金文量詞考析》（2007）、張桂光《商代金文量詞特點略說》（2009）、畢秀潔《商代金文量詞研究》（2011）等，分別對各時期金文中的量詞進行研究。

2. 簡帛量詞研究

曾仲珊《〈睡虎地秦墓竹簡〉中的數詞和量詞》（1981）、吉仕梅《〈睡虎地秦墓竹簡〉量詞考察》（1996）、徐莉莉《馬王堆漢墓帛書（肆）所見稱數法考察》(1997)、張麗君《〈五十二病方〉物量詞舉隅》(1998)、魏德勝《〈敦煌漢簡〉中的量詞》(2000)、張俊之《帛書〈五十二病方〉數量詞研究》(2002)、王貴元《楚簡遣策中的物量稱數法和量詞》(2002)和《戰國竹簡遣策的物量表示法與量詞》(2002)、陳練軍《〈尹灣漢墓簡牘〉中的量詞》(2003)、《居延漢簡量詞研究》(2003)、《居延漢簡中的量詞詞義演變》(2004)、《居延漢簡中名詞與量詞組合的語義條件》(2004)和《居延漢簡量詞的分佈特徵》(2005)、陳近朱《〈居延新簡〉中物量詞和稱數法探析》(2004)、張俊之《秦漢簡帛方劑文獻數量詞研究》(2004)、吉仕梅《漢代簡帛量詞新論》(2004)、武曉麗《〈張家山漢簡·二年律令〉中的量詞》(2005)、張顯成《張家山漢簡中的量詞》(2006)、《馬王堆三號漢墓遣策中的量詞》(2006)、《漢簡三種量詞研究初探》(2007)和《上博簡(四)中的固定稱數結構》(2008)、肖從禮《從漢簡看兩漢時期量詞的發展》(2008)、楊玲榮《張家山漢簡數量詞與稱數法研究》(2008)、龍仕平《秦簡中的量詞及其歷時演變》(2009)、李建平《先秦兩漢魏晉簡帛文獻中的新興量詞》(2010)等，均就簡帛中的量詞進行研究。

3. 敦煌文獻量詞研究

李思明《〈敦煌變文集〉中的量詞》(1983)、廖名春《吐魯番出土文書新興量詞考》(1990)、周春梅《〈敦煌變文集〉中的稱數法》(1991)、王新華《敦煌變文中量詞使用的幾個特例》(1994)、王文藝《關於敦煌變文量詞語法功能的幾個問題》(1997)、洪藝芳《敦煌吐魯番文書中之量詞研究》(2000)、洪藝芳《吐魯番文書在中古漢語量詞研究上的價值》(2001)、蘇暘《敦煌契約中的量詞》(2003)、洪藝芳《吐魯番文書中的通用量詞探析》(2003)、《敦煌社會經濟文書中的唐五代新興量詞研究》(2003)和《敦煌社會經濟文書中之量詞研究》(2004)、胡繼明《〈吐魯番出土文書〉中的量詞》(2004)、何琴《英藏敦煌文獻(S10—S522)量詞研究》(2011)等，均就敦煌文獻中的量詞進行研究。

4. 石刻量詞研究

僅見洪藝芳《論法門寺唐代〈衣物帳〉中的個體量詞》(2006)和《法門

寺出土唐代〈衣物帳〉中的集體量詞》（2006）兩篇論文。

四、專 題 研 究

（一）名量詞探源

黃載君《從甲文、金文量詞的應用，考察漢語量詞的起源與發展》
（1964）、［法］游順釗《從認知角度探討上古漢語名量詞的起源》（1988）、
張幟《古漢語量詞源流概說》（1991）、陳紱《談漢語陪伴性物量詞的由來
及其應用原則》（1998）、洪波《漢語類別詞起源初探》（1999）、李宇明《拷
貝型量詞及其在漢藏語系量詞發展中的地位》（2000）、李先銀《漢語個體
量詞的產生及其原因探討》（2002）、劉文正《淺談漢語陪伴型名量詞的起
源》（2006）、汪小玲《個體量詞的產生及其歷史演變過程探析》（2009）、步
連增《漢語名量詞起源再探》（2011）等。

（二）名量詞小類研究

個體量詞研究，如：劉世儒《魏晉南北朝個體量詞研究》（1961）、趙中
方《宋元個體量詞的發展》（1989）和《唐五代個體量詞的發展》（1991）、黃
潔《漢語個體量詞與民族具象思維關係論略》（1998）、白冰《宋元時期個
體量詞的變化和發展》（2001）、金桂桃《〈清平山堂話本〉中的個體量詞》
（2002）、鄧幫雲《元代個體量詞量月時的形象色彩與修辭功能》（2004）、
高佳《〈元曲選〉個體量詞研究》（2006）、李瑩《漢語個體量詞產生的機制
與動因》（2008）等。集體量詞研究，如：趙中方《唐五代宋元集體量詞的
發展》（1992）、洪藝芳《法門寺出土唐代〈衣物帳〉的集體量詞》（2006）
等。度量衡量詞研究，如：李富良《先秦到漢魏晉南北朝時期度量衡量詞
歷時研究》（2004）等。可以看出，以上研究主要集中在個體量詞的研究
上，其他小類的研究相對缺乏。

（三）單個名量詞研究

對單個量詞的研究，最初集中在某些有泛化傾向的個體量詞上，圍繞
其產生與興替展開討論。如：洪誠《略論量詞"個"的語源及其在唐以前
的發展情況》（1963）、游汝杰《漢語量詞"個"語源辨析》（1985）、王紹新

《量詞"個"在唐代前後的發展》（1989）、張萬起《量詞"枚"的産生及其歷史演變》（1998）、陳紱《從"枚"與"個"看漢語泛指性量詞的演變》（2002）、李建平《泛指性量詞"枚／個"的興替及其動因——以出土文獻爲新材料》（2009）、謝玉球《從〈全唐詩〉看"個"在唐代的新變》（2009）等。

關於其他量詞的研究成果也有很多。有研究其産生及歷時演變的，如：董樹人《關於量詞"棵"的出現時間》（1987）、葉桂郴《量詞"頭"的歷時考察及其他稱量動物的量詞》（2004）和《漢語中量"人"量詞的歷時考察》（2004）、王彤偉《量詞"頭"源流淺探》（2005）、金桂桃《唐至清的量詞"件"》（2006）、魏兆惠《量詞"通"的歷史發展》（2008）、李計偉《量詞"窠"的産生、發展與量詞"棵"的出現》（2009）、時昌桂《量詞"替"的發展》（2009）、王秀玲《談量詞"領"的起源和發展——兼論"領"和"件"的歷時替換》（2009）、孟繁傑《量詞"條"的産生及其歷史演變》（2009）和《量詞"張"的産生及其歷史演變》（2010）等。有對近義量詞進行辨析或更替研究的，如：牛太清《量詞"重／層"歷時更替小考》（2001）、劉炎飛《從"個"和"枚"等三對量詞的歷時演變看漢語量詞發展的機理》（2008）、王曉蕾《量詞"顆"、"粒"、"枚"的比較研究》（2010）等。有借鑒認知語言學的理論進行量詞研究的，如：宗守雲《從範疇化過程看量詞"副"對名詞性成分的選擇》（2007）、于璐《量詞"幅"的義項分析》（2008）、李翼《從範疇化過程看量詞"雙"對名詞性成分的選擇》（2009）、李計偉《論量詞"根"的形成及其認知語義的多向發展》（2010）、孟繁傑《量詞"片"的語法化》（2011）等。

以上對單個量詞的研究，基本上都有對其源流的探索和使用情況的分析，在分析過程將橫向的共時比較與縱向的歷時比較相結合，使我們對量詞個體有一個清晰的認識。要建立一個完整的體系就需要把大量的量詞個體進行深度加工，進而將這些個體漸次相連成一個系統，這也是在單個量詞研究之後要做的工作。

（四）吸收、借鑒新理論和現代漢語量詞研究成果進行研究

近些年，從事現代漢語研究的學者逐漸從多個角度、採取新方法進行

量詞研究,古漢語研究也應如此。現代語義學、認知語言學、語言類型學、語法化理論的引入,爲古漢語量詞研究注入新活力。另外,適時結合現代漢語量詞的研究成果,也會有效推進古漢語量詞研究。

馬慶株《數詞、量詞的語義成分和數量結構的語法功能》(1990)、邵敬敏《量詞的語義成分及其與名詞的雙向選擇》(1993)從語義角度對現代漢語量詞進行了考察。古漢語量詞研究也受此影響,如:陳玉冬《隋唐五代量詞的語義特徵》(1998)、陳穎《蘇軾作品量詞研究》(2003)、陳練軍《居延漢簡中名詞與量詞結合的語義條件》(2004)、李計偉《論量詞“根”的形成及其認知語義的多向發展》(2010)等,從語義角度進行古漢語量詞研究。

[法]游順釗《從認知角度探討上古漢語名量詞的起源》(1988)、范利《從認知語言學看名詞臨時作量詞的語義演變規律》(2001)、蔣穎《漢語名量詞虛化的三種機制》(2005)、于璐《量詞“幅”的義項分析》(2008)、李計偉《論量詞“根”的形成及其認知語義的多向發展》(2010)、麻愛民《從認知角度看漢語個體量詞“口”的產生與發展》(2011)等,從認知角度進行量詞研究。

龍耀宏《漢藏語系諸語言關於動物量詞“頭”的來源》(1998)、蔣穎《論甲骨文、金文的反響型量詞——兼與藏緬語比較》(2005)、時兵《漢藏等語言中的量詞“頭”》(2009)、步連增《語言類型學視野下的漢語量詞研究》(2011)、張赬《類型學視野的漢語名量詞演變史》(2012)等,均屬於類型學方面的量詞研究。

李訥、石毓智《句子中心動詞與賓語之後謂詞性成分的變遷與量詞語法化的動因》(1998)、李宇明《拷貝型量詞及其在漢藏語系量詞發展中的地位》(2000)、郭攀《古漢語“數(量)·名”二語序形式二論》(2001)、金福芬《漢語量詞的語法化》(2002)、張延俊《也論漢語“數+量+名”形式的產生》(2002)、張誼生《從量詞到助詞——量詞“個”語法化過程的個案分析》(2003)、李宗江《語法化的逆過程:漢語量詞的實義化》(2004)、吳福祥《漢語“數+量+名”格式的來源》(2006)、王紹新《漢語史上名量詞語法化問題》(2010)、安豐存《漢語量詞“匹”詞源及語法化分析》(2011)等,均借鑒語法化理論來研究量詞。

五、小　　結

專書研究最初多關注上古、中古典籍中的量詞,近些年來慢慢把目光放到近代作品的量詞上來。這些語料事實的研究從某一角度反映當時的概貌,使量詞的歷史脈絡更加清晰,但量詞的歸類分組等大多沿襲劉世儒《魏晉南北朝量詞研究》,基本還是保持一個固定模式,未從專書的量詞使用狀況出發,結合當時的歷史語境來適時歸納出更完善的體例。

斷代研究涉及先秦兩漢、魏晉南北朝、隋唐五代、宋元,基本涵蓋整個漢語史發展階段。其中以魏晉南北朝和隋唐五代最爲學者關注,量詞研究成果居多。因魏晉至隋唐是漢語史上語言演變最劇烈的時期,也正是漢語量詞發展的兩個關鍵階段。名量詞內部以個體量詞受關注最多,其他類別相對較少。

專題研究更深入、更細化,量詞的起源、性質、語法功能、適用範圍、名量搭配、數量表示法、發展演變等問題均得到關注。注重理論的運用,吸收和借鑒了現代語義學、認知語言學、語言類型學、語法化理論以及現代漢語量詞研究成果。注意語法分析與語義分析結合,注意漢語與其他親屬語言參照互較。

研究方法上,學者們注意共時描寫和歷時演變相結合,有漢語語法史的觀念。在討論某一時期的量詞時,採用上推下衍的方法同前後時代相比較,能明確本時期量詞在漢語史的地位。同時注意將描寫和解釋相結合。一方面大面積調查語言事實,對例證進行搜集、分類、統計,細緻描寫量詞的面貌。另一方面尋求理論解釋,揭示現象背後的動因、機制和發展規律。但相比描寫工作,解釋工作做得還不夠,需要深入到語言系統內部和人類認知機制。

在材料選擇上,除了傳世文獻外,真實可靠的出土文獻也受到重視,但主要集中在簡帛材料和敦煌文獻上。圍繞石刻材料進行量詞研究的近乎空白。石刻材料中名量詞的使用狀況、與傳世文獻和同時期其他出土文獻有何異同、名詞與量詞的搭配關係、數量結構的位置等,很多問題需要解答。

綜上所述,古漢語量詞研究目前已經取得很大成績,並有很多學者還在積極探索着,但也存在不足和可供挖掘的空間。擴大研究範圍,引入石刻材料,圍繞其名量詞開展細緻、深入的研究十分必要。

第四節　語料來源與研究方法

一、語 料 來 源

佔有數量豐富、內容可靠的語料,是語言研究的前提和基礎。否則,任何探討和研究都只能是空談。石刻材料是第一手資料,時間確定,真實性高,時間跨度大,內容豐富,口語化與書面語特徵共存。更重要的是,大規模使用這批語料全面進行量詞研究,目前未見。我們以石刻材料爲中心語料進行名量詞系統研究,尚屬首次。

根據時代屬性,有關石刻資料主體分爲兩部分。其中,魏晉南北朝石刻材料,包括:《北京圖書館藏中國歷代石刻拓本匯編》(魏晉南北朝 2—8 冊)(中州古籍出版社,1989)、《新中國出土墓誌・河南卷》(文物出版社,1994)、《新中國出土墓誌・陝西卷》(文物出版社,2000)、《新中國出土墓誌・重慶卷》(文物出版社,2002)、《西安碑林全集》(魏晉南北朝與《匯編》不重複部分,廣東經濟出版社,1999)。隋唐五代石刻材料,包括:《北京圖書館藏中國歷代石刻拓本匯編(9—36 冊)》(中州古籍出版社,1989)、《新中國出土墓誌(隋唐五代部分)》(文物出版社,1994)、《中國歷代石刻史料匯編(隋唐五代部分)》(北京圖書館出版社,2000)、《西安碑林全集》(隋唐五代與《匯編》不重複部分,廣東經濟出版社,1999)。對以上石刻文獻匯編中的拓片,"選擇其中屬於六朝到隋唐五代時期,相對完整且清晰可辨者,作爲數據庫加工範圍,也就是符合客觀真實的取捨原則"。[1] 依此原則,遴

---

〔1〕 臧克和:《金石學走向系統分析》,《中國文字研究》(第十四輯),鄭州:大象出版社,2011 年。

選出魏晉南北朝時期共 1 300 餘篇,隋唐五代時期共 4 200 餘篇。

　　爲更好地掌握魏晉南北朝石刻中量詞的使用情形,以及與同時期其他文獻在量詞使用上的共同點和特殊性,我們一方面要結合隋唐五代石刻,在石刻材料内部作歷時比較;另一方面,還要與魏晉南北朝時期的傳世文獻相互印證,運用二重證據法,進一步深入細緻地開展研究。魏晉南北朝時期的筆記小説、史書(如《後漢書》、《宋書》、《南齊書》、《魏書》)等傳世文獻都是本文的輔助材料。[1] 另外,前賢關於魏晉南北朝隋唐五代的敦煌吐魯番文書的量詞研究爲我們提供了很好的參考材料,如洪藝芳的《敦煌吐魯番文書中之量詞研究》(2000)和《敦煌社會經濟文書中之量詞研究》(2004)。其他散見於各刊物的研究成果也從研究思路、研究方法上給我們很多啓發,并提供了一些珍貴的佐證。

二、研 究 方 法

　　(一)統計分類與計量分析相結合。運用計量語言學的方法,進行數量統計,進而作定性分析。我們統計魏晉南北朝石刻材料中名量詞的數量,並對每一個量詞進行歸類,統計調查其全部用例,然後逐一分析,作細緻、靜態的平面描寫。在分析原始數據的基礎上總結量詞的特點以及量詞用法的差別,藉由這個統計結果呈現其規律性、差異性,並呈現其發展演變的趨勢。

　　(二)描寫與解釋相結合。在充分佔有語料的基礎上,盡可能細緻詳盡地描寫石刻中名量詞的類別、適用範圍、在不同時期的發展趨勢等。但描寫只是研究的基礎性工作,我們還要在描寫的基礎上,對語言現象進行科學合理的解釋,發掘語言演變的動因和機制,力求得到一些規律性的認識,達到手段與目標的統一,將研究從細化推向深化。本文重點是採用語

---

〔1〕　在使用這些史書材料時,要區別對待。如方一新在《東漢魏晉南北朝史書詞語箋釋》(黄山書社,1997)前言中所表述的那樣,我們將正文中引錄的當朝文獻如奏疏、文書、信札、家書、詔令、手敕等,當作所記時代的語料。其他的記言、記事部分即人物對話和一般敘事語,則認爲是修史者時代的語料。

義特徵分析法,並結合認知語言學理論,對魏晉南北朝石刻中量詞與名詞的搭配關係作出合理解釋。

（三）對比分析與歷時比較相結合。特點總是在比較映照中才能清晰地體現出來,只有在充分比較的基礎上,才能進行全面的描寫和有效的解釋。首先,石刻材料内部名量詞的對比,即魏晉南北朝與隋唐五代兩個時間段内石刻材料的比較。其次,同一時間段内,石刻材料與傳世文獻中名量詞的對比,即魏晉南北朝石刻與同時期筆記小説、史書等材料的對比參照。再次,同一時間段内不同出土材料内名量詞的比較,即石刻材料與敦煌文獻中名量詞的對比。

（四）語言研究與社會文化背景相結合。語言作爲一種社會現象,其發展必然要受到各種社會因素的影響與制約。量詞與名詞搭配機制的最終形成是語言系統内部發展的要求和必然結果,這是内因。但量詞在使用與發展過程中,與名詞的搭配不可避免地要受到社會、宗教等外在因素的影響,這是外因。本文在探討魏晉南北朝石刻中的名量詞時,注意結合社會文化等因素,比如佛教的廣泛傳播和紙張的廣泛應用,藉此解釋其對量詞與名詞搭配及演變的影響。

第二章 魏晉南北朝石刻 計數名量詞研究

第一節 魏晉南北朝石刻 個體量詞研究

　　"在世界諸語言中,漢藏語系的特點之一是有比較發達的量詞系統。量詞有名量詞和動量詞之分,名量詞中又有個體量詞和非個體量詞之分。非個體量詞幾乎各種語言都有,漢藏語系的真正特點是其多數語言有個體量詞"。[1] 個體量詞之所以能夠從無到有,並成爲漢語量詞中獨具風采的一類,在於它有特殊的語言價值。"一是漢語個體量詞具有獨特的表形性,即形象性;二是漢語個體量詞對於調整音節、統一結構形式起到了積極的作用,使數詞與量詞的結合使用成爲現代漢語的一種普遍的語言現象"。[2] 李宗江亦指出:"個體量詞介乎實詞與虛詞之間,封閉、定位,

---

　　〔1〕 李宇明:《拷貝型量詞及其在漢藏語系量詞發展中的地位》,《中國語文》2000 年第 1 期。

　　〔2〕 司徒允昌:《論漢語個體量詞的表達功能》,《汕頭大學學報(人文科學版)》1991年第 1 期。

詞彙意義抽象,主要起數名組合的中介作用,是漢語特點的表現之一。"[1]作爲漢語量詞體系的核心部分,個體量詞是本書研究的重點。

個體量詞是名量詞的主體,是計量個體的人和事物的量詞,與集合量相對而言。個體量詞的稱量對象通常是可數名詞,在人的認知中爲有界[2]狀態。個體量詞主要用於陪伴名物,並不提供"數量"的信息。還可根據名詞的形狀、大小等使其範疇化,具有表示類別的功能,所以個體量詞常被稱爲"類別詞"。部分個體量詞在先秦時期就已經存在,但並非必須使用,真正開始大規模使用,並最終形成一種穩定的語法規範則是在魏晉南北朝時期。劉世儒指出:"在一般的情況下,數詞和名詞發生關係就經常需要通過量詞作介紹,否則就不合於這個時代用詞造句的規範了。"[3]柳士鎮亦云:"量詞在魏晉南北朝時期發展最爲顯著。以表示天然單位的個體量爲主要標誌的名量詞,在前期初步運用的基礎上得到廣泛使用,進入全面成熟的階段……一個完整的量詞使用範疇已經形成。"[4]

魏晉南北朝石刻中,個體量詞共有二十九個。根據其適用對象的類別和特點,將其分爲植物類、動物類、交通工具類、人物類、衣物衾簟類、什物類、處所類、造像類、文本卷宗類、種類類、部分類共十一組,並分別對組

〔1〕　李宗江:《漢語常用詞演變研究》,上海:漢語大詞典出版社,1999 年(4)。
〔2〕　關於"有界事物"、"無界事物",可參沈家煊:《"有界"與"無界"》,《中國語文》1995 年第 5 期。事物佔據空間,事物在空間有"有界"和"無界"之分。例如,一張桌子要佔據一定的空間,而且有一定的邊界,它是一個"個體",是有界事物。相反,水也要佔據空間,但沒有一定的邊界,水不是一個"個體",是無界事物。有界事物和無界事物的區別特徵按 LAngAcker(1987)主要有以下幾點:1. 無界事物的內部是同質的,有界事物的內部是異質的。例如水,不管怎麽分割,分出的任何一部分都仍然是水。相反,一張桌子是由不同的部分組成的,把桌子分割的結果可能不再是一張桌子。2. 因爲無界事物具有同質性,所以有伸縮性;因爲有界事物具有異質性,所以沒有伸縮性。水加上或減去一些水仍然還是水,一張桌子加上或減去一張桌子就不再是一張桌子了。3. 有界事物具有可重複性,無界事物沒有可重複性。可以有一張桌子,兩張桌子,三張桌子,……,n 張桌子,水沒有這種可重複性。"有界"和"無界"的對立在語法上的典型反映就是名詞有可數和不可數的對立。有界事物是個體,只有個體才是可數的,可數的事物一定是個體。
〔3〕　劉世儒:《魏晉南北朝量詞研究》,北京:中華書局,1965 年(5)。
〔4〕　柳士鎮:《魏晉南北朝歷史語法》,南京:南京大學出版社,1992 年(206)。

內成員進行逐一分析討論。

一、植 物 類

本組量詞稱量與植物相關的名詞,故列爲一組。其成員僅有一個:"根"。

根

《説文·木部》:"根,木株也。""根"本爲名詞,指植物長在土中(或水中)的部分。"根"是植物生存、成長的關鍵部位,主要功能爲吸收養分和固定植物上部分,有的根還能貯藏養料。《北堂書鈔》卷三十:"水背源而流竭,木無根而不長。"漢語中常説"斬草除根"、"拔樹尋根"、"根深本固"、"葉落歸根"、"樹大根深"等,可見"根"在人們思維、觀念中的特殊地位。因其功能上的顯著性,極易在人的認知中凸顯出來。以局部代替整體,通過轉喻的方式完成由名詞到量詞的轉變,最初用於稱量植物的整體。後來,其適用對象擴展到泛指木製之物,繼續發展,"毫毛"等非木質的細長狀事物也可用量詞"根"稱量。

魏晉南北朝石刻中,量詞"根"共出現 2 次。用例如下:

1. 愍兹行流,故於路傍造石井一口,種樹兩十根,以息渴乏。(東魏《李顯族造像碑》)

2. 經始締構,別更列植青松二千餘根。(北周《華岳廟碑》)

例 1、2 中量詞"根"詞彙意義明顯,均用以稱量"樹木",這是其在魏晉南北朝石刻中的存在狀態。在隋唐五代石刻中,其稱量對象仍爲"樹木"。如:

3. 雜樹其肆拾玖根。(唐大中五年《敕内莊宅使牒》)

二、動 物 類

本組量詞均稱量與動物相關的名詞,故列爲一組。其成員共有兩個:"匹$_1$、頭"。

(一)匹$_1$

《説文·匸部》:"匹,四丈也。"段玉裁注:"凡言匹敵、匹耦者,皆於二端成兩取意。凡言匹夫、匹婦,於一兩成匹取意。兩而成匹,判合之理也。雖其半亦得云匹也。馬稱匹者,亦以一牝一牡離之而云匹,猶人言匹夫也。按,字之本義有難定者,如《襪記注》'今謂之匹,猶匹偶之云與',是以匹偶爲本義,而帛二兩爲引申之義也。與許説迥異。四丈爲匹之云,三代時經傳不見。"蔣紹愚指出:"段玉裁的解釋不一定完全恰當。但他説兩個成對的叫匹,一對中的一個也叫匹,則是對的。"[1]關於量詞"匹"的來源問題,衆説紛紜。劉世儒將其納爲兩派:起源於"匹配、匹偶"義的和起源於"布匹"關係的,經過比較,認爲前者説法可靠些。並指出:"大約在當初,'匹'是可以泛用於一切'匹偶'可説之物的。"[2]游順釗認爲:"漢語中幾乎所有的功能語素(虛詞)都是來自實詞的。因此,像'匹'這樣的量詞,作爲一個虛詞,原則上在獲得它的功能意義之前應該具有另外的語義價值。"並指出:"'匹配'的意思可能就是它的原始意義……在跟名詞'馬'相配時,它可能指一匹準備跟另一匹馬配成對,共拉一車的經過訓練的馬。"[3]此説可從。

　　魏晉南北朝石刻中,量詞"匹"可用以稱量"馬"和"布帛",但稱量"布帛"的用法已發展爲度量衡量詞,故於第三章中説明(參見第三章第一節"匹$_2$"條)。魏晉南北朝石刻中,量詞"匹$_1$"共出現 1 次,用以稱量"馬"。用例如下:

　　1. 敕賚馬十匹,金銀千兩,縑數千段,給蔭丁一百五十户。(北齊《劉悦墓誌》)

　　(二) 頭

　　《説文·頁部》:"頭,首也。""頭"本爲名詞,指人身最上部或動物最前部,長着口、鼻、眼等器官的部分。"頭"作爲量詞,來源和"口"同(都是

---

〔1〕　蔣紹愚:《從"反訓"看古漢語詞彙的研究》,載《漢語詞彙語法史論文集》,北京:商務印書館,2000 年(123)。

〔2〕　劉世儒:《魏晉南北朝量詞研究》,北京:中華書局,1965 年(186)。

〔3〕　游順釗:《從認知角度探討上古漢語名量詞的起源》,《中國語文》1988 年第 5 期。

動物體的一部分）〔1〕頭部從外形上看，相對於身體其他部位更突出，容易引起視覺刺激。加上它是人和動物最重要的外在器官，功能顯著，在認知中極具凸顯價值。以局部代替整體，通過轉喻的方式完成由名詞到量詞的轉變。但"頭"和"口"還是有一定的區別。"'口'作爲名詞的詞義引申過程與作爲量詞的用法擴展過程是一致的，都是由人及物；認識世界與計量世界的過程是並行不悖的"〔2〕而"頭"由人的身體部位轉爲量詞後，多稱量動物，一般不用於人。

魏晉南北朝石刻中，量詞"頭"共出現 2 次，均用以稱量"牛"。用例如下：

1. 臺遣監作中將慕容乾，清酒七百斛，牛犢二百頭。（前燕《元璽四年墓磚》）

2. 亡妣康存之日，有牛一頭，願造象，今得成就。（北齊《張龍伯兄弟造像記》）

劉世儒指出："'頭'這個量詞，對於獸類來説，是無所不能適用的。即如'馬'和'羊'，在這個時代，本來都已有了分化的專職量詞了，但是也同樣可以用'頭'量，這也可見它的適應力之強了。……還由此推廣到禽類及一般昆蟲類，這是這一時代特有的用法。"〔3〕但量詞"頭"稱量動物還是以"牛、馬、羊"等體形比較大的動物爲主，如上例 1、2 量詞"頭"稱量"牛"，即是其典型用法。

"頭"從"人頭"到稱量動物的量詞的過程，實際上是順着以義素［+有頭的］爲中心建立起來的以局部替代整體的相聯關係擴展開來。"頭"能稱量各種大小動物，是因爲動物都有頭。"頭"本義即指人頭，但魏晉南北朝時期量詞"頭"稱量的"人"僅爲奴隸、強盜類，含貶義色彩。隋唐五代時期，"子女、孩童等也可用'頭'。當然，這些'人'的共同特徵是地位較

---

〔1〕 劉世儒：《魏晉南北朝量詞研究》，北京：中華書局，1965 年(90)。
〔2〕 汪祎：《中古佛典量詞研究》，南京師範大學博士學位論文，2008 年(24)。
〔3〕 劉世儒：《魏晉南北朝量詞研究》，北京：中華書局，1965 年(92)。

低或年齡較小,而尊者、長者則未見以'頭'爲量詞的"。[1] 如:昔佛在世時,舍衛城中有一長者名黎耆彌,有七頭兒,皆以婚娶。(《法苑珠林》卷九一)佛在世時,有一婆羅門生兩頭女,皆端正。(《法苑珠林》卷九二)趙中方認爲:"佛教認爲人和動物等有生命的都屬於衆生,則此二例用法當與'頭'量'動物'的用法相承。"[2]其說甚是。之後,偶見量詞"頭"稱量"人"的用例。如:宋魏了翁《滿江紅·送西叔兄之官成都》:"未問人間多少士,一門男子頭頭立。"清《玉嬌梨》第十六回:"一位姓趙,號千里;一位姓周,號聖王,這兩頭人,方是真正名士。"而量詞"頭"由稱量有頭之動物到稱量"繭"、"蒜頭"等無頭之事物,則是沿着以義素[+圓形的]爲中心的相似關係擴展開來。人和動物的頭部均位於身體的一端,而且大致是立體球狀。基於這種形狀的相似性而產生的引申,是"頭"意義的進一步泛化。

三、交 通 工 具 類

本組量詞稱量與交通工具相關的名詞,故列爲一組。其成員僅有一個:"乘"。

乘

《説文·桀部》:"覆也。从入、桀。桀,黠也。《軍法》曰:乘。"段玉裁注:"加其上曰乘,人乘車是其一端也。"李孝定《甲骨文字集釋》:"乘之本義爲昇、爲登,引申之爲加其上。許訓覆也,與加其上同意,字象人登木之形。"《詩·豳風·七月》:"亟其乘屋,其始播百穀"。毛傳:"乘,昇也。"《釋名·釋姿容》:"乘,陞也,登亦如之也。"《漢書·陳湯傳》:"夜過半,木城穿,中人卻入土城,乘城呼。"顏師古注:"乘,登也。"朱駿聲《説文通訓定聲》"乘"字下按曰:"凡自下而昇曰登,自上而加曰乘。"由此,"乘"産生

---

〔1〕　曹芳宇:《唐五代量詞研究》,南開大學博士學位論文,2010 年(107)。

〔2〕　趙中方:《唐五代個體量詞的發展》,《揚州師院學報(社會科學版)》1991 年第4 期。

兩個引申義：一爲乘車，二爲許訓之"覆也"。由"乘車"引申爲乘坐的對象、工具，一般指一車四馬的規格。《説文·馬部》："駟，一乘也。"段玉裁注："四馬爲一乘。"《穀梁傳·文公十四年》："長轂五百乘。"范甯注："四馬曰乘。"《莊子·列禦寇》："王悦之，益車百乘。"成玄英疏："乘，駟馬也。"在"乘"這一動作構成的認知場景中，登上"交通工具"是人實現"乘"這一動作的方式和目的。因而，"交通工具"得到凸顯，"乘"這一動作轉喻指稱動作的關涉對象，所以"乘"後來成爲稱量"車"等交通工具的量詞。

魏晉南北朝石刻中，量詞"乘"共出現 1 次。用例如下：

1. 人中石像兩區，寶車一乘。（北齊《魯思明等造像記》）

例 1 中量詞"乘"稱量"寶車"。"寶車"，爲佛教用語。丁福保《佛學大詞典》："以衆寶莊嚴之大白牛車也。以譬一乘之法。《法華經·譬喻品》曰：'以衆寶物造諸大車。（中略）有大白牛，肥壯多力，形體姝好，以駕寶車。'"與"車"可以載人從此處到彼處一樣，"寶車"能運載衆生從生死的此岸到達解脱的彼岸。"乘"在佛教中本就指運載工具，有乘物、运載、运度之義，以名行法，乘行人使至其果地。佛教亦稱解釋教義深淺的等級爲乘，如：大乘、小乘、一乘、二乘、三乘、五乘等。

《漢語大字典》漏收量詞"乘"，當據魏晉南北朝石刻材料予以補充。

四、人　物　類

本組量詞均稱量個體的人，故列爲一組。其成員共有三個："人、口$_1$、級$_1$"。

（一）人

《説文·人部》："人，天地之性最貴者也。此籀文，像臂脛之形。"其甲骨文形體像側面站立的人形，突出臂和腿的部分。本爲名詞，發展爲量詞，用以稱量單個的人。關於"人"的量詞屬性問題，學界爭議頗多。王紹新認爲："'人'只能與數詞一起後附於名詞……無論古今，'人'的量詞性始終不强。"〔1〕范崇高舉例證明"'人'在中古漢語裏有過用如名量詞的現象"〔2〕。隨後,王紹新在探討隋唐五代的量詞"人"時指出,"人"是漢語中産生最早,先秦時代就普遍使用的一個個體量詞。人類社會對人自身計量需求的産生很早,統計勞動力、消費者、戰争的兵員等都是不可或缺的工作。至晚從魏晉時開始,"人"作量詞時詞彙意義開始有所虚化,不一定指純粹意義上的人,還可稱量鬼神之類。"人"常用於統計數量,且在一定條件下,"人"與通用量詞"個"功能相當,可以互换。所以發展到隋唐五代,其量詞屬性已十分成熟。〔3〕後又有專文從分佈、語法化、語用、替换四個方面對此問題作了論證,指出:"至遲到中古近代之交,'人'的量詞性已相當成熟。"〔4〕我們認同王紹新的説法。"人"是一個特殊的量詞,從殷商甲骨起即具量詞雛形,歷經長期發展,保留至今。郭先珍《現代漢語量詞用法詞典》(123頁)"人"字條:"計量人數,多用於統計:學生50人/參觀者100人/傷員三人……"與甲骨文"羌十人"在分佈、意義上有一脈相承的關係。

魏晉南北朝石刻中,量詞"人"共出現137次。兹舉數例如下:

1. 將中軍兵、石木工二千人,始通此閣道。(三國魏《李苞開通閣道題記》)

2. 太和七年,三月一日壬戌,朔十五日丙午,兖州刺史侯電遣士朱周等二百人作畢陳王陵,各賜休二百日。(三國魏《曹植墓建墓磚》)

3. 賞絹千匹,賜御者廿人。(西晉《徐義墓誌》)

4. 兄姊四人。(西晉《王浚妻華芳墓誌》)

5. 而殘王困逼,獻出男女生口一千人,細布千匹。(東晉《高句麗好

---

〔1〕 王紹新:《唐代詩文小説中名量詞的運用》,載程湘清主編:《隋唐五代漢語研究》,濟南:山東教育出版社,1992年(357)。

〔2〕 范崇高:《名量詞"人"示例》,《中國語文》2003年第3期。

〔3〕 參見王紹新:《隋唐五代的一組稱人名量詞》,載《漢語史學報》(第四輯),上海:上海教育出版社,2003年(63—64)。

〔4〕 王紹新:《試論"人"的量詞屬性》,《中國語文》2005年第1期。

太王碑》)

6. 因便抄得莫新羅城,加太羅谷男女三百餘人。(東晉《高句麗好太王碑》)

7. 吏民感戀,扶櫬執紼,號咷如送於京師者二千人。(北魏《元緒墓誌》)

8. 孝昌二年三月廿日,詔遣宿衛禁兵二千人夜圍公第。(北魏《元乂墓誌》)

9. 四月,改授使持節、散騎常侍、都督冀州諸軍事、本將軍、冀州刺史,儀同、開國如故,給班劍廿人。(北魏《侯剛墓誌》)

10. 君令子九人,世稱其美。(北魏《邸元明碑》)

11. 夫人本州都譙國高士夏侯融之女,生男五人。(北魏《寇臻墓誌》)

12. 後夫人本州治中安定席他之女,生男四人。(北魏《寇臻墓誌》)

13. 宜遣縉紳一人,馳馹往禱。(北魏《封魔奴墓誌》)

14. 甲仗一百人,班劍廿,加羽葆鼓吹一部,王公如故。(東魏《蕭正表墓誌》)

15. 是以都邑主杜文雍、都唯那杜英傓、都忠正杜零徽十四人等,上爲皇帝陛下,諸邑七世父母,一切有形,敬造石像一區。(東魏《杜文雍等十四人造像記》)

16. 大魏武定三年,歲次乙丑,四月己酉,朔五日癸丑,清信女劉鳳姜率領同生四十九人等,敬造彌勒下生像一軀。(東魏《劉鳳姜四十九等造像記》)

17. 大魏武定五年,歲次丁卯,七月丙申,朔四日己亥,邑儀一百卅四人等,敬造石像一軀。(東魏《王蓋周等一百三十四人造像記》)

18. 是以合諸邑子七十人等輪有緣,值遇至法、識、信三寶,思建功效於今。(西魏《辛延智造像碑》)

19. 是以都邑主杜照賢、維那杜慧進等十三人,各竭家資,敬造石像一區。(西魏《杜照賢等十三人造像記》)

20．是以邑師法超、道俗、邑子卅人等，妙契玄其，同心上世，體解空宗，玄識幽旨，化導諸人，信心開悟，減割家珍，敬造石像一區。（西魏《法超造像記》）

21．後皇欽德葉，各產子十人，五男五女，再世如一。（北齊《報德像碑》）

22．子四人，君達、德藏、趙客、趙奴。（北齊《李琮墓誌》）

23．女七人。（北齊《李琮墓誌》）

24．昔黃軒廿五子，得姓十有二人。（北齊《薛懷儁墓誌》）

25．武平元年二月十日，賈家莊邑義十六人，敬造白玉像一區。（北齊《賈致和等十六人造像記》）

26．復能合率道俗一百人等，乃是籍冑天基，地承崐嶽，門帶海流，雲柯獨鬱。（北齊《智度等造像記》）

27．爽姑之次第十有五人。（北齊《蔡府君妻袁月璣墓誌》）

28．是以佛弟子十七人等，仰憑聖容，罔睹悟顏，誠心發願，罄捨家珍，敬造釋迦石像一軀。（北周《僧妙等十七人造像記》）

29．謹有道民李元海兄弟七人等，奉法德違，禍罰早鍾，考妣俱背，奄典數載，慈顏永遠，終天罔極。（北周《李元海造像記》）

30．維天和六年，歲次辛卯，四月十五日，邑師比丘曇貴、像主趙富洛、合邑子廿八人等，敬造觀世音像一區。（北周《趙富洛等二十八人造像記》）

其中，例 3、5“人”與數詞結合，處於名詞之後，與量詞“匹”並列使用。可知其與量詞“匹”所處地位相同，更證明了其量詞屬性。劉世儒認爲：“到了南北朝，由於量詞得到空前的發展，這時的‘人’才算向量詞靠攏了一步。尤其是在同其他量詞對用的時候，這種靠攏的情況就更顯著。但也只限於靠攏而已（句法上當量詞用），它並沒有真的就變成量詞，因爲它就是發展到這樣的時代也還是不能前附於中心詞的。”[1]考察魏晉南北

---

〔1〕　劉世儒：《魏晉南北朝量詞研究》，北京：中華書局，1965 年（157）。

朝石刻材料,我們發現了量詞"人"前置於中心詞的用例。即:

31. 真王五年正月八日,上曲陽城内唯那楊天仁等二百人邑義,爲亡邑義造彌勒像一區。(北魏《楊天仁等二百人造像記》)

例 31 中"人"與數詞"二百"組成數量結構"二百人",置於中心詞"邑義"前,表現出很强的量詞性。洪藝芳指出:"初唐時期的吐魯番文書中出現'人'前置於中心詞之用例,此爲前代所未有之現象。"〔1〕范崇高列舉五個量詞"人"前置於名詞的用例,分別爲:四人傳教(《法苑珠林》卷十七引《冥祥記》)、四人宰相(《舊唐書·宦官·王守澄》)、三人力士(《太平廣記》卷一一三"陳安居"引《法苑珠林》)、三四人黄衣小兒(《太平廣記》卷三〇三"奴蒼璧"引《瀟湘録》)、一人白衫(《太平廣記》卷三四八"牛生"引《會昌解頤録》)),〔2〕時間上更爲滯後。由上例 31 可知,**早在魏晉南北朝時期,量詞"人"就已經可以前置於中心詞了,最早的用例出自北魏真王五年(528)的《楊天仁等二百人造像記》。**但在魏晉南北朝石刻中,大多數情况下還是以量詞"人"後附於中心詞爲主,起列舉、人數統計的功能。

蔣穎指出:"'人'不斷遇上其他量詞(如"個"、"條"、"員"、"位"等)分擔其計量單位的功能,特别是與它在色彩、意義上區别不大的量詞'個'的活躍使用,使得'人'的推理虚化過程近於停滯,它没有像其他量詞那樣,完成由'名+數+量'格式到'數+量+名'格式的移位變化,始終只能處於名詞之後,這是'人'發展爲真正的量詞的最大障礙,也是有些學者只能將'人'列入'準量詞'的重要原因。"〔3〕説量詞"個"曾分擔量詞"人"的計量功能是正確的,但從魏晉南北朝石刻材料來看,説量詞"人"始終只能處於名詞之後是不對的。而且,並非是"個"的活躍使用阻止了量詞"人"的虚化,量詞"人"在魏晉南北朝時期能用於鬼神之

〔1〕　洪藝芳:《敦煌吐魯番文書中之量詞研究》,臺北:文津出版社,2000 年(425)。

〔2〕　參見范崇高:《名量詞"人"示例》,《中國語文》2003 年第 3 期。

〔3〕　蔣穎:《漢語名量詞虚化的三種機制》,《雲南師範大學學報》2005 年第 1 期。

類已經是虛化的用法。且據王紹新考察,隋唐五代時期,在一定條件下,“人”與“個”功能相當,可以互換,已純然是量詞屬性。量詞“個”一直未能取代量詞“人”,到現代漢語中兩者仍共存,只不過量詞“人”只能處於“名+數+量”格式。那麼,量詞“人”的前置現象偶見且呈曇花一現之勢的原因何在。蓋如王紹新所言,一爲“人”處於基本詞彙的核心部分,地位獨特。因其古今使用頻率均極高,且其詞義在社會交際中十分重要而又高度穩定。二爲漢語發展史上稱量“人”的量詞衆多,競爭激烈,在此消彼長、分工進一步明確的過程中,量詞“人”不能適應“數/代+量+名”格式,而回歸到“名+數+量”格式,專司列舉、記賬、統計人數或出現在受格律限制的韻文中。[1]

《漢語大字典》、《漢語大詞典》、劉子平《漢語量詞詞典》均不認可“人”的量詞屬性。根據其在魏晉南北朝石刻中的使用情況,當補充其量詞義項。

（二）口₁

“口”本爲名詞,是人和動物進飲食的器官,也是人和大部分動物發聲的器官。《説文・口部》:“口,人所以言食也。象形。”段玉裁注:“言語、飲食者,口之兩大端。”本義專指人的口。“口”是人體的一部分,外形小而且不突起,位置不顯眼,之所以在人的認知中得到凸顯,因其在功能上的顯著性,“口”是人延續生命和維繫社會關係的關鍵器官。一人即有一口,“口”可借代爲人或有口的動物。以局部代替整體,通過轉喻的方式完成由名詞到量詞的轉變,典型的用法是稱量人的整體,但一般不稱量尊者。一般動物和人一樣也有口,所以量詞“口”也可稱量動物。劉世儒指出,南北朝習慣,“口”量動物只以量“羊”居多,其他並不多見。[2] 其原因蓋如臧克和師所言,中國很早就具有發達的畜牧業的情形,而最早是“羊”在六畜中佔據頭等地位,且在中國古代人心目中,“羊”不啻是“吉祥

---

〔1〕　參見王紹新:《試論“人”的量詞屬性》,《中國語文》2005 年第 1 期。
〔2〕　參見劉世儒:《魏晉南北朝量詞研究》,北京:中華書局,1965 年(88)。

福善”的語源和字根。[1] 但魏晉南北朝石刻中未見其稱量動物的用例。

魏晉南北朝石刻中,量詞“口₁”共出現1次。用例如下:

1. 願使夫妻、息紹宗三口,悉皆平善,老者延年,少者益壽。(東魏《成休祖造像記》)

例1中量詞“口”用以計量家庭人員的數量,與“口”的本義密切相關,因家庭成員有口,且需要供養。漢語中常説“有家有口”、“拉家帶口”、“養家糊口”等,可見“口”與“家”關係之密切。量詞“口”稱量家庭成員的用法,一直沿用至現代漢語。

(三)級₁

《説文·糸部》:“級,絲次弟也。”段玉裁注:“本謂絲之次弟,故其字从糸。引申爲凡次弟之稱。”“級”本指絲的優劣等級,引申指事物的等級,特指官階爵位的品級。先秦時期,以戰爭中斬敵首之數量來定戰功獎賞和進爵級別。《韓非子·定法》:“商君之法曰:‘斬一首者爵一級,欲爲官者爲五十石之官;斬二首者爵二級,欲爲官者爲百石之官。’官爵之遷與斬首之功相稱也。”《後漢書·光武帝紀上》:“光武奔之,斬首數十級。”李賢注:“秦法,斬首一,賜爵一級,故因謂斬首爲級。”《正字通·糸部》:“級,首級。秦法斬人首多者進爵一級,因謂之首級。”因而,“級”引申爲稱量“首級”的量詞。進一步引申,還可以用於稱量“戰俘”。

魏晉南北朝石刻中,量詞“級₁”共出現1次。用例如下:

1. 獲將獻俘,千有餘級。(北魏《元端墓誌》)

例1中量詞“級₁”稱量“被俘虜的活人”。劉世儒認爲:“在漢代,除了常用於斬落的‘首’外,還可以引申而用於被俘虜的活人。不過這種用法在漢代並不常見,在南北朝也沒有得到繼承。”[2]從魏晉南北朝石刻來看,量詞“級”稱量“被俘虜的活人”的用法在南北朝依然存在,並未消失。

---

[1] 參見臧克和:《説文解字的文化説解》,武漢:湖北人民出版社,1995年(213)。
[2] 劉世儒:《魏晉南北朝量詞研究》,北京:中華書局,1965年(140)。

五、衣物衾簟類

本組量詞均稱量與衣物或衾簟相關的名詞,故列爲一組。其成員共有四個:"腰、領、邊、幡"。

（一）腰

"腰",古作"要"。《説文·臼部》:"要,身中也。"《墨子·兼愛中》:"昔者楚靈王好士細要,故靈王之臣皆以一飯爲節。"畢沅校:"舊作腰,俗寫。"《楚辭·離騷》:"户服艾以盈要兮,謂幽蘭其不可佩。"洪興祖補注:"要與腰同。"《玉篇·肉部》:"腰,骻也。本作要。""腰"本爲名詞,指人體中部胯上肋下的部分。由於處所與事物的相關關係,通過轉喻成爲量詞,多用以稱量繫於腰間的衣物。但有時"上衣"也在其適用範圍内。

魏晉南北朝石刻中,量詞"腰"共出現 12 次。石刻中"腰"多寫作"要"。用例如下:

1. 故持綺方衣一要。（東晉《潘氏衣物券》）
2. 故練梁衣一要。（東晉《潘氏衣物券》）
3. 故絹梁衣一要。（東晉《潘氏衣物券》）
4. 故布梁衣一要。（東晉《潘氏衣物券》）
5. 故紫碧緮裙一要。（東晉《潘氏衣物券》）
6. 故紫碧袷裙一要。（東晉《潘氏衣物券》）
7. 故絳碧袷裙一要。（東晉《潘氏衣物券》）
8. 故紫紗袷裙一要。（東晉《潘氏衣物券》）
9. 故縹裙一要。（東晉《潘氏衣物券》）
10. 故絳緮袴一要。（東晉《潘氏衣物券》）
11. 故紫黄幣膝一要。（東晉《潘氏衣物券》）
12. 青綢紫綬,十腰銀艾。（東魏《叔孫固墓誌》）

以上諸例,例 1～4 量詞"腰"稱量"衣",其餘各例均稱量與人的腰部緊密接觸的衣物。其中,例 5 稱量"緮裙",指可套棉絮的夾裙。例 6～8 稱量"袷裙",指有里和面兩層的裙。例 9 稱量"縹裙",蓋指青色的裙。

《集韻·沁韻》：“綅，青色。”《顏氏家訓·書證》：“（吳人）呼紺爲禁，故以綅作禁代紺字。”《本草綱目·草部·藍》：“此即今染綅碧所用者，以尖葉者爲勝。”例10稱量“複袴”，爲可套棉絮的夾褲。例11稱量“幣膝”，即“蔽膝”，圍於衣服前面的大巾，用以蔽護膝蓋。《爾雅·釋器》：“衣蔽前謂之襜。”郭璞注：“今蔽膝也。”《方言》卷四：“魏宋南楚之間謂之大巾，自關東西謂之蔽郄。”例12稱量“銀艾”，是古代朝官所配銀印與綠綬之合稱。漢時官秩二千石以上者，配銀質官印，系青色印綬，可懸垂於腰間。《後漢書·張奐傳》：“吾前後仕進，十要銀艾。”李賢注：“銀印綠綬也，以艾草染之，故曰艾也。”

　　《漢語大詞典》“腰”字條義項8：“量詞。用於圍在腰上的東西，如裙、褲、帶等。《周書·赫連達傳》：‘太祖依其規劃，軍以勝還，賞真珠金帶一腰，帛二百匹。’”書證過晚，當據魏晉南北朝石刻材料以提前。《漢語大字典》“腰”字條義項6：“量詞。古代用於指衣帶，相當於‘條’。”釋義過狹。從魏晉南北朝石刻材料來看，量詞“腰”不僅適用於“帶”，更多是稱量“裙、袴”等繫於腰之衣物。此時期，甚至連“上衣”都在其適用範圍之內。

　　關於量詞“腰”的出現時間，劉世儒認爲：“這是後起的量詞，南北朝前期還不見。”[1]所舉最早的例證爲北齊《王江妃棺版墨書》。洪藝芳指出：“在吐魯番文書中以‘腰’作爲量詞之最早例證是例1（筆者按：錦裙一腰），其所屬文書爲高昌延昌七年（567）‘牛辰英隨葬衣物疏’，這時代上並不晚於史書之例‘故京綢袴一要’（《北齊·王江妃棺版墨書》），故‘腰’是吐魯番文書中新興之量詞，後世仍有所沿用。”[2]顏秀萍認爲：“‘腰’在衣物疏中只做‘裙’的單位詞，六世紀中葉後出現。”[3]據我們調查，**魏晉南北朝石刻中，“腰”已經作爲量詞在使用。最早的用例出自東晉**

〔1〕　劉世儒：《魏晉南北朝量詞研究》，北京：中華書局，1965年（129）。

〔2〕　洪藝芳：《敦煌吐魯番文書中之量詞研究》，臺北：文津出版社，2000年（283）。

〔3〕　顏秀萍：《吐魯番出土隨葬衣物疏的物量詞例釋》，《中國語文》2001年第2期。

升平五年(**361**)的《潘氏衣物券》,將量詞"腰"的出現時間提前了至少兩百年。

隋唐五代石刻中,量詞"腰"依然存在,用以稱量"裙、帶"等繫於腰之衣物。如:降敕慰勞,賚絹二百匹,御服玉帶一腰。(唐麟德二年《程知節墓誌》)武后繡裙一腰。(唐咸通十五年《法門寺供物帳碑》)後來,量詞"腰"衰落,逐漸被量詞"條"替代。宋陸遊《老學庵筆記》卷六:"古謂帶一爲一腰,猶今謂衣爲一領。周武帝賜李賢御所服十三環金帶一腰是也。近世乃謂帶爲一條,語頗鄙,不若從古爲一腰也。"可爲其證。

(二) 領

《説文·頁部》:"領,項也。"《詩·衛風·碩人》:"領如蝤蠐,齒如瓠犀。"毛傳:"領,頸也。""領"本義指脖子,後來引申爲衣領。《釋名·釋衣服》:"領,頸也,以雍頸也。亦言總領衣體爲端首也。"《漢書·張騫傳》:"騫從月氏至大夏,竟不能得月氏要領。"顏師古注:"要,衣要也;領,衣領也。凡持衣者,則執要與領。"後世常用"不得要領"來表示沒有抓住問題的重點或關鍵,可見"要"與"領"之於衣服的重要性。衣領是上衣的重要組成部分,以部分代替整體,通過轉喻的方式完成由名詞到量詞的轉變,用以稱量有領子的上衣。宋陸游《老學庵筆記》卷六:"古謂帶一爲一腰,猶今謂衣爲一領。"另外,沒有領子的"鎧甲"等也在其適用範圍內。

魏晉南北朝石刻中,量詞"領"共出現 9 次,多用以稱量有領子的上衣。用例如下:

1. 故練衫二領。(東晉《潘氏衣物券》)
2. 故帛羅縮兩當一領。(東晉《潘氏衣物券》)
3. 故縠縮兩當一領。(東晉《潘氏衣物券》)
4. 故絳襦一領。(東晉《潘氏衣物券》)
5. 故黃縠襦一領。(東晉《潘氏衣物券》)
6. 故紫綾半裕一領。(東晉《潘氏衣物券》)
7. 故紫紗縠羅一領。(東晉《潘氏衣物券》)

其中,例1稱量"衫",即短袖的單衣。《釋名·釋衣服》:"衫,芟也,

芰末無袖端也。"畢沅疏證:"蓋短袖無袪之衣。"例2、3稱量"兩當"。"兩
當"亦作"裲襠"、"兩襠",指無袖無領的短衣,形如今之背心。《釋名·釋
衣服》:"裲襠,其一當胸,其一當背也。"王先謙疏證補:"即唐宋時之'半
背',今俗謂之'背心',當背當心,亦兩當之義也。"例4、5稱量"襦",即短
衣、短襖。《説文·衣部》:"襦,短衣也。一曰曩衣。"段玉裁注:"襦,若今
襖之短者。曩衣猶溫衣也。"例6稱量"半裕",其中第二字原拓作𥘵,李
正光、史樹青、毛遠明均釋作"裕"。據《潘氏衣物券》内容判斷"半裕"當
爲衣物類名詞,但具體指人體哪個部位所着衣物,不甚了解,待進一步考
證。例7稱量"𧝑",蓋爲後世之"襬",指女人的上衣。《玉篇·衣部》:
"𧝑,女人上衣也。"《廣韻·簡韻》:"𧝑,婦人衣。"《集韻·戈韻》:"𧝑,衣
也。"《集韻·簡韻》:"𧝑,女上衣也。"《資治通鑑·宋明帝泰始七年》:
"上流涕曰:'吾近在危篤,故召卿來,欲使著黄𧝑耳。'黄𧝑者,乳母服
也。"胡三省注:"𧝑,女人上衣也。"

可見,稱量衣物,尤其是各種類型的上衣,是量詞"領"的主要用法。
在魏晉南北朝石刻中,不僅上衣,沒有領子的"鎧甲"也可適用。"鎧甲"
是用金屬片或皮革制成的、古代作战時的护身服装。既然是服装,就也可
用量詞"領"稱量。如:

8. 所獲鎧鉀一萬餘領,軍資器械不可稱數。(東晉《高句麗好太
王碑》)

後來,其適用範圍繼續擴大,也可用於稱量"被",蓋因材質、功能上的
相似性類化而來。如:

9. 故被一領。(東晉《潘氏衣物券》)

(三) 邊

《説文·辵部》:"邊,行垂崖也。"段玉裁注:"《釋詁》曰:'邊,垂也。'
《土部》曰:'垂,遠邊也。'《厂部》曰:'厓,山邊也。'《屵部》曰:'崖,高邊
也。'行於垂崖曰邊,因而垂崖謂之邊。"《莊子·知北遊》:"將爲汝言其崖
略。"郭象注:"崖,猶邊際也。"由此引申爲"邊緣"義。《儀禮·士冠禮》:

"皮弁笄、爵弁笄、緇、組、紘、纁邊同篋。"賈公彥疏："纁是三人之赤色,又云邊,則於邊側赤也。若然以緇爲中、以纁爲邊側而織之也。"《禮記·深衣》："古者深衣,蓋有制度。以應規矩,繩權衡。短毋見膚,長毋被土。續衽鉤邊,要縫半下。"鄭玄注："邊,若今曲裾也。""邊"常與"幅"同義連用。"幅"亦指衣服的邊飾。《儀禮·喪服》："凡衰外削幅,裳内削幅。"賈公彥疏："云'衰外削幅'者,謂縫之邊幅向外;'裳内削幅'者,亦謂縫之邊幅向内。""邊幅"常借以指人的儀表、衣着。《後漢書·公孫述傳》:"方乃坐飾邊幅。"李賢注:"邊幅,猶有邊緣以自矜持。"《後漢書·馬援傳》:"天下雄雌未定,公孫不吐哺走迎國士,與圖成敗,反修飾邊幅,如偶人形。"李賢注:"言若布帛脩整其邊幅也。《左傳》曰:如布帛之有幅焉,爲之度,使無遷。"不注意儀表、衣着就是"不修邊幅"。可見,"邊"之於衣服的重要性。"邊"是衣服的一部分,且是有代表性的一部分,用部分代替整體,通過轉喻轉成爲量詞,用以稱量衣物。

魏晉南北朝石刻中,量詞"邊"共出現 1 次。用例如下:

1. 故襩繒二邊。(東晉《潘氏衣物券》)

例 1 中量詞"邊"稱量"襩繒",即"雜繒"。《尚書·顧命》:"牖間南向,敷重篾席,黼純,華玉仍几。"宋陳經《陳氏尚書詳解》卷四二:"黼,黑白雜繒也;純,緣也;以黑白雜繒爲緣也。"例 1 之"襩繒"蓋爲衣物之代稱。結合例 1 在《潘氏衣物券》中的位置:"□□絮巾二枚。故襩繒二邊。故綺飛衣一雙。故要系一具。"此衣物券將諸物分門別類,行文時依類排列,"襩繒"前後皆爲衣物,其亦當爲衣物。"邊"作量詞,稱量衣物,魏晉南北朝石刻中首見,後世文獻中不見其用例。

《漢語大字典》、《漢語大詞典》、劉世儒《魏晉南北朝量詞研究》均未收録量詞"邊"。劉子平《漢語量詞詞典》(7 頁):"邊:名量詞。事物的1/2 或部分的量。可兒化:任化邦跳起來老高,一刀把河邊的一棵古槐砍倒了半邊。(凌力《星星草》)"郭先珍《現代漢語量詞用法詞典》(11 頁)"邊"字條:"名量詞。計量人或事物的一個部分、一個側面、一個方面:兩邊_兒臉/三邊_兒房子/幾邊_兒的事情。"但魏晉南北朝石刻中的量詞"邊"與現代漢語中的量詞“邊”不同。首先，語義基礎不同。前者源自“邊緣”義，後者來自“邊界、邊境”義。《國語·吳語》：“勾踐用帥二三之老，親委重罪，頓顙於邊。”韋昭注：“邊，邊境。”《玉篇·辵部》：“邊，邊境也。”“邊界、邊境”爲國家與國家、地區與地區之間劃分的界綫，亦是兩個區域相接的地方。在此基礎上引申爲量詞，用以稱量可劃分的事物，表示事物的一部分。其次，稱量對象不同。前者稱量二維事物，是平面的；後者稱量三維事物，是立體的，且用法更爲泛化。

（四）幡

《説文·巾部》：“幡，書兒拭觚布也。”段玉裁注：“觚以學書或記事，若今書童及貿易人所用粉版，既書可拭去再書。”朱駿聲《説文通訓定聲》：“幡，即拭布也。”又引申爲“旗幟”義。《廣雅·釋器》：“幟，幡也。”王念孫疏證：“《太平御覽》引《説文》：‘幡，識也。’《古今注》：‘信幡，古之徽號也。所以題表官號以爲符信，故謂爲信幡也。’字亦作‘旛’。《釋名》云：‘旛，幡也。’”《宋史·儀衛志六》：“幡，本幟也，貌幡幡然，有告止、傳教、信幡，皆絳帛，錯采爲字，上有朱緑小蓋，四角垂羅文佩，繫龍頭竿上。”《集韻·元韻》：“幡，一曰幟也。”由“旗幟”義進一步引申爲量詞。

魏晉南北朝石刻中，量詞“幡”共出現 1 次。用例如下：

1. 故細笒一幡。（東晉《潘氏衣物券》）

例 1 中量詞“幡”稱量“細笒”，當指竹席、竹簟。《方言》卷五：“簟，宋魏之間謂之笒。”《廣雅·釋器》：“笒，席也。”王念孫疏證：“笒者，精細之名。《方言》云：‘自關而西，秦晉之間，凡細貌謂之笒。’簟爲篷篨之細者，故有斯稱矣。”《文選·左思〈吳都賦〉》：“桃笒象簟，盛於筒中。”李善注引劉逵曰：“桃笒，桃枝簟也。吳人謂簟爲笒。”“細笒”更突出“笒”之細貌，指精製的簟席。量詞“幡”的語義基礎爲“旗幟”義，可稱量“竹席”，蓋因外形上的相似性。“旗幟”與“竹席”均爲平面片形的事物，均具扁而平的特點。

《漢語大字典》、《漢語大詞典》均未收量詞“幡”。劉子平《漢語量詞詞典》（26 頁）：“幡：名量詞。專用於盾（古）。”劉世儒指出：“‘幡’作爲量詞在南北朝也不常見。在南北朝這是個專用於‘盾’的量詞。（語源待

考。或説就是“旟”的假借字,作爲徽號的。來源上同“幢”是一路。)”〔1〕
從石刻材料來看,南北朝時期,量詞“幡”並不專用於“盾”,還可以稱量
“細筌”。“幡”作量詞,由“旗幟”義而來,因形狀上的相似關係,用以稱量
“盾”、“席”等平面片形的事物。

六、什　物　類

本組量詞均稱量與什物相關的名詞,故列爲一組。其成員共有三個:
“枚、互、口₂”。

（一）枚

《説文·木部》:“枚,榦也。”段玉裁注:“毛傳曰:榦曰枚。引伸爲銜
枚之枚,爲枚數之枚。”《詩·周南·汝墳》:“遵彼汝墳,伐其條枚。”毛傳:
“枝曰條,榦曰枚。”可見,“枚”本爲名詞,爲“樹幹”義。後來引申爲“銜
枚”之“枚”,即古代行軍時,士卒口銜用以防止喧嘩的器具,形如箸。徐
灝《説文解字注箋·木部》:“銜枚之枚,《周禮》‘銜枚氏’注:‘枚狀如箸,
横銜之,爲之繟結於項’是也。”又引申作計數的工具。《尚書·大禹謨》:
“枚卜功臣,惟吉之從。”孔穎達疏:“今人數物云一枚兩枚,則枚是籌之名
也。枚卜,謂人人以次歷申卜之。”進而引申爲量詞。王力認爲:“‘枚’的
本義是樹幹,引申爲單位詞,樹一棵爲一‘枚’。《史記·貨殖傳》正義引
《釋名》:‘竹曰個,木曰枚。’但是,在現存的古書中,没有樹一棵爲一枚的
例子;‘枚’字已經發展爲意義非常廣泛的單位詞。”〔2〕量詞“枚”稱量
“樹”的用例,張萬起在《漢書》、《後漢書》中找到 4 例〔3〕,李建平又在《未
央宮漢簡》、《居延漢簡》中找到 3 例〔4〕。可見,“枚”作量詞,不是直接由
本義“榦”義引申而來,而是經過“計數工具”這個媒介而間接轉爲量詞
的。而且,“枚”不是逐步發展爲通用量詞的,而是從一開始作量詞就是通

〔1〕　劉世儒:《魏晉南北朝量詞研究》,北京:中華書局,1965 年(188)。

〔2〕　王力:《漢語語法史》,北京:商務印書館,1989 年(27)。

〔3〕　參見張萬起:《量詞“枚”的産生及其歷史演變》,《中國語文》1998 年第 3 期。

〔4〕　參見李建平:《先秦兩漢量詞研究》,西南大學博士學位論文,2010 年(41—42)。

用量詞,適用範圍很廣的特徵一開始就展現出來了。這與其產生的語義基礎密切相關。"由於'枚'作爲算籌之用,是計數的輔助工具而不區分具體事物,所以具備了泛指量詞的語義基礎,而這一語義基礎決定了'枚'在産生伊始就是一個泛指量詞。"[1]我們認同這種觀點。

結合漢代早期文獻與漢代簡牘材料來看,量詞"枚"在當時已經有了相當的發展,不但保留與本義相關、用以稱量"樹幹"的用法,更擴大適用範圍,用法多樣,而且有了泛用之勢。所以李建平認爲:"用作量詞始見於漢代,無論有生、無生之物都可稱量,使用頻率很高,故其成熟時代不是劉世儒、張萬起諸先生提出的魏晉南北朝時期,而應是漢代。"[2]並進一步將其産生的具體時代確定爲西漢初年。劉世儒指出:"又因爲它在漢代就已經得到相當的發展,所以到了南北朝可以適用的方面就更廣泛了。這是適應力最強的量詞,除了抽象名詞及個別事物它還不習慣陪伴外,幾乎是無所不可適應的。"[3]

另外,"枚"在文獻中還可以作度量衡量詞。《周禮・考工記・輪人》:"十分寸之一謂之枚。"孫詒讓正義:"枚一分者,《賈子・六術篇》云:'十氂爲分,十分爲寸。'是十分寸之一,即一分也。"長沙馬王堆漢墓出土遣册:"徑尺六寸一枚。""枚"用來表示固定的長度,蓋與其形狀特徵有關。但此用法不見於魏晉南北朝石刻。

魏晉南北朝石刻中,量詞"枚"共出現 22 次。用例如下:

1. 故銀釵二枚。(東晉《潘氏衣物券》)
2. 故銅鏡一枚。(東晉《潘氏衣物券》)
3. 故刷一枚。(東晉《潘氏衣物券》)
4. 故黄綺枕一枚。(東晉《潘氏衣物券》)

〔1〕 李建平:《泛指性量詞"枚/個"的興替及其動因——以出土文獻爲新材料》,《古漢語研究》2009 年第 4 期。

〔2〕 李建平:《泛指性量詞"枚/個"的興替及其動因——以出土文獻爲新材料》,《古漢語研究》2009 年第 4 期。

〔3〕 劉世儒:《魏晉南北朝量詞研究》,北京:中華書局,1965 年(77)。

5. 故靈一枚。（東晉《潘氏衣物券》）

6. □□絮巾二枚。（東晉《潘氏衣物券》）

7. 故練手巾四枚。（東晉《潘氏衣物券》）

8. 故帛絹手巾二枚。（東晉《潘氏衣物券》）

9. 故白布大巾一枚。（東晉《潘氏衣物券》）

10. 故緅針綫囊一枚。（東晉《潘氏衣物券》）

11. 故黃針綫囊一枚。（東晉《潘氏衣物券》）

12. 故五穀囊五枚。（東晉《潘氏衣物券》）

13. 故糸布針五枚。（東晉《潘氏衣物券》）

14. 故要系一具，錢七枚。（東晉《潘氏衣物券》）

15. 故幹釘五枚。（東晉《潘氏衣物券》）

16. 元璽四年庚戌，朔十四日乙未，奉車都、關內侯馬遠越造均作磚五萬枚，用功三萬二千。（前燕《元璽四年墓磚》）

17. 石羊、碑文各四枚，葬在舍東北五百步。（北魏《李盛墓誌》）

18. 龍碑一枚，石羊二枚，石虎二枚。（北魏《張宜墓誌》）

19. 神龜三年，四月十八日，前御史臺錄事、材官監，故孔閏生墓碣一枚，立記。（北魏《孔閏生墓碣》）

20. 遂得石柱壹枚，長壹丈九尺。（北齊《義慈惠石柱頌》）

其中，例 1 量詞“枚”稱量“銀釵”，例 2 稱量“銅鏡”，例 3 稱量“刷”。此“刷”指古代理髮工具。《釋名・釋首飾》：“刷，帥也。帥髮長短皆令上從也。亦言瑟也，刷髮令上瑟然也。”《文選・嵇康〈養生論〉》：“勁刷理鬢。”李善注引《通俗文》曰：“所以理髮，謂之刷也。”呂向注：“勁刷，謂梳也。”例 4 稱量“枕”，例 5 稱量“靈”。“故靈一枚”在衣物券中的位置爲：“故黃綺枕一枚。故被一領。故靈一枚。故細笙一幡。”《潘氏衣物券》在內容上分門別類，依類排列。“靈”與“枕”、“被”、“笙”並列，後三者均爲衾簟類名詞，則“靈”當亦屬於此類。但具體所指何物，待進一步考證。例 6 稱量“絮巾”。“絮巾”亦作“巾絮”，“頭巾”義。《周禮・天官・玉府》：“掌王之燕衣服、衽席、牀第，凡褻器。”鄭玄注：“燕衣服者，巾絮、寢衣、袍襌之屬。"《三國志·魏志·管寧傳》:"四時祠祭,輒自力强,改加衣服,著絮巾,故在遼東所有白布單衣,親薦饌饋,跪拜成禮。"例7、8 稱量"手巾",即拭面或揩手用的巾。《太平御覽》卷七一六引晉陳壽《漢名臣奏》:"閡伏泣失聲,太后親自以手巾拭閡泣。"南朝宋劉義慶《世説新語·文學》:"殷徐語左右:取手巾與謝郎拭面。"《資治通鑑·梁敬帝紹泰元年》:"霸先懼其謀泄,以手巾絞稜。"胡三省注:"今人盥洗,以布拭手,長七八尺,謂之手巾。"例9 稱量"大巾",指揩物用的巾。《説文·巾部》:"帉,楚謂大巾曰帉。"《方言》卷四:"大巾謂之帉。"《廣韻·文韻》:"帉,亦作帉。"《玉篇·巾部》:"帉,拭物布。帉,同上。"例10、11 稱量"針綫囊",用於裝針綫的口袋。例12 稱量"五穀囊",裝有五種穀物的口袋,用於祭祀。例13 稱量"針",例14 稱量"錢幣",例15 稱量"幹釘",例16 稱量"陶磚"。例17~20 稱量"石碑、石柱、石羊、石虎"等。雖然量詞"枚"在魏晉南北朝石刻中出現次數不多,但適用範圍很廣,用法多樣。可廣泛應用於器物、用具、飾品、衣物配飾、衾簟、磚瓦土石等各種事物,真可謂包羅萬象,反映出其在魏晉南北朝時期的泛用程度之高。

　　魏晉南北朝時期,漢語名量詞大發展,個體量詞最終形成一種穩定的語法規範就是在這個時期,數詞和量詞經常需要量詞的介紹才能産生關係。"許多新的量詞産生了,但有些尚不成熟、不穩定,量詞之間的分工還不甚明確,有些類名詞還缺乏固定的專用量詞。在這種情況下,一個活躍的、虚化了的量詞'枚'就起了積極的作用,它暫時替代了一些類別的專有量詞,和名詞結合,滿足了名詞對專用量詞的需要。這是語言發展中的積極現象,並不是語言的混亂。量詞'枚'的泛用,淡化了名詞和量詞之間的選擇關係,也使量詞'枚'本身更加虚化,更加語法化,它幾乎成了一個計數單位的標誌,而完全忽略了專用量詞的種種特徵。專用量詞滿足了名詞對量詞選擇的各種需要,泛用量詞也滿足了語言表達的另外的需要。"[1]唐宋時期,隨

---

〔1〕　張萬起:《量詞"枚"的産生及其歷史演變》,《中國語文》1998 年第3 期。

着大批專用量詞不斷湧現,量詞的分工越來越明確,對量詞"枚"的衝擊較大。新興專用量詞逐漸替代了"枚"的一些用法,使其適用範圍逐漸縮小。而"量詞分工的日趨細密使得語言表達更爲清晰、形象,但同時也造成了人們記憶的負擔,語言經濟原則要求使用比較少的、省力的或者具有較大普遍性的語言單位,於是又産生了對泛指量詞的需要。"[1]加上漢語的特點又需要一個泛指量詞來稱量那些無專用量詞稱量的事物,虛化程度更高的泛指量詞"個"正好適應了這一需要。量詞"枚"發展至今已不見於口語,在書面語中常用以稱量體積較小的圓形物品,如"獎章、金牌、棋子、硬幣"等,或者稱量"導彈、火箭"等武器彈藥。

(二)互

"互",古與"笐"同,本義指絞繩的器具。《故訓匯纂》"互"字條義項23:"互,古文作笐。《慧琳音義》卷七十二'互相'注。"義項24:"互,或從竹作笐,可以收繩者也。《慧琳音義》卷四十九'遞互'注。"《説文·竹部》:"笐,可以收繩也。從竹,象形。中象人手所推握也。互,笐或省。"段玉裁注:"者字今補。收當作糾,聲之誤也。糾,絞也。今絞繩者尚有此器。從竹,象形。謂其物像工字。……或字當作古文二字。"王筠釋例:"互字象形,當是古文,而説曰'笐或省',倒置矣。笐加竹,非互省竹也。""笐"又可作爲收絲的工具。《廣韻·暮韻》:"笐,所以收絲"。《廣雅·釋器》:"軒謂之笐"。王念孫疏證:"軒,紡車也。紡車所以收絲,故亦謂之笐。"後來,意義虛化,"笐"由"絞繩的器具"引申爲量詞,專門用以稱量纏繞成卷的綫。

魏晉南北朝石刻中,量詞"互"共出現2次。用例如下:

1. 故糸綫二互。(東晉《潘氏衣物券》)

2. 故布綫一互。(東晉《潘氏衣物券》)

其中,例1量詞"互"稱量"糸綫",例2稱量"布綫",應爲纏繞成卷(或束)的狀態。"互"作量詞,魏晉南北朝石刻中首見,其他文獻中皆不

---

[1] 李建平:《泛指性量詞"枚/個"的興替及其動因——以出土文獻爲新材料》,《古漢語研究》2009 年第 4 期。

見。《漢語大字典》、《漢語大詞典》、劉子平《漢語量詞詞典》、劉世儒《魏晉南北朝量詞研究》均未收錄量詞"互"。在隋唐五代石刻中,以量詞"結"稱量"綫",現代漢語中則多用"團"、"卷"等量詞。

例1、2中的"氏"字,史樹青認爲:"氏字李正光同志釋子,非是。此券作互,六朝唐人氏字均如此寫法。此處是數量詞,布綫一氏,就是麻綫一紮。"[1]毛遠明指出:"應是'氏'字。一氏,謂一紮。或以爲'互',備參。"[2]核查此字所出拓片,分別作 **ㄅ**、**手**。"互"字,北魏《邢偉墓誌》"若夫山川迴互,舟壑徂遷,篆素有時歇滅,金石理固難朽"作 **手**,東魏《叔孫固墓誌》"永安多難,櫬槍互起"作 **手**,可資比對。而"氏"字,東晉《高句麗好太王碑》"幹氏利城國烟二,看烟三"作 **弖**,北魏《席盛墓誌》"其時氏渠拔扈,侵梗王略"作 **互**。"砥"字,北魏《王誦墓誌》"勉躬砥礪,動不逾節"作 **砥**。"氏"與"互"的形體差異在於字形最下面爲橫筆,其他部分没有穿過橫筆而形成交叉。由此,我們斷定魏晉南北朝石刻中例1、2的形體當爲"互"字。

(三)口₂

前文已述,"口"本爲名詞,"口"是人體的一部分,外形小而且不突起,位置不顯眼,但因其在功能上的顯著性,在人的認知中得到凸顯。以局部代替整體,通過轉喻的方式完成由名詞到量詞的轉變,典型的用法是稱量人的整體,這和"口"的本義密切相關。(參見本章本節"口₁"條)"口"既能裝入東西,又能取出東西,就像一個容器。因而後來"口"的詞義繼續泛化,量詞"口"的適用對象已不限於有口的生命體,還可以泛用於一些無生命的、有口的器具以及有口的設施。這是沿着以形狀和功能的相似性而建立的相關關係泛化開來的結果。

魏晉南北朝石刻中,量詞"口₂"共出現2次。用例如下:

〔1〕 史樹青:《晉周芳命妻潘氏衣物券考釋》,《考古通訊》1956年第2期。

〔2〕 毛遠明:《漢魏六朝碑刻校注》(第三册),北京:綫裝書局,2008年(8)。

1. 故棺材一口。（東晉《潘氏衣物券》）

2. 愍兹行流,故於路傍造石井一口,種樹兩十根,以息渴乏。（東魏《李顯族造像碑》）

其中,例1量詞"口₂"稱量"棺材",例2稱量"石井"。"棺材"和"石井",在外形上都有明顯的"口狀"特徵,且是在很突出的部位呈現"口狀"。"棺材口"和"井口"都是事物自身和外界發生關聯的通道,且極易被注意到。

七、處　所　類

本組量詞均稱量與處所相關的名詞,故列爲一組。其成員共有四個:"所、處、區₁、丘₁"。

（一）所

《説文·斤部》:"所,伐木聲也。"段玉裁注:"伐木聲乃此字本義,用爲處所者,假借爲處字也。"可知,"所"本義爲"伐木聲",後假借爲"處所"義。《玉篇·斤部》:"所,伐木聲也。又處所。"《吕氏春秋·達鬱》:"厥之諫我也,必於無人之所。"高誘注:"所,處也。"《一切經音義》卷二"無所"注引《三蒼》:"所,處也。"《廣韻·語韻》:"所,又處所也。"由"處所"義引申爲量詞,用以稱量處所。

魏晉南北朝石刻中,量詞"所"共出現2次。用例如下:

1. 元嘉二年八月十三日,於江寧石泉里建□□冢一所。（南朝宋《宋乞墓誌》）

2. 唯大齊天統三年四月十日,佛弟子李磨侯敬造鎮池寺一所,石佛象釋迦一會以報。（北齊《李磨侯造像記》）

其中,例1量詞"所"稱量"冢",例2稱量"寺",均爲人工所製的建築物。劉世儒指出:"南北朝也還有用來量自然狀態或半自然狀態的處所的,這在現代語就大都改用'處'了。"[1]但魏晉南北朝石刻中未見量詞

---

〔1〕　劉世儒:《魏晉南北朝量詞研究》,北京:中華書局,1965年(154)。

“所”稱量自然狀態或半自然狀態的處所的用例。而且,“‘所’所量的中心詞所指的總是‘處所’,若不是‘處所’,也必然是指‘處所’所説的。……這種地方量詞最關重要,若不用它,單位意義就不一樣了。”[1]也就是説,用量詞“所”稱量不是“處所”的中心詞,不僅表示中心詞的數量,還附加了表處所的意義。

關於與處所義完全脱離關係的用法,劉世儒認爲爲數太少,後來也没有得到發展,只是一時的個別習慣,如:武鄉長城縣民韓强,在長城縣西山岩石闕中得玄璽一所……(《石虎別傳》)[2]王紹新考察唐代詩文小説的名量詞,發現量詞“所”可稱量器物,如“鐘”、“杖”,認爲這種用法在唐時依然存在,與魏晉一脈相承,並非“一時個別習慣”。並舉例:每架列鐘十二所,亦依律編之。(樂府21)……紫檀如意杖一所,与弟爲信。(變874)[3]實際上,不僅僅是唐代,唐代以後量詞“所”的這種用法依然存在。如:

3. 惟有石函、藥臼各一所,車轂一具,與真君所御錦帳,復自雲中墮於故宅。(《太平廣記》卷十四)

4. 住草屋數間,唯繩牀一張及木棺一所。(《茅亭客話》卷三)

5. 按之本人,惟稱有破斧一所,反招虛妄。(《舊五代史》卷六十七)

(二)處

《説文·几部》:“處,止也。得几而止。”徐鍇《繫傳》:“《詩》曰:‘爰居爰處。’以爲居者定居,處者暫止而已。”《孫子·軍争》:“是故卷甲而趨,日夜不處。”曹操注:“不得休息,罷也。”由“暫止、休息”義又引申爲“居住、棲息”義。《廣雅·釋詁二》:“處,居也。”《山海經·南山經》:“顒鳥棲林,鱒魚處淵。”居住或棲息需要佔據一定的空間,由此引申爲“處所”義。《廣韻·御韻》:“處,處所也。”在“處”這一動作構成的認知場景

---

[1] 劉世儒:《魏晉南北朝量詞研究》,北京:中華書局,1965年(154—155)。

[2] 參見劉世儒:《魏晉南北朝量詞研究》,北京:中華書局,1965年(155)。

[3] 參見王紹新:《唐代詩文小説中名量詞的運用》,載程湘清主編:《隋唐五代漢語研究》,濟南:山東教育出版社,1992年(360—361)。

中,居於某一"處所"是動作的目的。因而,"處所"得到凸顯,由"處"這一動作轉喻指稱動作的關涉對象,所以"處"成爲量詞,用以稱量處所。

魏晉南北朝石刻中,量詞"處"共出現2次。用例如下:

1. 先生熒陽鄭道昭,掃石置五處仙壇。(北魏《太基山銘告》)

2. 次至兩處石詩之所,對之號仰,彌深彌慟,哀纏左右,悲感傍人。(北齊《鄭述祖重登雲峰山記》)

其中,例1量詞"處"稱量"仙壇",爲人工所製的建築物。例2稱量"石詩",一般"詩"皆論"首","詩"刻在石上,用"處"稱量意在突出"處所"意義。魏晉南北朝石刻中亦未見量詞"處"稱量自然狀態或半自然狀態的處所的用例。量詞"處"與量詞"所"的來源相同,其語義基礎均爲"處所"義,所以其適用範圍包括自然處所、人工處所以及處所内的某種事物。

魏晉南北朝時期,"處"、"所"用法一樣,還没有明確分工。如:

3. 四年正月丁亥,夜有火精三處。

閏月丁巳,夜有火精四所。(《南齊書》卷十九《五行》)

4. 錢署三所,於事爲劇;郊壇六處,在役則優。(《隋書》卷二五《刑法志》)

量詞"處"與量詞"所"一直沿用至現代漢語,並有了明確分工。"量建築單位的用'所'(高樓一所);量天然單位的用'處'(荒山一處)。"[1]《漢語大字典》未收量詞"處",當據魏晉南北朝石刻材料予以補充。

(三)區₁

《説文・匸部》:"區,踦區,藏匿也。"徐鍇《繫傳》:"凡言區者,皆有所藏也。"段玉裁注:"此言委曲包蔽也。區之義内藏多品,故引申爲區域、爲區别。古或假丘字爲之。"由"藏匿"義引申爲"區域、處所"義。《文選・班固〈封燕然山銘〉》:"於是域滅區殫,反斾而旋。"劉良注:"區,亦域也。"

---

〔1〕　劉世儒:《魏晉南北朝量詞研究》,北京:中華書局,1965 年(155—156)。

《文選·張載〈劍閣銘〉》:"矧兹狹隘,土之外區。"呂向注:"區,域也。"《玉篇·匚部》:"區,域也。"由此轉爲量詞,用以稱量建築物。

魏晉南北朝石刻中,量詞"區₁"共出現 10 次。"區"有時寫作"塸"。用例如下:

1. 素有家地,中造墓壹區,入藏。(西晉《杜諷墓門題記》)

2. 規制之初,於寺所絕壁之際,有靈井三區,忽然自成,淨麗淵圓,今古莫見。(北魏《山公寺碑頌》)

3. 賜甲第一區,布帛肇計。(東魏《蕭正表墓誌》)

4. 司州林慮郡共縣城内人,板授城陽太守、汲郡太守隗天念,在城東北三里葬,合十三喪墳五塸銘。(東魏《隗天念墓誌》)

5. 魏武定五年,歲次丁卯,七月丙申,朔九日甲辰戌,清信士佛弟子朱舍,今爲亡父母捨宅一塸[1]造寺。(東魏《朱舍捨宅造寺記》)

6. 於是敦契齊心,同發洪願,即於村中造寺一塸。(東魏《李顯族造像碑》)

7. 但恐年歲久遠,懼徙陵谷,因置祇桓一區,在其壙頭。(東魏《源磨耶壙記》)

8. 造石窟[2]一塸[3],中有斷像。(西魏《蘇方成妻趙鬘造像記》)

9. 合邑四百卅人等,發心敬造石像三區,銘[4]一區。(北齊《殷恭安等造像記》)

10. 及調度於宜州,治□之勝地,求諸爽愷,造寺一區。(北周《張僧

---

〔1〕 查核原拓,拓本作▨,蓋本作"塸",爲"區"字異寫。

〔2〕 石窟,即佛窟。《漢語大詞典》:"佛窟:佛寺的一種,即石窟寺。就山壁開鑿而成,窟内雕有佛像及宣揚佛教教義和佛教故事的壁畫等。我國著名的佛窟有敦煌、龍門、雲崗等。"

〔3〕 原拓作"堰",毛遠明《漢魏六朝碑刻校注》(八册 176 頁):"堰:通常作'區',加形符作'塸',訛作'堰'。《八瓊室》:'堰'即'塸'字。"

〔4〕 銘:這裏當指刻寫有造像銘的碑版。《佛學大詞典》:"【造像銘】即記有製造佛像之願主(發願者)、佛師(製作者)、由來、年代等之銘文。若係金銅佛,則將造像銘書於臺座或光背後。若係木雕,則於適當處所直接刻上,或以墨書藏於佛像胎内。"

妙法師碑》)

　　以上諸例,量詞"區₁"稱量各類建築物,包括例1、4之"墳墓",例2之"井",例3、5之"宅第",例6、10之"寺",例9之"石碑"。例7"區₁"稱量"祇桓"。此"祇桓",趙超《漢魏南北朝墓誌彙編》釋作"祇洹",非。陸增祥《八瓊室金石補正》卷十九:"斲木如石碑,四植謂之桓。又,棺題曰和。和、桓一聲之轉。此云'袩桓',未詳何義,殆亦以表其壙也。"毛遠明《漢魏六朝碑刻校注》(八册130頁)轉引陸文而無説。

　　魏晋南北朝石刻中,"祇桓"一詞比較常見。如:

　　11. 紹靈鷟於溥天,摹祇桓於振旦。(北魏《暉福寺碑》)

　　12. 祇洹妙宇,靡不瑰麗。(北魏《馬鳴寺根法師碑》)

　　13. 祇園乘風,鷟岳感竭。(東魏《志朗造像記》)

　　14. 故依神山,建此祇桓。(北齊《畢文造像記》)

　　15. 遂營天宫以存聖容,修祇桓以安尊像。(北齊《□道明墓誌》)

　　16. 祇桓寶塔峨嵯,陵雲而突漢;寶室殿堂,籠天以罩日。(北齊《智度等造像記》)

　　"祇桓"亦作"祇洹"、"祇園"。"祇園","祇樹給孤獨園"之略稱,是釋迦牟尼去舍衛國説法時與僧徒停居之處。本是印度佛教圣地之一,後來代指佛教寺院。例7中"祇桓"亦指寺院而言。"中國古代長期存在着在墓旁設置寺院追悼死者及祖先的習俗,北魏楊衒之《洛陽伽藍記》卷四曾記述這種墳寺的起源:'白馬寺,漢明帝所立也。佛入中國之始。……明帝崩,起祇洹(精舍)於陵上。自此以後,百姓家上或作浮屠焉。'至於在民間在墳墓旁建佛寺的具體事例,南朝時已經出現,《宋書·蕭惠開傳》記載,蕭惠開'丁父艱,居喪有孝性,家素事佛,凡爲父起四寺'。"[1]佛教自東漢傳入中國,在魏晋南北朝時期得到極大發展。佛寺成爲祭祀祖先、寄託哀思的場所,體現了當時民衆的佛教信仰與祖先崇拜的融合。足可

---

〔1〕　中華文化通志編委會編,常建華撰:《宗族志》,上海:上海人民出版社,1998年(139)。

見佛教傳播之廣,民衆虔诚信佛,佛教信仰已滲透到其思想深處。例7出自東魏《源磨耶壙記》,記中言:"大魏武定八年,歲次庚午,三月庚戌,朔六日乙卯,司州魏郡臨漳縣,魏故源貳虎之曾孫磨耶,年六歲卒於北豫州,遂殯於城南二里澗南臨坎。但恐年歲久遠,懼徙陵谷。因置祇桓一區,在其壙頭。聊題刊記,埋在壙南六尺。"由壙記内容可知,在墳頭建寺,其對象已不限於尊者或長輩。而且,其功能也不限於祭祀祖先、寄託哀思,而且增加了標識作用。

（四）丘₁

《説文·丘部》:"土之高也,非人所爲也。""丘"本爲名詞,指因地勢而自然形成的土山。《爾雅·釋丘》:"非人爲之丘。"郭璞注:"地自然生。"後亦可指人爲之丘,即"墳墓"。《方言》卷十三:"冢,自關而東謂之丘。小者謂之壟,大者謂之丘。"《周禮·春官·冢人》:"以爵等爲丘封之度,與其樹數。"鄭玄注:"王公曰丘,諸臣曰封。"孫詒讓正義:"丘者,積土高大,像丘山之形。"《吕氏春秋·孟冬》:"審棺椁之厚薄,營丘壟之小大高卑薄厚之度。"高誘注:"丘,墳。""丘"古常與"區"通。從語音來看,"丘"爲溪母之部字,"區"爲溪母侯部字,聲母相同,之、侯旁轉。《説文》"區"字,段玉裁注:"區之義内藏多品,故引申爲區域、爲區別。古或假丘字爲之。"唐顔師古《匡謬正俗》卷三:"丘之與區今讀則異,然尋按古語,其聲亦同……又晉宮閣名所載某舍若干區者列爲丘字,則知區丘音不別矣。且今江淮田野之人猶謂區爲丘,亦古之遺音也。"《管子·侈靡》:"鄉丘老不通睬,誅流散,則人不眺。"《集校》引洪頤煊云:"丘,讀爲區。古者丘、區同聲。""丘₁"作量詞,用以稱量"冢"、"冢地"等。

魏晉南北朝石刻中,量詞"丘₁"共出現4次。用例如下:

1. 從東王公、西王母,買南昌東郭一丘,[賈值]五千。（三國吴《浩宗買地券》）

2. 會稽亭侯並領錢唐水軍綏遠將軍,從土公買冢城一丘。（三國吴《買冢城磚》）

3. 大男楊紹從上公買冢地一丘。（西晉《楊紹買地荆》）

52

4. 縱廣五畝地,立冢一丘,雇錢萬萬九千九百九十文。(南朝梁《秦僧猛買地券》)

其中,例 1、2 量詞"丘$_1$"稱量"冢城",例 3 稱量"冢地",例 4 稱量"冢"。雖然"丘$_1$"與"區$_1$"通,但魏晉南北朝石刻中量詞"丘$_1$"的適用對象以"冢"爲中心,而量詞"區$_1$"所稱量的"寺院"、"宅地"等其他建築物均不在其適用範圍内。這種現象的存在,蓋與"丘"本身有"墳墓"義有關。量詞"丘$_1$"多出現在買地券中,劉世儒《魏晉南北朝量詞研究》没有收録,蓋此量詞爲魏晉南北朝石刻材料所特有。

《漢語大字典》"丘"字條義項 9:"又用作量詞。柔石《爲奴隸的母親》:'假如有五人同在一丘水田裏,他們一定叫他站在第一個做標準。'"《漢語大詞典》"丘"字條義項 7:"量詞。塊。周立波《湘江十夜》:'在一丘蕎麥干田裏,他們找到了二大隊長。'"據石刻材料來看,早在魏晉南北朝時期,"丘"就可以量"地"了,只是專用於量"冢地"。後來,"丘"的用法逐漸一般化了,亦可用於量田地了。

八、造　像　類

本組量詞均稱量與造像相關的名詞,故列爲一組。其成員共有五個:"軀、區$_2$、丘$_2$、龕、尊"。

(一) 軀

《説文·身部》:"軀,體也。"徐鍇《繫傳》:"泛言曰身,舉四體曰軀。軀猶區域也。"段玉裁注:"體者,十二屬之總名也,可區而别之,故曰軀。"《釋名·釋形體》:"軀,區也,是衆名之大總,若區域也。""軀"本爲名詞,指"軀體",是身體的一部分。以部分代替整體的方式轉喻成爲量詞,用以稱量"造像",而不適用於"人"。後來,適用範圍擴大,也可以用於"塔、石窟"等,這是類化用法。人有"軀體",像有"軀體",與像形體相似的塔也有"軀體"。

魏晉南北朝石刻中,量詞"軀"共出現 126 次,用以稱量造像和佛塔。其中,稱量造像的用例共出現 121 次。量詞"軀"主要用於稱量佛教造像,包括佛像、釋迦像、彌勒像、觀世音像、無量壽像、盧舍那像、太子思惟像、越殿國像等。據統計，又以彌勒像最多，釋迦像、觀世音像次之。兹舉數例如下：

1. 齊建武二年，歲次乙亥，荆州道人釋法明奉爲七世父母、師徒善友，敬造觀世音成佛像一軀。（南朝齊《釋法明造像記》）

2. 梁普通四年三月八日，弟子康勝發心，敬造釋迦文石像一軀。（南朝梁《康勝造像記》）

3. 齊永康元年，大司馬王敬則爲父乘馬康健，造彌勒像一軀。（南朝齊《王敬則造像記》）

4. 大魏普泰二年，歲次壬子，四月甲子，朔三日丙寅，定州趙郡平力縣因封南皮范國仁，敬造彌勒尊像一軀。（北魏《范國仁造像記》）

5. 減己家珍，玄心獨拔，敬造彌勒下生石像一軀。（北魏《敬羽高衡造像記》）

6. 都縮闕口、遊激校尉、司馬解伯達，造彌勒像一軀。（北魏《解伯達造像記》）

7. 前□□太守、護軍長史、雲陽伯鄭長猷，爲亡父敬造彌勒像一軀。（北魏《鄭長猷造像記》）

8. 大魏國正始元年，太歲甲申，三月戊申，朔九日，涿縣當陌村維那高洛周七十人等，上爲皇帝陛下，造釋迦石像一軀。（北魏《高洛周七十人等造像記》）

9. 是以合邑之人，迭相磬率，建立須彌塔石像二軀。（北魏《韓顯祖等造像記》）

10. 大魏正光二年，歲次辛丑，夏六月五日，佛子伊□，上爲皇帝，下爲父母、兄弟、姊妹二十三人，敬造佛像一軀，時時供養。（北魏《伊□造像記》）

11. 大魏興和五年，歲次癸亥，正月壬戌，朔二日癸亥，雍州長安劉目連敬造觀世音像一軀。（東魏《劉目連造像記》）

12. 唯大魏武定二年，太歲在子，十二月□亥，朔十七日，勃海郡安陵縣比丘王僧敬、比丘僧安、比丘僧［仁］同學三人,造觀世音石像一軀。
(東魏《僧敬等三人造像記》)

13. 大齊承光元年,歲次丁酉,四月乙亥,朔十五日己丑,佛弟子張思文敬造無量壽像一軀,並觀音大勢。(北齊《張思文等造像記》)

14. 大齊天保四年,歲次癸酉,八月辛卯,朔十九日己酉,□宋寺比丘道常,減割衣鉢之資,敬造太子像一軀。(北齊《道常等造像記》)

15. 大齊天保七年,歲次丙子,朔八月十三日,樂陵郡陽信縣盖僧伽敬造太子［雖］維象一軀。(北齊《盖僧迦造像記》)

16. 大齊天保五年,歲次甲戌,七月乙酉,朔十五日己亥,平昌縣人張景暉爲亡父母敬造彌勒佛一軀。(北齊《張景暉造像記》)

17. 河清元年,八月廿日,建忠寺比丘尼貟度、門徒等,上爲國主、檀越,邊方一切,七世西忘,師僧父母,過去見在,緣際道俗,有形之背,敬造白玉彌肋破坐像一軀。(北齊《貟度門徒等造像記》)

18. 大齊河清四年,歲次乙酉,三月癸未,朔廿七日己酉,法儀兄弟王惠顥廿人等,敬造盧舍那像一軀。(北齊《王惠顥二十人等造像記》)

19. 大齊天統五年,歲次四月,廿三日壬午,佛弟子曹景略爲亡息慶紹,造盧舍那金象一軀。(北齊《曹景略造像記》)

20. 大齊天保六年,歲次乙亥,朔七月己卯,十五日癸巳,仰爲魯彦昌敬造越殿國像一軀。(北齊《魯彦昌造像記》)

21. 大齊武平三年,十一月乙亥,朔一日壬□,清信佛弟子故人王馬居眷屬等,敬造觀世音菩薩一軀。(北齊《王馬居眷屬等造像記》)

22. 捨割資珍,敬造娑羅像一軀,能鏤真容。(北齊《優婆姨等造像記》)

23. 竭心敬爲……十一人等,造阿彌陀像、並觀世音大勢至菩薩三軀。(北齊《慕容士造像記》)

24. 誠心發願,罄捨家珍,敬造釋迦石像一軀。(北周《僧妙等十七人造像記》)

25. 天和三年,歲次戊子,四月丙寅,朔八日癸酉,薛迴顯爲亡父母造

觀世音石像一軀。(北周《薛迴顯造像記》)

量詞"軀"亦可用於稱量道教造像,用例如下:

26. 於大代太和廿年,歲在丙子,九月辛酉,朔四日甲子,姚伯多、伯龍、定龍、伯養、天虎等,上爲帝主,下爲七祖眷屬,敬造皇老君文石像一軀。(北魏《姚伯多兄弟造像碑》)

27. 父纂,情慕東門,心憑冥福,特爲亡略,敬造老君像壹軀。(北齊《姜纂造像記》)

有時,量詞"軀"稱量"像"、"石像"、"玉像"、"白玉像"、"玉石像"等,只能看出像身材質而不知具體名號,蓋重在强調造像活動本身,而不是崇奉的對象。《陔餘叢考》卷三二"塑像"條:"至佛像,自漢武擊休屠,始得其祭天金人以歸。然則佛像本用金鑄,其後有用土木者,則轉從入中國後,以中國之法爲之耳。"[1]用"石"、"玉"等材料造像,亦是佛教傳入中國後本土化的表現。如:

28. 天監五年,歲次丙戌,正月廿八日,弟子王世成爲亡父母敬造玉象一軀。(南朝梁《王世成造像記》)

29. 然今千載之下,合邑廿人等,覺世非常,捨己名珍,爲國爲家,造石像一軀。(北魏《錡雙胡造像碑》)

30. 造玉石像壹軀,高二尺伍。(北魏《常申慶造像記》)

31. 大魏武定七年,二月八日甲午,滄州安德郡平昌縣延陵顯仲敬造白玉像一軀。(東魏《延陵顯仲造像記》)

32. 大魏武定五年,歲次丁卯,七月丙申,朔四日己亥,邑儀一百卅四人等,敬造石像一軀。(東魏《王蓋周等一百三十四人造像記》)

33. 武定五年,正月廿六日,比丘僧道請造石像兩軀,爲亡父母、居家眷屬。(東魏《比丘僧道造像記》)

34. 大齊天保五年,歲在甲戌,□十月甲寅,朔廿日,主唯那張洪慶、

---

[1] (清)趙翼著,欒保群、吕宗力校點:《陔餘叢考》,石家莊:河北人民出版社,2007年(651)。

唯那張蒲昌三十五人，玉石像一軀。（北齊《張洪慶等三十五人造像記》）

35. 大統十三年，六月十九日，李神覆爲七世父母、所生父母、因緣眷屬，造像一軀。（北齊《李神覆造像記》）

36. 伏道俗人等，敬造金像廿軀，造玉石像廿軀，造一切經。（北齊《智度等造像記》）

37. 天保元年二月一日，佛弟子賈乾德爲父母敬造玉像一軀。（北齊《賈乾德造像記》）

以上諸例，從供養人的身份來看，來自社會不同階層。有各級官員，如上例3"大司馬王敬則"，例6"都綰闞口、遊激校尉、司馬解伯達"，例7"前□□太守、護軍長史、雲陽伯鄭長猷"，例30"蕩逆將軍、馬户尉常申慶"。有僧尼，如例12"比丘王僧敬、比丘僧安、比丘僧[仁]同學三人"，例14"比丘道常"，例17"建忠寺比丘尼員度"，例33"比丘僧道"。可見，僧尼除了要承擔弘揚佛法的任務，還要爲親屬以及法界一切衆生祈福。有庶民，即平民背景的男女信衆，如例1"弟子康勝"，例10"佛子伊□"，例13"佛弟子張思文"，例19"佛弟子曹景略"，例21"清信佛弟子故人王馬居眷屬等"，例28"弟子王世成"。他們往往"罄竭家珍"、"咸割家珍"、"割捨家資"來造像，以此展示虔誠的佛教信仰，表達内心的祈求與願望。因造像耗費財力不菲，所以祈福的對象除了最主要的之外，還要擴及七世父母、現世父母、姻親眷屬，甚至國家及法界一切衆生。有時候是衆人合造一軀像共同供養。如上例8"涿縣當陌村維那高洛周七十人等"，例18"法儀兄弟王惠顒廿人等"，例29"合邑廿人等"，例32"邑儀一百卅四人等"，例34"主唯那張洪慶、唯那張蒲昌三十五人"。

另外，亦有以家庭爲單位的造像活動。夫妻、子女均信奉佛教，共同造像以供奉，表達對佛法的虔誠。如：

38. 武定二年，太歲在甲子，十月廿日，清信士佛弟子戎愛洛、妻趙阿腊、女慈仁，敬造白玉像一軀。（東魏《戎愛洛等造像記》）

39. 大齊天保五年，歲次甲戌，十月甲寅，朔十五日戊辰，崔棠夫妻割捨家珍，上爲皇家，仰爲七世夫母、亡過、現在眷屬，並及一切，敬造釋加像

一軀。(北齊《崔棠夫妻造像記》)

40. 高業夫妻,大寧二年,四月庚子朔,遂捨割家珍,造太子一軀。(北齊《高業夫妻造像記》)

41. 唯大齊乾[明元]年,歲次甲辰,[七]月庚戌,朔十日己未,摩訶大檀越歐伯羅夫妻,爲[亡]女華姜敬造盧舍那像一軀。(北齊《歐伯羅夫妻造像記》)

值得注意的是,魏晉南北朝時期,婦女在造像活動中的參與程度很高,引人注目。有些造像的供養人和發願者爲女性,不僅寺院尼姑,大批有平民背景的女信衆亦積極投身到造像活動中來。如:

42. 梁天監十年,佛弟子王州子妻李慧女,咸割身口,敬造釋迦石像一軀。(南朝梁《王州子妻李慧女造像記》)

43. 永平二年,歲次己丑,四月廿五日,比丘尼法文、法隆等,覺非常世,深發誠願,割竭私財,各爲己身敬造彌[勒]像一軀。(北魏《法文法隆等造像記》)

44. 永平三年十一月廿九日,比丘尼惠智爲七世父母、所生父母,造釋加像一軀。(北魏《惠智造像記》)

45. 大魏武定三年,歲次乙丑,四月己酉,朔五日癸丑,清信女劉鳳姜率領同生四十九人等,敬造彌勒下生像一軀。(東魏《劉鳳姜四十九等造像記》)

46. 興和二年,九月十七日,清信士女趙勝、習仵二人,敬造彌勒石像三軀。(東魏《趙勝習仵造像記》)

47. 武平元年,十一月十五日,比丘尼靜深患中發願,造觀世音像一軀。(北齊《靜深造像記》)

48. 大齊天保九年,七月十五日,清信士女王頻敬造彌勒石像一軀。(北齊《王頻造像記》)

49. 大齊天保四年,正月六日,朱氏女姜瑞雲爲亡母願造文殊菩薩聖像一軀,一心供養。(北齊《姜瑞雲造像記》)

50. 大齊武平六年,歲次乙未,五月甲寅,朔廿六日己□,佛弟子比丘

尼圓照、圓光姊妹二人,爲亡姊、亡兄朱同敬造雙彌勒玉石象一軀。(北齊《圓照圓光造像記》)

51. 佛弟子女傅醜、傅聖頭姊妹二人,以武平三年,五月廿四日,敬造盧舍那一軀。(北齊《傅醜傅聖頭姊妹二人造像記》)

52. 天保三年,歲次壬申,九月五日,青州樂安郡般縣故人張猛之妻周,爲亡夫造石像一軀。(北齊《張猛之妻周氏造像記》)

亦有些造像是專爲家中女性而造的,如:

53. 鄭長猷爲母皇甫敬造彌勒像一軀。(北魏《鄭長猷造像記》)

54. 鄭南陽妾陳王女爲亡母徐敬造彌勒像一軀。(北魏《鄭長猷造像記》)

55. 孝昌二年,五月十五日,清信欲會爲亡女比丘尼法明、一切含識,敬造觀世音像一軀。(北魏《欲會造像記》)

56. 皇魏永平四年,歲次辛卯,十月十六日,假節、督華州諸軍事、征虜將軍、華州刺史、安定王,仰爲[亡]祖親□太妃、亡[考]太傅靜王、亡姚蔣妃,敬造石窟一軀。(北魏《元燮造像記》)

57. 大齊天保五年,八月一日,饒陽縣張景林爲忘妹季妃造白玉觀音一軀。(北齊《張景林造像記》)

58. [唯]大齊天保十年,歲次己卯,三月戊□,朔廿六日癸丑,膠州高密郡瑯琊縣人成犢生,爲亡妻敬造盧舍那像一軀。(北齊《成犢生造像記》)

59. 維大齊河清二年九月八日,清信女孫靜爲亡女容輝,敬造觀音像一軀。(北齊《孫靜造像記》)

量詞"軀"除了稱量佛教"造像"和道教"造像",還可稱量"塔"、"浮圖",是因"塔"與"像"形體上的相似性而產生的類化用法。共出現 5 次。用例如下:

60. 並息洪顯先發願,爲亡祖公、亡祖母許造磚浮圖一軀。(東魏《朱舍捨宅造寺記》)

61. 即竭家財,遠□名匠,在四衢之內,造均塔一軀,□佛六菩薩。

（東魏《劉雙周造塔記》）

62. 藉今現在,各減家珍,詳建妙塔一軀。（北齊《法儀兄弟八十人等造像記》）

63. 邑主朱曇思、朱僧利一百人等,於村之前兆其勝地,綿基細柳,白虎遊南,敬造寶塔一軀。（北齊《朱曇思等一百人造塔記》）

64. 是以清信大士張思伯,罄率家珍,敬造浮圖一軀,中有釋迦像。（北齊《張思伯造浮圖記》）

由上諸例,足見當時佛教之深刻影響以及當時佛教徒的供養功德觀。他們爲表達宗教情感,昭示宗教信仰,也爲求取善果,增進福祉,得好福報,進行各種實際種善因、修功德的活動,造像與發願即是主要表現形式之一。無論祈願的對象是帝王、生身父母,還是法界衆生,造像的動機都是緣於發心、發願。其目的是祈求藉助造像功德力的加持,能爲個人、家族、百姓或國家帶來福德。這種祈願反映出信徒的心態,以及對佛教教義的認識與理解。造像活動最初由僧尼進行,加以推廣。一經普及,即與平民大衆緊密結合起來。供養人來自社會不同階層,有官吏、僧尼,亦有廣大平民信衆,還有以家庭爲單位,更爲突出的特點是此時期女性在造像活動的參與程度很高。民衆虔誠信佛,進行各种佛事活動,已經成爲日常生活中重要的一部分,佛教信仰已滲透到思想深處。

《漢語大字典》"軀"字條義項5:"量詞。北魏楊衒之《洛陽伽藍記·城內》:'中有丈八金像一軀,中長金像十軀,繡珠像三軀。'"書證過晚。《漢語大詞典》"軀"字條義項4:"塑像單位名。猶言尊、座。南朝梁沈約《繡像題贊》:'造繡無量壽像一軀。'"書證時間與魏晉南北朝石刻材料基本相合。魏晉南北朝石刻中有關量詞"軀"的最早用例出自南朝齊永明八年(490)的《釋法海與母造像記》。劉子平《漢語量詞詞典》未收量詞"軀",當予以補充。

（二）區$_2$

魏晉南北朝石刻中,量詞"區"主要有兩個用法,一爲稱量建築物（參見本章本節"區$_1$"條）,一爲稱量造像。劉世儒指出這兩種用法語源不同,性質也異。前者量"區域",後者量"軀幹"。擴大開來,也可以用於寶臺、塔、石窟等,這是類化用法。[1] "區"、"軀"同音,均爲侯母溪韻。臧克和師指出:"墓誌碑刻'區'爲常用字,記錄量詞,多以'區'通用爲'軀'。"[2] 我們補充一下,在稱量對象是"造像"或"佛塔"的時候,量詞"區"通用爲量詞"軀";若對象是其他,則不與量詞"軀"相通。

魏晉南北朝石刻中,量詞"區₂"共出現 210 次。"區"有時寫作"堀"、"瑶"、"偏"、"礓"等形體。其用法與量詞"軀"無異,均用以稱量"造像"和"佛塔"等。其中,量詞"區₂"稱量"造像",共出現 195 次。量詞"區₂"主要用以稱量佛教造像,包括佛像、彌勒像、釋迦像、觀世音像、無量壽像、盧舍那像、思惟像、迦葉像、阿閦像等。其中又以彌勒像最多,釋迦像、觀世音像次之。茲舉數例如下:

1. 大魏普泰元年,歲次辛亥,八月戊戌,朔十五日壬子,比丘尼道慧、法盛等二人,敬造多寶像一區。(北魏《道慧法盛造像記》)

2. 普泰元年歲次辛亥,比丘法雲、佛弟子趙文歡兄弟,敬造釋迦像一區。(北魏《法雲等造像記》)

3. 永熙二年九月十日,佛弟子陵江將軍政桃樹,敬造無量壽像一區。(北魏《政桃樹造像記》)

4. 比丘靜度願造釋加像一區,並造兩觀世音,別造小觀世一勘。(北魏《靜度造像記》)

5. 比丘尼法光爲弟劉桃扶北征,願平安還,造[觀]世音像一區,友爲忘父母造釋加像一區。(北魏《法光造像記》)

6. 真王五年,佛弟子王起同造觀世音像一區。(北魏《王起同造像記》)

7. 大魏永熙二年,歲次癸丑,三月一日,清信士佛弟子劉景和,爲亡父母敬造釋迦像一區。(北魏《劉景和造像記》)

---

[1] 參見劉世儒:《魏晉南北朝量詞研究》,北京:中華書局,1965 年(191—192)。
[2] 臧克和:《中古漢字流變》(下),上海:華東師範大學出版社,2008 年(2306)。

8. 正光二年八月廿日，比丘慧榮造釋迦像一區。（北魏《慧榮再造像記》）

9. 乃敬造佛像一區於署右側室，圖侍備設。（北魏《翟普林造像記》）

10. 大魏太平真君元年，歲□□，三月癸卯，朔十七日甲戌，合邑儀道俗，敬造佛象一區。（北魏《王神虎造像記》）

11. 景明三年五月廿日，比丘惠感爲亡父母敬造彌勒像一區。（北魏《惠感造像記》）

12. 佛弟子翟蠻，爲亡父母洛難，敬造彌勒像一堰。（北魏《翟蠻造像記》）

13. 其日，太妃還家伊川，立願母子平安，造彌勒像一區，以置於此。（北魏《元詳造像記》）

14. 故仰爲皇帝陛下、師僧父母，敬造白石迦葉像一區，崇願供養。（北魏《劉璿等造像記》）

15. 武定三年，歲次乙丑，閏月丙子，朔廿三日戊戌，宮品作司檻仟，爲亡父檻育、亡母何尼，敬造盧舍那像一區。（東魏《檻仟造像記》）

16. 武定七年二月十七日，永固寺尼智顏竫勝姊妹兄弟三人等，上爲國家、師僧父母、邊地衆生，造彌勒玉像一堰。（東魏《智顏竫勝造像記》）

17. 故仰爲皇帝陛下、師僧父母、邊地衆生，敬造白玉龍樹思惟像一區，詳崇供養。（東魏《豐樂七帝二寺邑義人等造像記》）

18. 父母生存之日，正光元年中，造像兩區，釋迦、觀音。（東魏《王仁興造像記》）

19. 大齊天保七年，歲次丙子，閏月癸巳，十五日丁亥，使持節、散騎常侍、都督定州諸軍事、撫軍將軍、儀同三司、定州刺史、六州大都督、趙郡王高叡，自爲己身并妃鄭，及一切有形之類，敬造白石阿閦像一區。（北齊《高叡造阿閦像記》）

20. 皇建二年八月廿五日，建中寺比丘尼員空，敬造珉玉思惟像一堰。（北齊《員空造像記》）

21. 天保八年三月廿日，吴紹貴敬造龍樹像一傴。（北齊《吴紹貴造

像記》)

22. 天統四年二月廿三日,謝思祖夫妻爲亡息元邕,敬造盧舍那像一區。(北齊《謝思祖夫妻造像記》)

23. 敬造阿彌陁玉像一區,希往託生,仰求出世之功。(北齊《暈禪師等五十人造像記》)

24. 乃鐫鑿名山,機匠絶思,爲七世父母敬造釋迦玉像一區。(北周《張子開造像記》)

25. 傅孝德合家大小,玄心大法,造觀世音菩薩一區。(北周《傅孝德造像記》)

量詞"區₂"亦可以稱量道教"造像",用例如下:

26. 延昌二年,歲在癸巳,三月乙卯,朔廿九癸未,相爲眷屬造天尊一區。(北魏《張相造像記》)

27. 大齊武平七年,歲次丁酉,二月甲辰,朔廿三日丙寅,清信弟子孟阿妃敬爲忘夫朱元洪,及息子敖、息子推、息白石、息康奴、息女雙姬等,敬造老君像一區。(北齊《孟阿妃造像記》)

28. 仰爲亡考妣造元始天尊像碑一區。(北周《李元海造像記》)

29. 保定元年四月三日,道民馬落子皀西王老君像一區。(北周《馬落子造像記》)

30. 良師占卜,宜爲亡父造老君一區。(北周《杜世敬等造像記》)

量詞"區₂"亦可以稱量佛道造像。日本學者神塚淑子説:"我們常能看到佛道二教在一尊像(多採用四面像碑造型)中並存的情形,這其實是六朝時期造像的一個特徵。它形象地揭示出當時人們的意識特性:更多關注的是佛教與道教的共性而非兩者的對立,是把佛教與道教作爲相互關聯的信仰來看待的。實際上道教像的造型也同佛像非常相似,不同的只是衣冠爲中國式樣並蓄有鬍鬚而已。"[1]魏晉南北朝時期的道教造像

---

〔1〕 神塚淑子:《天尊像、元始天尊像的問世、流行與靈寶經》,載李淞:《道教美術新論》,濟南:山東美術出版社,2008 年(68)。

發端於佛教造像,其形態也受到來自佛教的巨大影響,甚至有將道教和佛教造像造在一起的情況。用例如下:

31. 始光元年,北地郡屯原縣民陽源川□佛弟子魏文朗,哀孝不赴,皆有建勸,爲男女造佛道像一區供養。(北魏《魏文朗造像碑》)

北魏《魏文朗造像碑》是我國現存最早的佛道融合造像碑,其碑陽上部爲拱形龕,内雕佛道兩尊造像,左爲天尊,右爲釋迦。碑左側刻兩尊道教天尊,右側刻一佛二菩薩。這客觀反映了當時佛教與道教的相互融合。侯旭東指出:"民衆信仰,較之經典教義的系統表達,一個突出特點就是它的非系統性與隨意性,即信仰内容往往不局限於某種特定的教派,諸宗雜糅,諸佛乃至佛道並拜者屢見不鮮。造像記中表現較明顯的是造像者選定的造像題材(即其崇奉對象)與祈願間往往缺乏教義上的内在聯繫。"[1]另有一些四面像,大多由合邑或合族多人出資所造,像龕内所設諸神,或爲出資人共同崇奉,或是將各自崇奉的對象都刊刻出來,由此可見當時多神崇拜的印記。如:

32. 即發菩提洪願,造石四面像一區,像身五尺,釋迦大像□□堪。(東魏《李僧造像記》)

33. □爾諦相率禮,頃竭己資,仰爲皇帝國主,建崇四面天宫石像一區。(西魏《合邑四十人造像記》)

34. 詳□唱興,發菩提洪願,造四面石像一區,像身七尺。(北齊《僧通等八十人造像記》)

35. 群心齊唱,興發菩提洪願,造石四面像一區,像身五尺。(北齊《僧哲等四十人造像記》)

有時候,量詞"區$_2$"的稱量對象爲"像"、"石像"、"玉像"、"白玉像"、"玉石像"等,只能看出像身材質而不知具體名號,蓋重在强調造像活動本身,而不是崇奉的對象。這種情況在石刻中比較常見,195 次中達 86 次之

---

〔1〕　侯旭東:《五、六世紀北方民衆佛教信仰:以造像記爲中心的考察》,北京:中國社會科學出版社,1998 年(96)。

多。如：

36. 合邑二百廿人，造石像一區，弟立名字。（北魏《馮神育造像碑》）

37. 護軍府吏魯衆，敬爲所生父母、合門大小，造石像一區供養。（北魏《魯衆造像記》）

38. 大代太和七年，新城縣功曹孫秋生、新城縣功曹劉起祖二百人等，敬造石像一區。（北魏《孫秋生等造像記》）

39. 正光五年三月廿日，李覆宗造玉像一區供養。（北魏《李覆宗造像記》）

40. 是以比丘道匠，往與妙因，今悟盡性，竭己成心，造像六區。（東魏《道匠造像記》）

41. 大魏興和三年，歲次辛酉，十一月己巳，朔廿三日辛卯，豐樂寺比丘員光、門徒弟子，造象壹區。（東魏《員光造像記》）

42. 武定二[年]，囗月乙卯，朔十四日戊辰，冠軍將軍、司空府前西閤祭酒、齊州驃大府長流參軍楊顯叔，仰爲[亡]考忌十四日，敬造石像四區。（東魏《楊顯叔再造像記》）

43. 武定六年七月十五日，張獨寺寺尼靖遵，爲一切法界衆生，敬造玉像一區供養。（東魏《靖遵造像記》）

44. 黨屈蜀自爲己身造像一區，願生生世世，直遇諸佛。（西魏《黨屈蜀造像記》）

45. 大統元年七月八日，比丘法勝、比丘法休，敬造玉像一區。（西魏《法勝法休造像記》）

46. 河清二年七月五日，佛弟子王幸敬造石像一區。（北齊《王幸造像記》）

47. 天保四年六月八日，友元興寺故比丘尼僧澄，敬造玉像一區。（北齊《僧澄造像記》）

48. 天保八年八月十二日，清信士佛弟子劉顔淵造石象一堰。（北齊《劉顔淵造像記》）

49. 天保二年四月十五日，沙彌道榮造像一堰。（北齊《道榮造

像記》)

50. 以周大象二年六月廿一日，臨終願捨敕賜衣物，造金銀像兩區，涅槃經二部。（北周《梁嗣鼎墓誌》）

51. 是以清信士輔蘭德，咸割家珍，造石象一區。（北周《輔蘭德等造像記》）

魏晉南北朝石刻中，有關婦女造像的記錄也很豐富。有些造像供養人和發願者爲女性，不僅是寺院尼姑，也包括大批有平民背景的女信眾。如：

52. 妻楊保勝，爲亡者造釋迦文像一區。（北魏《高思雍造像記》）

53. 太和十九年十月，使持節、司空公、長樂王丘穆陵亮夫人尉遲，爲亡息牛橛，請工鏤石，造此彌勒像一區。（北魏《丘穆陵亮妻尉遲氏造像記》）

54. 大魏普泰元年，歲次辛亥，八月戊戌，朔十五日壬子，比丘尼道慧、法盛等二人，敬造多寶像一區。（北魏《道慧法盛造像記》）

55. 武定六年七月十五日，張獨寺寺尼靖遵，爲一切法界衆生，敬造玉像一區供養。（東魏《靖遵造像記》）

56. 興和四年九月十一日，清信士苑貴妻尉，爲亡息老虎，敬造彌勒像一區。（東魏《苑貴妻尉氏造像記》）

57. 清信女孫思香，爲忘息傳法，始造觀世音一區。（東魏《孫思香造像記》）

58. 河清二年七月廿日，永安寺尼智滿，敬造雙樹思惟像一堀。（北齊《智滿造像記》）

59. 建德元年四月十五日，比丘尼曇樂爲亡侄羅睺，敬造釋迦石像一區。（北周《曇樂造像記》）

亦有些造像是專爲女性而造。如：

60. 正光二年十月廿二日，清信士佛弟子侯□和，爲亡祖母造像一區。（北魏《侯□和造像記》）

61. 大魏國元年，歲次壬申，六月丁酉，朔十一日丁未，正信佛弟子鞏

伏龍,爲忘比丘慧造石像一區。(西魏《鞏伏龍造像記》)

62. 大齊武平四年,歲次十一月癸亥,朔八日庚午,佛弟子逢遷爲亡妻趙伯姿,敬造觀世音石像一區。(北齊《逢遷造像記》)

63. 比丘寶演爲亡妹造無量佛一堪供養佛。(北齊《寶演造像記》)

64. 天統二年三月廿三日,劉敬默爲亡女女□造玉像一區。(北齊《劉敬默造像記》)

65. 保定五年,歲次乙酉,八月廿四日,弟子李明顯爲亡女阿他、外孫女趙□長妃,敬造釋迦石像一區。(北周《李明顯造像記》)

66. 然佛弟子邵道生,乃能仰尋經教,即減割家珍,爲亡女寄女造像一區。(北周《邵道生造像記》)

量詞“區₂”除了稱量佛教“造像”、道教“造像”和佛道“造像”,還可稱量“塔”、“浮圖”、“天宮[1]”等,是因其與“像”形體上的相似性而產生的類化用法。共出現15次。用例如下:

67. 乃罄竭丹誠,於本鄉南北舊宅,上爲二聖,造三級佛圖各一區。(北魏《暉福寺碑》)

68. 仰爲皇帝陛下、皇太后、中宮眷屬、士官僚庶、法界有形,敬造三級磚浮圖一堪。(北魏《劉根四十一人等造像記》)

69. 有子顯就靈鳳子沖等,追述亡考精誠之功,敬造浮圖一堪,置於墓所。(北魏《孫遼浮圖銘記》)

70. 大魏孝昌三年,歲次丁未,九月辛酉,朔十七日丁丑,法義九十人等敬造專塔一堪。(北魏《法義九十人等造像記》)

71. 大魏天平三年,歲次丙辰,正月癸卯朔,合邑等敬造須彌塔一堪。

---

[1] 丁福保《佛學大詞典》:“【天宮】(界名)梵語曰泥縛補羅 DevApurA,天人之宮殿也。圓覺經曰:‘地獄天宮皆爲净土,有性無性齊成佛道。’”即是通常所謂“天堂”。侯旭東指出:“這種造像雕刻上或仿自地面寺院中法堂構造,而信徒稱之爲‘天宮’,做爲造像題材天宮不見於佛典。……應是本土崇尚天、以天爲美妙歸宿之觀念影響下的產物。佛徒試圖在人間依據自己的理解構想出‘天宮’來滿足他們的渴求。”[參侯旭東:《五、六世紀北方民衆佛教信仰:以造像記爲中心的考察》,北京:中國社會科學出版社,1998 年(149—150)。]天宮像一般也是由合邑或合族多人出資所造。

（東魏《王方略等造塔記》）

72. 復竭家玩，次造天宫浮圖四堰，交龍石碑像一軀。（東魏《李顯族造像碑》）

73. 故盡資竭力，敬造磚天宫一區。（東魏《道穎僧惠等造像記》）

74. 諸檀越建塔一堰。（東魏《淨智塔銘》）

75. 是以清信士張世寶、合邑卅餘人，勻減家珍，敬造磚天宫一區。（北齊《張世寶三十餘人造塔記》）

76. 磬竭家珍，敬造天宫石像各一區。（北齊《宋買等二十二人造像記》）

77. ……建寶塔三區，昇王搏以構宇，磨碧石而營基。（北齊《魯思明等造像記》）

78. 大齊天保七年三月一日，高劉二姓邑義五十一人等，造浮圖一區。（北齊《高劉二姓五十一人造像記》）

79. 大齊天保九年，歲次戊寅，三月甲午，朔六日癸亥，仰爲廣固南寺大眾等，敬造寶塔一礎[1]。（北齊《宋敬業等造塔頌》）

80. 大齊天保三年，歲次壬申，七月丁卯，朔八日甲戌，清信佛弟子牛景悦等，爲亡人李顯仲，造石浮圖一區，三級。（北齊《牛景悦造石浮圖記》）

81. 今減資生，以崇聖拔，建造石浮圖一區。（北周《張永貴造像記》）

（三）丘₂

前文已述，“丘”古常與“區”通。“丘”爲溪母之部字，“區”爲溪母侯部字，聲母相同，之、侯旁轉。（參見本章本節“丘₁”條、“區₂”條）與量詞“區₂”一樣，量詞“丘₂”亦可用於稱量“造像”。

魏晉南北朝石刻中，量詞“丘₂”共出現 3 次。用例如下：

1. 中大通五年正月十五日，上官法光爲亡妹令玉尼，敬造釋迦文石

---

[1] 毛遠明《漢魏六朝碑刻校注》（九册 21 頁）：“礎，‘區’ 的異體字。《八瓊室》：‘礎，即“區”之音借。’其實是異體字，而非假借。”

像一丘。（南朝梁《上官法光造像記》）

2. 梁太清三年七月八日，佛弟子丁文亂爲亡妻蘇氏，敬造釋迦雙身尺六刑石像一丘。（南朝梁《丁文亂造像記》）

3. 天保十年臘月八日，十四人造石佛一丘。（北齊《王鴨臉等造像記》）

（四）龕

清毛奇齡《辨定祭禮通俗譜》卷一："按，《説文》：'龕，龍貌。'《博雅》：'鉿、龕，受盛也。'《字書》：'龕與勘同。'引《楊子》'劉龕西陽'爲證。至宋作《廣韻》，始有'塔下室'之注，而毛晃《增韻》謂之爲'浮圖之室'。"由此可知其語義發展脈絡。《揚子雲集》卷三："鉿、龕，受也。齊楚曰鉿，揚越曰龕。受盛也，猶秦晉言容盛也。"《廣雅疏證》卷三上《釋詁》："凡言堪受者，即是容盛之義。昭二十一年《左傳》'鍾甔則不咸，摡則不容，今鍾摡矣，王心弗堪'是也。龕與堪聲義亦同。"[1] 由"容盛"義引申爲可容納東西的窟穴或房屋，進而引申爲供奉神佛或神位的石室或閣子。南朝陳江總《攝山棲霞寺碑》："克荷先業，莊嚴龕像……大同二年，龕頂放光。"由於處所與事物的相關關係，通過轉喻成爲量詞，用以稱量室內供奉的神像。

魏晉南北朝石刻中，量詞"龕"共出現 12 次。"龕"字有 8 次寫作"堪"，2 次寫作"勘"。"堪"、"勘"、"龕"均爲溪母侵部字，音同相通。用例如下：

1. 比丘静度願造釋加像一區，並造兩觀世音，別造小觀世一勘。（北魏《静度造像記》）

2. 大魏孝昌三年，歲次丁未，五月丙午朔，張九娃爲□□早升天界，全宅平安，□造彌勒佛像一龕。（北魏《張九娃造像記》）

3. 正光四年，九月十五日，清信優婆夷李爲亡女楊氏王神英，敬造無

---

〔1〕　（清）王念孫：《廣雅疏證》，南京：江蘇古籍出版社影印，1984 年(81)。

量壽像一龕。(北魏《優婆夷李造像記》)

4. 洛州靈巖寺沙門璨,敬造石像一龕。(西魏《沙門璨銘》)

5. 强弩將軍、振庭令趙振,仰爲七世父母、亡□,敬造彌勒像一龕。(東魏《趙振造像記》)

6. 今謹竭家資,敬造彌勒石像一龕,依山營構,妙踰神造。(東魏《乞伏鋭造像記》)

7. 率諸邑義,繕立天宮,整脩嚴麗,兼造白玉像一龕。(東魏《嵩陽寺碑》)

8. 造石四面像一區,像身五尺,釋迦大像十二龕。(東魏《李僧造像記》)

9. 大齊天保元年,歲次庚午,十月壬申,朔八日辛巳,清信士佛弟子張龍伯兄弟等,爲亡父母敬造石象六勘。(北齊《張龍伯兄弟造像記》)

10. 各率誠心,敬造釋迦彌勒石像周迴十龕。(北齊《吳洛族造像記》)

11. 造四面石像一區,像身七尺,釋迦大像十二龕。(北齊《僧通等八十人造像記》)

12. 上爲皇帝陛下、見存眷屬、[亡]過父母,敬造石像乙龕。(北齊《趙桃椒妻劉氏造像記》)

以上諸例,量詞"龕"均稱量佛教造像,包括彌勒像、觀世音像、無量壽像、釋迦像等。有的還標明了"造像"的材質,如例 4、9、10、12 爲"石",例 7 爲"玉"。在魏晉南北朝石刻中,"龕"爲專門稱量造像的量詞。

《漢語大字典》"龕"字條義項 3:"也用作量詞。《徐霞客遊記·滇遊日記十二》:'有哨房一龕踞其上,是爲瓦房哨。'"書證過晚。《漢語大詞典》未收量詞"龕",當據魏晉南北朝石刻材料予以補充。

(五)尊

《説文·酋部》:"尊,酒器也。从酋,廾以奉之。《周禮》六尊:犧尊、象尊、著尊、壺尊、太尊、山尊,以待祭祀賓客之禮。"段玉裁注:"凡酒必實於尊以待酌者。鄭注《禮》曰:'置酒曰尊。'凡酌酒者必資於尊,故引申以

70

爲尊卑字,猶貴賤本謂貨物而引申之也。自專用爲尊卑字,而別製罇、樽爲酒尊字矣。……廾者,竦手也。奉者,承也。設尊者必竦手以承之。"可知,"尊"本義爲"酒器",常用於祭祀或宴饗賓客之禮。進而引申爲"尊敬、敬重"義。《廣雅·釋詁一》:"尊,敬也。""尊"亦可作敬辭,稱呼帝王、長輩等位尊者。《篇海類編·人物類·酉部》:"尊,長也,一曰君父之稱。"《禮記·喪服四制》:"尊尊貴貴,義之大者也。"鄭玄注:"貴貴,謂爲大夫君也;尊尊,謂爲天子諸侯也。"《禮記·喪服小記》:"養尊者必易服,養卑者否。"鄭玄注:"尊謂父兄,卑謂子弟之屬。""尊"作量詞,由"尊敬"義轉來,主要用以稱量"造像"。

魏晉南北朝石刻中,量詞"尊"共出現 7 次。用例如下:

1. 天監二年六月十三日,爲父母造像一尊。(南朝梁《天監造像記》)

2. 冀州安武軍棗强縣千秋鄉故縣村安式家内有白玉像三尊,後至元豐元年二月二十三日,求高才馬良,趙氏迎得白玉像三尊,並起塔寺供養,故記。(東魏《李次明造像記》)

3. 東戴陽叔公得主仲練妻蔡氏,修羅漢一尊。(北魏《仲練妻蔡氏等造像記》)

4. 時天和六年,歲次辛卯,六月丁□,朔日丙戌,敬告(按即造)釋迦造像一尊,願皇帝鑒。(北周《陳歲造像記》)

5. 大周使持節、車騎大將軍、儀同三司、大都督、散騎常侍、軍都縣開國伯强獨樂爲文王建立佛道二尊像,樹其碑。(北周《强獨樂造像記》)

6. 故於□東之嶺,顯益之崗,天落石傍,爲王敬造佛二尊,寶堂藥王在其左,普賢在其方,文殊師利俠持兩箱。(北周《强獨樂造像記》)

以上諸例,量詞"尊"均稱量"造像"。其中,例 3 稱量"羅漢"。"羅漢"爲梵语 ArhAt(阿羅漢)的省稱,專指小乘佛教中所得之最高果位,爲斷盡三界見思之惑,證得盡智,而堪受世間大供養之聖者。我國寺廟中供奉者,有十六尊、十八尊、五百尊、八百尊之分。佛教在我國歷代以大乘爲主,但也產生過對小乘佛教的信仰。魏晉南北朝時期,有不少人鑽研小乘思想,因而產生了弘揚毗曇以及俱舍思想的學派。有些僧人不信大乘教法,亦有人大乘和小乘教法兼信。例 3 中"仲練妻蔡氏"崇奉"羅漢",因而造像一尊以供養,正體現了當時佛教内部派系分化,各派系並存發展的局面。例 5"建立佛道二尊像",可見當時佛道兩教共存發展,並相互融合。由此可看出魏晉南北朝時期,民衆多神崇拜,信仰呈現多樣化特徵,而且佛教内部派系之間、佛教與道教之間相互關聯,共同發展。

麻愛民認爲:"六朝時期稱量佛像,無論是立體的還是平面的,一般用'軀'不用'尊'","南北朝時期個體量詞'尊'尚未成熟,除了本例再也找不到其他例證,只是到了隋唐時期才見到少量的用法,但也只限於稱量立體的塑像。"[1]之所以作此論斷,只因材料範圍囿於傳世文獻,未涉及石刻材料。李建平指出:"'尊'用作量詞並非晚至隋唐,從南北朝時期的'造像題記'來看已經産生了,而且並非罕見。"[2]李説甚是,與我們對魏晉南北朝石刻中量詞"尊"的調查相符。這充分顯示了出土語料的優越性,彌補了傳統僅僅以傳世文獻爲研究對象的不足。**據魏晉南北朝石刻材料,量詞"尊"最早的用例出自南朝梁天監二年(503)的《天監造像記》。**

《漢語大字典》"尊"字條義項 12:"量詞。如:五百尊羅漢;十尊大炮。唐杜甫《春日憶李白》:'何時一尊酒,重與細論文。'《契丹國志·歲時雜記·佛誕日》:'京府及諸州縣各用木雕悉達太子一尊。'《儒林外史》第五十三回:'壁桌上供著一尊玉觀音。'"其中,"五百尊羅漢"、"悉達太子一尊"、"一尊玉觀音"之"尊"來源於"尊敬"義。佛典中常稱阿羅漢爲"尊者",稱佛爲"人尊"、"世尊"、"特尊"、"天尊"、"無上尊"、"無極尊"等。"尊"用作量詞,專用以稱量"造像",爲魏晉南北朝時期所新興。"十尊大炮"之"尊"是稱量"造像"用法的繼續泛化。蓋因"大炮"與"造像"在形體的相似性,兩者外形上類圓柱體,有一定的體積,且均有底座。"一尊酒"之"尊"與"一尊玉觀音"之"尊",來源不同,性質也異。稱量"酒",來源於其本義"酒器",屬容器量詞,以酒器爲計量單位表示"酒"的容量。

---

〔1〕 麻愛民:《漢語個體量詞研究中的語料使用問題》,《中國語文》2010 年第 2 期。

〔2〕 李建平:《漢語個體量詞研究出土文獻語料二題》,《中國語文》2012 年第 1 期。

而且,《漢語大字典》最早用例爲唐代,書證過晚。《漢語大詞典》"尊"字條:"13. 量詞。稱盛酒器。唐杜甫《春日懷李白》:'何時一尊酒,重與細論文?'14. 量詞。稱塑像。《古今小説·楊思温燕山逢故人》:'信步行到羅漢堂,乃渾金鑄成五百尊阿羅漢。'15. 量詞。稱大炮。《清史稿·兵志六》:'請令兩廣督臣,續購大小洋炮……凡八百尊。'"將量詞"尊"的不同性質明確區分開來,是正確的,但亦存在書證偏晚的問題。

九、文 本 卷 宗 類

本組量詞均稱量與文本或案件相關的名詞,爲行文方便,暫列爲一組。其成員共有四個:"卷、篇、首、條"。其中,"卷、篇、首"稱量文本,"條"稱量案件。

(一)卷

《説文·卩部》:"卷,厀曲也。"段玉裁注:"卷之本義也。引伸爲凡曲之稱。《大雅》'有卷者阿'。傳曰:'卷,曲也。'又引伸爲舒卷。《論語》'邦無道,則可卷而懷之'。即手部之捲收字也。"王筠《説文句讀》:"厀與卷蓋内外相對。"《廣韻·獼韻》:"卷,卷舒。"可見,"卷"本義是"膝曲",即膝關節的後部。引申爲將物彎轉成圓筒形,後作"捲"。進而引申爲稱量書籍的量詞,因爲上古的簡帛文獻都是可以捲起來的。《説文·竹部》"篇"字,段玉裁注:"篇,書也。書,箸也,箸於簡牘者也。亦謂之篇。古曰篇,漢人亦曰卷。卷者,縑帛可捲也。"朱駿聲《説文通訓定聲》:"其書於帛可捲者,謂之卷。"清吳善述《説文廣義校訂》:"古者用韋及縑爲書,卷而藏之,有一卷、二卷之稱。後人用紙爲書,折叠裝成,不復連卷。而仍以卷稱其次者,依古書舊題也。"胡樸安指出:"三代書籍皆用竹、木,或刻以刀,或書以漆。漢初因周制,仍名簡册,而竹帛並用。篇字從竹,竹書曰篇;帛可卷舒,帛書曰卷。自蔡倫造紙,紙帛並用。紙既通行,展轉傳抄,書籍遂廣。"[1]後

---

[1]　胡樸安:《古書校讀法》,南京:江蘇古籍出版社,1985 年(33)。

來,擴展開來,即使不是卷著的書或可以卷的書,也可以用"卷"稱量。由此,"卷"便成了稱量"書籍"的專用量詞。

魏晉南北朝石刻中,量詞"卷"共出現4次。用例如下:

1. 録三王魏晉書記,爲卅弓(按即卷),皆傳於世。(北魏《楊穎墓誌》)

2. 著《五經宗略》、《詩禮別義》,注《帝皇世紀》,及《列仙傳》,合一百卷,大行於世。(北魏《元延明墓誌》)

3. 撰《話林》數弓,莫不玄契聖理,超異恒儒。(北魏《鄭羲下碑》)

4. 身甘枯槁,妻子衣食不充,嘗無擔石之儲,唯有書數千卷。(北魏《元順墓誌》)

其中,"卷"字例1寫作"弓",例3寫作"弓",均爲"卷"字俗寫。明陶宗儀《輟耕録》卷二《弓字》條:"弓即卷字。《真誥》中謂一卷爲一弓。"宋黃伯思《東觀餘論》卷上《論弓字》條:"《真誥》謂一卷爲一弔。殊不知《真誥》所謂弓即卷字,蓋從省文。"張湧泉肯定黃説,並進一步作了詳細闡釋。他认爲,"卷"字《説文》从卪类聲,"卪"字篆書作"弓",隸定或作"弓"(《字彙·弓部》:"弓,即卪字。"),故"卷"字或書作"弮"。"卪"字或省點作"卩",所以"弮"亦常省點作"弮"。《龍龕手鏡·弓部》:"弮,丘員反,古縣名。又音眷,曲也。又書弮,今作卷。"《廣韻·線韻》:"弮,書弮。今作卷。"由"弮"形省變,"卷"俗又書作"弓"。猶"弓"形小變,"卷"俗又書作"弓"或"弓"。《龍龕手鏡·弓部》云:"弓,或作弓,古文。音眷,今作卷。"其實"弓"、"弓"都是"弓"俗寫的變體。並進一步指出,"弓"及其孳乳字流行於六朝及唐代前期,且其使用並不限於道教著作。[1] 從魏晉南北朝石刻材料來看,"弓"、"弓"形體均來自北魏時期的墓誌碑刻,正與此結論相合,其説甚是。

《漢語大詞典》"卷"字條義項5:"用作量詞,指書籍的册、本。"巴金

---

〔1〕 參見張湧泉:《"弓"字探源》,《古籍整理研究學刊》1994年第1期。

《春》一：“她非常愛讀那些小説，常常捧着一卷書讀到深夜。”書證過晚，先秦兩漢時期，“卷”已經作爲稱量“書籍”的量詞在使用。

（二）篇

《説文・竹部》：“篇，書也。”段玉裁注：“書，箸也，箸於簡牘者也。亦謂之篇。古曰篇，漢人亦曰卷。”朱駿聲《通訓定聲》：“篇，謂書於簡册可編者也。”《釋名・釋書契》：“簡，間也，編之篇，篇有間也。”《漢書・公孫弘傳》：“其悉意正議，詳具其對，著之於篇。”顏師古注：“篇，簡也。”可見，“篇”本指“簡册”。古代將文字寫在竹簡上，再用繩子或皮條編集起來以保持完整。後來首尾完整的詩文可稱爲“篇”，一部著作中自成起訖的相對完整的一個組成部分亦可稱爲“篇”。《玉篇・竹部》：“篇，篇什。”後來成爲量詞，專門用以稱量首尾完整的書籍或作品。

魏晉南北朝石刻中，量詞“篇”共出現 1 次。用例如下：

1. 其詩賦銘誄，咸（按即箴）頌書奏，凡三百餘篇。（北魏《元延明墓誌》）

例 1 中詩賦、奏章、文書等，是語言文字的不同表現形式，但皆具書的形式，故均可以用量詞“篇”來稱量。

（三）首

《説文・首部》：“首，百同，古文百也。巛象髮，謂之鬌，鬌即巛也。”甲骨文、金文“首”字像人頭有髮形。《楚辭・離騷》：“日康娛而自忘兮，厥首用夫顛隕。”王逸注：“首，頭也。”《廣韻・有韻》：“首，頭也。”以部分代替整體的方式，通過轉喻成爲量詞，用以稱量有頭之生物（參見本章本節“頭”字條）。魏晉南北朝石刻中未見量詞“首”稱量動物的用例。後來“首”引申爲“端頭、開端”義。《爾雅・釋詁上》：“首，始也。”所以量詞“首”可以用來稱量有端頭的事物，如“碑”。同樣，詩文等言語作品皆有開端，亦可用量詞“首”稱量。

魏晉南北朝石刻中，量詞“首”共出現 2 次。用例如下：

1. 与道俗□人出萊城東南九里，登雲峰山，論經書一首。（北魏《論經書詩》）

2. 於此東峰之陽,仰述皇祖魏故中書令、秘書監、兗州刺史、文貞公跡狀,鐫碑一首,峰之東堪石室之内,復製其銘。(北齊《天柱山銘》)

其中,例1量詞"首"稱量"詩",例2稱量"碑"。劉世儒認爲:"逐步緊縮,'首'就專用於'作品';作品稱'首',也就正是由這種'端頭'義引申出來的……後來發展,'首'就用成詩歌的專用量詞,但在南北朝這種分工還没有完成,所以其他作品它也同樣還可以鑽進去。"[1]魏晉南北朝石刻中量詞"首"的用法與此論述相符,還屬於逐漸分工的階段。量詞"首"還可以稱量"碑",不專用於"作品",也没有發展成"詩歌"的專用量詞。

《漢語大字典》"首"字條義項12:"量詞。用於詩、文、歌曲等。如:《唐詩三百首》;一首歌。唐韓愈《與于襄陽書》:'謹獻舊所爲文一十八首。'"書證過晚。

(四)條

《説文·木部》:"條,小枝也。"《詩·周南·汝墳》:"遵彼汝墳,伐其條枚。"毛傳:"枝曰條,幹曰枚。"段玉裁注:"毛傳曰'枝曰條',渾言之也。條爲枝之小者,析言之也。"《文選·謝惠連〈泛湖歸出樓中翫月〉》:"斐斐氣幕岫,泫泫露盈條。"李周翰注:"條,細枝。""條"本爲名詞,指"樹枝之小者"。引申爲量詞,最初用於稱量樹木,與其本義密切相關。後來其適用範圍擴大,用以稱量長條形事物,如"道路"、"繩"、"衣裙"等。另外,"條"有"長"義。《尚書·禹貢》:"厥草惟繇,厥木惟條。"孔安國傳:"條,長也。"《文選·王褒〈洞簫賦〉》:"洞條暢而罕節兮,標敷紛以扶疏。"吕向注:"條,長也。"另一方面,"條"本指"樹枝之小者"。《説文》"條"字,徐鍇《繫傳》:"條,自枝而出也。"趙岐《孟子題辭》:"儒家惟有《孟子》,閎遠微妙,縕奥難見,宜在條理之科。"焦循正義:"枝又分而爲條,故條之義爲

---

〔1〕 劉世儒:《魏晉南北朝量詞研究》,北京:中華書局,1965年(174)。

分。"《漢書·孝成許皇后傳》:"其條刺,使大長秋來白之。"顏師古注:"條,謂分條之也。"《漢書·黃霸傳》:"臣聞上計長吏守丞以興化條。"顏師古注:"凡言條者,一一而疏舉之,若木條然。"因此,量詞"條"亦可稱量"條文、條令"等。

魏晉南北朝石刻中,量詞"條"共出現 1 次。用例如下:

1. 情斷大獄卅餘條,于時內外,莫不歸當。(西晉《石尠墓誌》)

例 1 中"條"稱量"大獄",即重大的案件。這種用法是由"分"義引申而來,非源自本義。劉世儒指出:"'條'字最虛化的用法是用來量'事','條'量'事'是起於把'事'寫成'條文'。"[1]這是以動作轉喻結果的方式。魏晉南北朝石刻中未見稱量條形之物的用例,稱量"案件"是量詞"條"更爲虛化的用法。稱量對象着重於事項整體、事項本身,而不是可以羅列成條文的事件,這已經接近近現代漢語的用法了。

王力認爲:"'條'在最初也是普通名詞。後來發展爲單位詞,也可能先用於樹木方面。但現在只找到唐代的一些例子,如:楊柳千條花欲綻。(沈佺期詩)風折垂楊定幾條。(高啓詩)以上這些'條'字可能用的是原義。後來用途擴大了,細長、狹長(或長)的東西一般都可以稱'條'。"[2]劉世儒舉"楊柳拂地數千條(王褒《燕歌行》)"爲量詞"條"量樹木的用例,並指出王力的調查不合事實,"條"字到魏晉南北朝時期才算真正取得了量詞資格。[3] 李建平調查漢代簡牘,發現量詞"條"在當時不僅可以稱量條形物和"條文",還可以稱量非條狀的一般物品(戰士的頭盔),由此,"把量詞'條'的成熟年代提前到漢代,而不是像劉世儒認爲的南北朝,更不是王力認爲的唐代"。[4] 實際上,稱量條狀物和可分項的事物一直是量詞"條"的主要用法。據我們對石刻材料的調查,量詞"條"一直到隋唐五代時期仍在發展,其適用範圍不斷擴大,在此時期才真正泛用於一

---

〔1〕　劉世儒:《魏晉南北朝量詞研究》,北京:中華書局,1965 年(102)。

〔2〕　王力:《漢語史稿》,北京:中華書局,1980 年(237)。

〔3〕　參見劉世儒:《魏晉南北朝量詞研究》,北京:中華書局,1965 年(101)。

〔4〕　參見李建平:《先秦兩漢量詞研究》,西南大學博士學位論文,2010 年(82)。

切條形之物（具體情況參見第四章第四節）。

十、種　類　類

本組量詞均表示事物的種類、類別，故列爲一組。其成員共有兩個：
"種、等"。

（一）種

《説文·禾部》："穜，先種後孰也。"段玉裁注："此謂凡穀有如此者。
《邠風》傳曰：'後孰曰重。'《周禮·内宰》注：'鄭司農云，先種後孰謂之
穜。'按：《毛詩》作重，假借字也。《周禮》作穜，轉寫以今字易之也。"《周
禮·天官·内宰》："上春，詔王后帥六宫之人，而生穜稑之種，而獻之於
王。"陸德明《釋文》："穜，直龍反，本或作重，音同……案：如字書，禾旁作
重是穜稑之字，作童是穜殖之字。今俗則反之。"因而，"種"也有"種植"
義。由此引申爲"種子"義。生物借"種子"以傳代，因而使"宗族"得以延
續發展。故"種"又引申指"後嗣"。《晉書·劉頌傳》："聞華子得逃，喜
曰：'茂先，卿尚有種也！'"又有"種類、類別"義。《漢書·楚元王傳》：
"歆乃集六藝群書，種別爲七略。"《玉篇·禾部》："種，種類也。"由"種
類"義發展爲量詞，用以表示類別。

魏晉南北朝石刻中，量詞"種"共出現5次。用例如下：

1. 三十二相，八十種好，願七祖先靈，俱登兜率，現前眷屬，共同妙
果。（北齊《張思伯造浮圖記》）

2. 如是等相三十二，八十種好似可見。（北齊《無量義經》）

3. 其身……非青非黄非赤白，非紅非紫種種色。（北齊《無量
義經》）

4. 梵音雷震響八種，微妙清净甚深遠。（北齊《無量義經》）

5. 一時，婆伽婆住大海畔摩羅耶山頂上楞伽城中，彼山種種寶性所
成，諸寶間錯，光明赫炎。（北周《如是我聞佛經摩崖》）

以上諸例，均與佛教密切相關，量詞"種"稱量的對象多爲佛教特有的
概念。例1、2稱量"好"。《佛學大詞典》："八十種好指佛菩薩之身所具

足之八十種好相。佛、菩薩之身所具足之殊勝容貌形相中,顯著易見者有三十二種,稱爲三十二相;微細隱密難見者有八十種,稱爲八十種好。兩者亦合稱相好。轉輪聖王亦能具足三十二相,而八十種好則唯佛、菩薩始能具足。"例 3 稱量"色",例 4 稱量"響",例 5 稱量"寶"。例 5 來自魏譯本《入楞伽經》,劉宋本《楞伽阿跋多羅寶經》作"一時,佛住南海濱楞伽山頂,種種寶華以爲莊嚴"。〔明〕釋智旭《楞伽經義疏》:"種種寶華,即是性具智慧妙寶、功德妙華。"

　　劉世儒指出:"在漢代它的量詞用法就已逐漸出現。到了南北朝就更得到了發展,可以説,現代漢語中量詞'種'的用法差不多在這個時代就已經漸次形成了。"〔1〕陳穎對此持不同觀點:"和宋代比起來,南北朝時代的'種'可以稱量的範圍還很有限,多是實物類別,結構也較爲簡單。直到宋代,'種'才得到了大發展。"〔2〕郭先珍《現代漢語量詞用法詞典》(181頁)"種"字條:"1. 計量具體事物。強調事物内部的區別性;2. 計量抽象事物。強調事物的特殊性。"我們認爲,魏晉南北朝石刻中量詞"種"的意義虛化程度較高,已經廣泛用於稱量抽象事物,儼然已與現代漢語的用法接近。

　　值得注意的是,這裏出現了量詞"種"的重疊形式"種種",即例 3 之"種種色"、例 5 之"種種寶",均來自石刻佛經,此爲劉世儒《魏晉南北朝量詞研究》所未提及。除了量詞"種",其他量詞在魏晉南北朝石刻中均未見重疊形式。可以重疊是量詞的語法特徵之一,但並非所有量詞都可以重疊。華玉明指出:"量詞的重疊性受到自身語音形式、語義褒貶和語體色彩的制約。一般而論,可以重疊使用的量詞是單音節的、非貶義的、口語化的。"〔3〕葉南指出:"量詞本身的計量意義明確時,這類量詞不能重疊,如度量衡單音節量詞只能用詞彙手段表示計量;量詞本身的計數意

---

〔1〕　劉世儒:《魏晉南北朝量詞研究》,北京:中華書局,1965 年(142)。

〔2〕　陳穎:《蘇軾作品量詞研究》,成都:巴蜀書社,2003 年(131)。

〔3〕　華玉明:《試論量詞重疊》,《邵陽師專學報》1994 年第 3 期。

義含糊不定時,這類量詞可以重疊,如非度量衡量詞和借用量詞,重疊以後可以表示全量或不計量。"〔1〕量詞"種"屬中性、單音節、非度量衡量詞,處於可重疊的量詞範圍内。關於量詞重疊的語法意義,郭繼懋認爲:"量詞重疊作謂語、作賓語裏的定語、作獨語句裏的定語時通常都體現爲與'多'相近的意思","在現代漢語裏,周遍意義通常安排在句子的前半部分(即話題部分,在此是主語、主語裏的定語、狀語)出現,而數量意義則通常安排在句子的後半部分(即説明部分,在此是謂語、賓語、賓語裏的定語)出現。"〔2〕這個結論在魏晉南北朝石刻中也適用。例3、5之"種種"就出現在句中謂語部分,位於句子的後半部分,表示"衆多、各種各樣"之義。"詞語重疊是一種表達量變化的語法手段,'調量'是詞語重疊的最基本的語法意義","'多數'是詞語重疊數量變化的核心語法意義"〔3〕量詞的重疊帶來量的變化,進而影響到表達功能,主要是描述功能的強化。這種重疊,會形成新的信息,使"種種"所具有的"衆多"語義成爲表達的焦點和重心。另外,例3、5均出自佛經,量詞"種"的重疊從語音角度看,具有湊足音節、協調節奏、增強語勢的作用。"種種"重疊形式在佛經中比較常見,與量詞"種"的泛用密切相關,可稱量具體的"人"、"物"以及抽象的"事",適用範圍極廣。因此,"種種"的適用範圍也得以逐步擴展。另外,"佛經在具體論述中往往不惜筆墨,層層鋪排,又常深入淺出,級級遞進,這種文體風格,使得需要具體展開的内容,用'種種'來加以強調;無需具體描述的内容,用'種種'加以概括。"〔4〕譯經内容和文體的影響也是一個重要因素。

(二) 等

《説文·竹部》:"等,齊簡也。从竹,从寺。寺,官曹之等平也。"段玉

---

〔1〕 葉南:《漢語名詞的"數"與重疊量詞》,《西南民族學院學報(哲學社會科學版)》1996 年第 5 期。

〔2〕 郭繼懋:《再談量詞重疊形式的語法意義》,《漢語學習》1999 年第 4 期。

〔3〕 李宇明:《論詞語重疊的意義》,《世界漢語教學》1996 年第 1 期。

〔4〕 汪祎:《中古佛典量詞研究》,南京師範大學博士學位論文,2008 年(177—178)。

裁注:"齊簡者,迭簡冊齊之,如今人整齊書籍也。引伸爲凡齊之稱,凡物齊之,則高下歷歷可見,故曰等級。""等"本義爲整齊竹簡,在此基礎上引申爲"等級、級別"義。《左傳・昭公七年》:"天有十日,人有十等,下所以事上,上所以共神也。"進而引申爲量詞,用以表"等級",常稱量的對象爲"官職"、"罪惡"等。劉世儒指出,"等"作量詞有兩個系統,一個表"等類",一個表"等級"。[1]　"等"由"齊"義引申爲"同、等同"義。《淮南子・主術》:"有法者而不用,與無法等。"高誘注:"等,同。"進而引申爲"種類"義。《易・繫辭下》:"道有變動,故曰爻;爻有等,故曰物。"韓康伯注:"等,類也。"《廣韻・等韻》:"等,類也。"由此引申爲量詞,用以表"等類"。梁武帝《斷酒肉文》:"如是等人,亦行魔界。"

魏晉南北朝石刻中,量詞"等"共出現5次。用例如下:

1. 有緒陽之功,追贈五等男,加以繒帛之賻,禮也。(北魏《韓顯宗墓誌》)

2. 摧赫連於隴關,賞授名邦,榮例五等。(北魏《張宜墓誌》)

3. 襲爵安德郡開國公,又加散騎常侍,增秩一等。(北齊《封子繪墓誌》)

4. 爰惻聖衷,榮加二等。(北齊《李雲墓誌》)

5. 遂位列三階,爵標九等,翼茲宰輔,贊預軍民。(北周《叱羅協墓誌》)

以上諸例,量詞"等"均用以表示官職、爵位之高低。魏晉南北朝石刻中未見其表"等類"的用例。現代漢語中,量詞"等"依然在使用。《漢語大字典》、《漢語大詞典》均未收量詞"等",當予以補充。

十一、部　分　類

本組量詞均表示事物的部分,故列爲一組。其成員共有四個:"重、

---

〔1〕　參見劉世儒:《魏晉南北朝量詞研究》,北京:中華書局,1965 年(151)。

層、級$_2$、段$_1$"。

（一）重

"重"古作"緟"。《説文·系部》："緟,增益也。"段玉裁注："增益之曰緟,經傳統假重爲之,非字之本。……今則重行而緟廢矣。增益之則加重,故其字从重。許書重文若干皆當作緟文。"朱駿聲《通訓定聲》："凡重疊、重複字,經傳皆以重爲之。"《玉篇·系部》："緟,增也,疊也,益也,複也。今作重。""重"作量詞,由"重疊"義引申而來,用以稱量重疊的、有層次的事物。

魏晉南北朝石刻中,量詞"重"共出現 5 次。用例如下：

1. 帝出於震,高門九重。（北魏《元爽墓誌》）

2. 湯池百重,金城千刃。（北魏《元恭墓誌》）

3. 崇基千刃,長瀾九重。（北魏《爾朱紹墓誌》）

4. □筐五色,瑤臺九重。（北齊《劉洪徽妻高阿難墓誌》）

5. 雖復層城九重,未方其峻;扶搖九萬,詎並其高。（北齊《高顯國妃敬氏墓誌》）

其中,例 1、2、4、5 量詞"重"稱量人工的建築物,例 3 稱量天然的"水",均爲有層次的具體事物。劉世儒指出："'重'作爲量詞在南北朝已經發展得完全成熟了,不論是什麽對象,只要是可以分出'重'來的就都可以用'重'來量它。"[1]那麽,只要可以"重疊、疊加"的事物,無論是具體的還是抽象的,均在量詞"重"的適用範圍之内。但魏晉南北朝石刻中未見其稱量抽象事物的用例。

（二）層

《説文·尸部》："層,重屋也。"段玉裁注："曾之言重也,曾祖、曾孫皆是也,故从曾之層爲重屋。《考工記》'四阿重屋。'注曰：'重屋,複笮也。'後人因之作樓。《木部》曰：'樓,重屋也。'引伸爲凡重疊之稱。古亦假增

---

〔1〕 劉世儒：《魏晉南北朝量詞研究》,北京：中華書局,1965 年(138)。

爲之。"《玉篇·尸部》："層,重也,累也。"《楚辭·招魂》："層臺累榭,臨高山些。"王逸注："層、累,皆重也。"由"重疊"義引申爲量詞,首先用以稱量有層次的建築物,建築物重疊一次即多一層,繼而擴展到稱量其他重疊、有層次的事物。這些事物可以是具體的,由一些相同的結構單位有組織地組合而成;亦可以是抽象的,在認知中可作爲有層次的意識對象,各個層次特點不同。

　　量詞"重"和量詞"層"均可以稱量重疊、有層次的事物,但彼此間也存在一些差異。《現代漢語量詞手册》從詞義着重點和應用範圍上對其進行了區分:"層"着重於有層次、有條理的重疊,而"重"則只重在"堆疊",不一定有層次、有條理;"層"可以計量分項、分步的事物和附着在物體表面的東西,而"重"則不能。[1] 兩者的差別還在於"層"表示疊加關係,事物之間結合緊密,構成一個有機整體;"重"表示重複關係,事物之間相對獨立,比較自由、離散。因此,"層"、"重"稱量建築物如"樓"時,前者指向"樓"整體内部的一部分,突出事物的整體性;後者則指向相互獨立的"樓"的排列,突出事物的離散性。

　　魏晉南北朝石刻中,量詞"層"共出現4次。用例如下:

　　1. 禪師乃構千善靈塔一十五層,始就七級,緣老中止。(東魏《嵩陽寺碑》)

　　2. 而七層之狀,遠望則迢亭魏峨,仰参天漢;近視則□嵬儼嶷,旁魄絕望。(東魏《嵩陽寺碑》)

　　3. 分裛□磚,更造兩塔,並各七層。(東魏《嵩陽寺碑》)

　　以上三例,量詞"層"與名詞組合,稱量建築物"塔",因"塔"具有顯著的重疊、分層特徵。值得注意的是,這裏"層"稱量的是建築物的分層、部分,不是它的本身、整體。

　　另外,量詞"層"還可以後置於動詞作補語,如:

---

〔1〕　郭先珍:《現代漢語量詞手册》,北京:中國和平出版社,1987年(11)。

4. 王出衛三層，入宿九户，負宬嘉節，珥鷝懷威。（北齊《劉悦墓誌》）

這種情況下，"層"仍屬名量詞，與動量詞有本質的區別。"這在結構上雖然的的確確就是以動詞作爲它的中心詞的，但也不能因此就轉入動量詞，因爲這不是動量詞的性質（正如現代語"一個一個地走出來"一樣，也不能因此就説'個'在這裏已經不再是名量而是動量了）。"[1]量詞"層"在句中表示動作行爲的狀態，呈現的是静態的結果，而不是表示動作行爲的次數或方式，呈現動態的過程。例4中量詞"層"不可用量詞"重"替換，因爲量詞"層"强調整齊、有序，而量詞"重"則傾向於表達無序、雜亂。

（三）級₂

《説文·系部》："級，絲次弟也。"段玉裁注："本謂絲之次弟，故其字從糸。引申爲凡次弟之稱。"《廣雅·釋言》："級，等也。"《廣韻·緝韻》："級，等級。""級"本指絲的優劣等級，引申指事物的等級。作爲量詞，"級"常用以稱量有層級的官階爵位、建築物等。另外，量詞"級"還可稱量"首級"或"俘虜"（參見本章本節"級₁"條）。

魏晉南北朝石刻中，量詞"級₂"共出現10次。用例如下：

1. 絳宮重樓十二級，宮室之中五采集。（晉《黄庭經》）

2. 仰爲皇帝陛下、皇太后、中宫眷屬、士官僚庶、法界有形，敬造三級磚浮圖一堰。（北魏《劉根四十一人等造像記》）

3. 乃罄竭丹誠，於本鄉南北舊宅，上爲二聖，造三級佛圖各一區。（北魏《暉福寺碑》）

4. 乃於中練里私宅造塔三級，並建石像一區。（北魏《陳天寶造像記》）

5. 唯大魏普泰二年，歲次壬子，七月辛丑，朔十五日，鎮遠將軍、介休

---

[1] 劉世儒：《魏晉南北朝量詞研究》，北京：中華書局，1965 年（25）。

男邢安周,敬造磚浮圖一級,石像一區。(北魏《邢安周造像記》)

6. 遂命有司以官財顧工,於州東之門,顯敞之地,造此五級佛圖。
(北魏《塔基石函銘刻》)

7. 率州府綱佐,仰爲孝文皇帝立追獻寺三級。(北魏《山公寺碑頌》)

8. 禪師乃構千善靈塔一十五層,始就七級,緣老中止。(東魏《嵩陽
寺碑》)

9. 大齊天保三年,歲次壬申,七月丁卯,朔八日甲戌,清信佛弟子牛
景悦等,爲亡人李顯仲造石浮圖一區三級。(北齊《牛景悦造石浮
圖記》)

10. 是以悲大士姜阿格,妙體先覺,建造浮圖三級,釋迦銘像一區。
(北齊《姜興紹造像記》)

以上諸例,量詞"級$_2$"均稱量建築物。其中,例1稱量"宮室樓宇",
例7稱量"寺",其餘均稱量"塔"或"浮圖",均具有顯著的重疊、分層特
徵。例8量詞"層"與量詞"級"並列使用,均指向"塔"。可見,魏晉南
北朝時期,兩者在稱量建築物上的用法無異。與量詞"層"一樣,量詞
"級$_2$"稱量的也只是建築物的分層、部分,不是它的本身、整體。因而,
有時候可以同時使用稱量建築物整體的量詞,如:例2"三級磚浮圖一
堀"、例3"三級佛圖各一區"、例9"石浮圖一區三級",兩者共同指向中
心詞"浮(佛)圖"。例中兩個量詞,一個在中心詞前,一個在中心詞後。
在後的量詞稱量事物整體,在前的量詞事物稱量部分。例9中兩個量
詞均在中心詞後,離中心詞最近的量詞"區"稱量整體,次之的量詞
"級"稱量部分。

(四)段$_1$

《説文·殳部》:"段,椎物也。"朱芳圃《殷周文字釋叢》:"金文'段'
象手持椎於厂中捶石之形。許君訓'椎物',引申之義也。"段玉裁注:"後
人以鍛爲段字,以段爲分段字。讀徒亂切。分段字自應作斷,蓋古今字之
不同如此。"王筠《句讀》:"段不用火,鍛則用火,而其椎之也同,故經典二
字通用。"朱駿聲《説文通訓定聲》:"段,假借爲斷。"《釋名·釋言語》:

"斷,段也。分爲異段也。"《廣韻·換韻》:"段,分段也。"因此,"段"通"斷",有截斷、分開義。"截斷"這個動作的結果就是分割后小段的事物。凡可分割成段的事物,大都可以用"段"來稱量。"段"作量詞,源於"分段"義,非本義。

量詞"段"在魏晉南北朝時期已經發展得很成熟,使用頻繁且用法多樣。劉世儒將其稱量對象約爲四種,由實到虛,依次爲:量"物"、量"文"、量"事"、量"時"。[1] 魏晉南北朝石刻中未見量詞"段"量"文"和量"時"的用例。

魏晉南北石刻中,量詞"段"可稱量實物"地"、"布帛"和抽象的"事"。其稱量"布帛"的用法,已發展爲度量衡量詞,故另於"度量衡量詞"中説明(參見第三章第一節"段$_2$"條)。量詞"段$_1$"共出現3次。用例如下:

1. 天監九年九月廿七日,喬進臣買德地一段。(南朝梁《喬進臣買地券》)

2. 孝心純至,爲父母重施義東城壕城南兩段廿畝地。(北齊《義慈惠石柱頌》)

3. 得果此緣,一段奇事也。(唐大曆元年《十七帖》)[2]

其中,例1、2量詞"段$_1$"稱量"地"。例3稱量"奇事",已經是比較虛化的用法了。量"地"之量詞"段$_1$"重在突出事物的形象特徵,並沒有固定的數值。所以,若要精確計量,可以再選擇一個度量衡量詞,共同稱量中心詞。如例2"兩段廿畝地"。量詞"段$_1$"的稱量對象均是整體中的一部分,這個"部分"可以是事物在空間中延展的一部分,如例1、2之"地";也可以是事物在時間上延續的一部分,如例3之"奇事"。同時,這個"部分"可來自具體、有形的事物,如例1、2之"地";也可來自抽象、無形的事

---

[1] 參見劉世儒:《魏晉南北朝量詞研究》,北京:中華書局,1965年(123—125)。

[2] 此例雖然是來自唐代的石刻,但内容卻是晉時王羲之的作品。根據我們使用材料的原則,將引録的當朝文獻當作所記時代的語料。因此,將此例納入我們的研究範圍之内。

物,如例 3 之"奇事"。根據認知語言學的"人類中心説",人類認識事物總是從自身及自身的行爲出發,再引申到空間、時間、性質等。海因等學者將人類認識世界的認知域排列成一個由具體到抽象的等級:人>物>事>空間>時間>性質。這是人們進行認知域之間投射的一般規律,也符合實詞虛化爲語法成分的一般規律。[1] 量詞"段₁"的適用範圍由具體事物擴展至抽象事物,由表空間的名詞擴展至表時間的名詞,與語言自身發展從實到虛的規律一致,亦與人的認知從實到虛、從空間域到時間域的發展過程相符合。

第二節　魏晉南北朝石刻集體量詞研究

集體量詞重在表數,用以計量成雙、成組、成群、成套的人或事物,是與"個體"相對的概念。集體量詞本身包含數量,均表示"一"以上的數量。李宇明指出:"一些群體量詞,如'群、幫、伙、批'等,也包含着數意義。若干只羊才能稱'一群羊',若干個人方可稱'一幫人'。"[2] 宗守雲將集體量詞的定義歸納爲:"集合量詞(原按:我們稱爲"集體量詞")是將兩個或兩個以上的同類事物作爲一個整體來表述的、與個體量詞相對與度量量詞有别的量詞。"並指出"集合量詞的本質在於,一方面,它具有數的意義;另一方面,它具有整體意義。即,集合量詞是兩個或兩個以上的數的整體"。[3] 有的集體量詞包含明確的數,如"雙"一定是表示兩個,但這樣的量詞爲數不多。大部分集體量詞所計量的中心詞數目不確定,如"群"。根據所量對象數目確定與否,集體量詞又可分爲定數集體量詞和不定數集體量詞。但無論是定數集體量詞還是不定數集體量詞,都

---

〔1〕　參見趙艷芳:《認知語言學概論》,上海:上海外語教育出版社,2001 年(163)。

〔2〕　李宇明:《量詞與數詞、名詞的扭結》,《語言教學與研究》2000 年第 3 期。

〔3〕　宗守雲:《集合量詞的認知研究》,上海師範大學博士學位論文,2008 年(47)。

傾向於凸顯整體,是對整體的描述。

　　魏晉南北朝石刻中,集體量詞共有 11 個。其中,定數集體量詞 2 個,即"量、雙";不定數集體量詞 9 個,即"群、會、襲、具、户、室、家、部、隊"。這 9 個不定數集體量詞的來源不同,實際上又可分爲三類。其中,"群、會"源於聚集義,"襲、具"源於配置義,"户、室、家、部、隊"源於組織義。因其數量不多,行文時暫不作類別劃分。

一、定數集體量詞

(一) 量

　　集體量詞"量","在上古,漢字也只作'兩',但發展下來,就分化成'緉'或'量'了(大約自漢代就開始寫作"緉",到了南北朝初期才有寫作"量"的)。"[1]《字彙補·里部》:"量,與緉同,雙履也。"《匡謬正俗》:"或問曰:今人呼屨、舄、屐、履之屬,一具爲一量,於義何邪? 答曰:字當作兩。《詩》云'葛屨五兩'者,相偶之名,履之屬二乃成具,故謂之兩,兩音轉變,故爲量爾。""量"、"兩"上古同爲來母陽部字,音同假借。量詞"兩"的來源有兩個:"一個是'网',一個是'兩'。但後來混合,統寫作'兩'了。"[2]《說文·网部》:"网,再也。"段玉裁注:"再者,一舉而二也。凡物有二,其字作网不作兩。兩者,二十四銖之稱也。今字兩行而网廢矣。""网"今作"兩",本義爲"二"。引申爲量詞,用以稱量天然成對的事物。《詩·齊風·南山》:"葛屨五兩,冠緌雙止。"孔穎達疏:"履必兩隻相配,故以一兩爲一物。"

　　魏晉南北朝石刻中,量詞"量"共出現 2 次,用以稱量"襪"、"履"等足部所着之物。用例如下:

　　1. 故練襪一量。(東晉《潘氏衣物券》)

　　2. 故斑頭女履一量。(東晉《潘氏衣物券》)

---

〔1〕　劉世儒:《魏晉南北朝量詞研究》,北京:中華書局,1965 年(201)。
〔2〕　劉世儒:《魏晉南北朝量詞研究》,北京:中華書局,1965 年(182)。

（二）雙

《説文・雔部》：“雙，隹二枚也。”《方言》卷六：“飛鳥曰雙。”周祖謨校勘記：“慧琳《音義》卷七引《方言》：‘二飛鳥曰雙。’是今本飛上當有‘二’字。”《周禮・秋官・司寇下》：“乘禽日九十雙。”鄭玄注：“乘禽，乘行群處之禽，謂雉雁之屬，於禮以雙爲數。”《禮記・少儀》：“其禽加於一雙，則執一雙以將命，委其餘。”孔穎達疏：“二隻曰雙。”又，《説文・隹部》：“隻，鳥一枚也。從又持隹。持一隹曰隻，二隹曰雙。”劉世儒認爲：“在上古，和‘隻’一樣，都是屬於‘綜合稱量法’的（説“雙”就等於説“鳥二枚”，正如説“隻”就等於説“鳥一枚”）。後來發展就分解成表雙數的量詞了。”〔1〕可知，“雙”本義指“禽鳥二隻”，本身就包含“二”的概念。由此引申爲量詞，用以稱量成對的事物。王力指出：“‘兩’字指天然成雙的事物，‘雙’字強調相配成對。從語源來看，二鳥爲雙，可見‘雙’字不一定用來表示天然成雙的東西。”〔2〕也就是説，量詞“雙”的稱量對象是兩個相同的、同時存在的事物。如宗守雲所云，量詞“雙”強調相同，是與“對”、“副”等其他雙數量詞區分開來的區別特徵。〔3〕

魏晉南北朝石刻中，量詞“雙”共出現 6 次。用例如下：

1. 故真璫一雙。（東晉《潘氏衣物券》）

2. 故銀鋜一雙。（東晉《潘氏衣物券》）

3. 故銀瓌二雙。（東晉《潘氏衣物券》）

4. 故玉豚一雙。（東晉《潘氏衣物券》）

5. 故綺飛衣一雙。（東晉《潘氏衣物券》）

6. 故櫛父母一雙。（東晉《潘氏衣物券》）

以上諸例，例 1～5 量詞“雙”的稱量對象分別爲“真璫（即珍璫）”、

〔1〕 劉世儒：《魏晉南北朝量詞研究》，北京：中華書局，1965 年（198）。

〔2〕 王力：《漢語史稿》，北京：中華書局，1980 年（249）。

〔3〕 參見宗守雲：《論雙數量詞對名詞性成分的語義選擇》，《廣西師範大學學報（哲學社會科學版）》2007 年第 1 期。

"銀鋸"、"銀瑝"、"玉豚"、"綺飛衣"〔1〕,均非天然成雙的事物。例6稱量"櫛父母",爲"梳篦"的俗稱。《説文·木部》:"櫛,梳比之總名也。"段玉裁注:"比,讀若毗。疏者爲梳,密者爲比。"王筠《句讀》:"此謂漢時曰梳曰比者,周秦統謂之櫛也。"梳、篦皆爲舊時女子束髮之器具,一疏一密,常結合使用,説其爲天然成雙的事物也無妨。可見,魏晉南北朝時期,"雙"的適用對象已經不限於"鳥",適用範圍擴大,其他數量爲"二"的事物也可適用;也不限於天然成雙的事物,例1~5中"雙"的稱量對象均爲臨時配對之物。劉世儒認爲:"後來發展,除天然成雙的仍稱'雙'外,一般都已改稱'對'.不再用'雙'了。"〔2〕洪藝芳以敦煌吐魯番文書中"雙"稱量非天然成雙者的語例爲證,指出:"經由敦煌變文的全面歸納可知,至少在唐五代時,'雙'和'對'仍未有明顯的分工。"〔3〕

根據我們對隋唐五代石刻中量詞"雙"、"對"使用情況的考察,上述結論同樣適用。如:

7. 火筯一對。(唐咸通十五年《法門寺供物帳碑》)

8. 骰子一對,調達子一對。(唐咸通十五年《法門寺供物帳碑》)

---

〔1〕 傳世文獻、詞典中皆不見"飛衣"一詞。馬王堆一號漢墓出土的竹簡中有:"非衣一,長丈二尺"、"右方非衣一"。史樹青認爲,例5中的"飛衣"應是此"非衣"的同音同義詞,似是婦女穿的長大的衣服,"綺飛衣一雙"應是用綺製的飛衣兩件。關於竹簡中的"非衣",唐蘭認爲是漢墓中的帛畫,因其出土時蓋在棺材上面,又裁成衣服的樣子。"非衣"即"非衣",是掛在門扉上的衣。(參見《座談長沙馬王堆一號漢墓》,《文物》1972年第9期)劉曉路認爲"非衣"似衣而非衣,資料相仿,形狀、功能(覆蓋)相似,但非穿着之衣。(參見《馬王堆帛畫再認識:論其楚藝術性格並釋存疑》,《文藝研究》1992年第3期)雪克認爲,"非衣(即飛衣)"之類的衣物或許就是文獻中記載的"羽衣"。《漢書·郊祀志》:"(武帝)使使衣羽衣,夜立白茅上,五利事軍亦衣羽衣,立白茅上受印,以視不臣也。"顏師古注:"羽衣,以鳥羽爲衣,取其神仙飛翔之意也。"羽衣的形制,記載缺略,不能詳知,從顏注"以鳥羽爲衣"推測,大概是編綴鳥類的羽翮而成,或者在衣服上加飾鳥羽,亦示異於常服。(參見《馬王堆西漢帛畫"非衣"説質疑》,《浙江學刊》1988年第1期)例5的"飛衣"來自潘氏衣物券,根據券文所列衣物前有"故"字,加上券文中有"其隨身衣物,皆潘生存所服飾",可知這些衣物應爲潘氏生前所着。"飛衣"或爲史樹青所言,爲漢晉之際婦女所着之衣。

〔2〕 劉世儒:《魏晉南北朝量詞研究》,北京:中華書局,1965年(200)。

〔3〕 洪藝芳:《敦煌吐魯番文書中之量詞研究》,臺北:文津出版社,2000年(332—333)。

9. 可幅勒腕帛子五對。（唐咸通十五年《法門寺供物帳碑》）

10. 銀鍱伽瓶四隻，□□□椀一對，共重十一兩。（唐咸通十五年《法門寺供物帳碑》）

11. 細匙筯五十張雙，鹿匙筯五十張雙。（唐貞元十三年《濟瀆廟北海壇祭器碑》）

從上述各例來看，在隋唐時期，非天然成雙的事物，如例 8～10 之"骰子"、"調達子"、"帛子"、"椀"等皆用量詞"對"稱量。而天然成雙的事物，如"筯"，既可以與量詞"對"搭配，如例 7；亦可以與量詞"雙"搭配，如例 11。可知，此時期量詞"雙"與量詞"對"仍未有完全分工。例 11"匙筯"以複合量詞"張雙"來稱量，"張"量"匙"，"雙"量"筯"。這種"多量對多名"的現象在魏晉南北朝時期即已存在，是名量搭配體系內的自我調整。現代漢語中，量詞"雙"僅適用於天然成雙或不成雙就不能使用的事物。郭先珍《現代漢語量詞用法詞典》（134 頁）"雙"字條："1. 用於人或動物的肢體：一雙手；2. 用於人或動物的器官：一雙眼睛；3. 用於穿戴在肢體上的東西：一雙手套；4. 用於成對使用，可以是單數的器物。多指筷子。"可資參照。

二、不定數集體量詞

（一）群

《説文·羊部》："群，輩也。"徐鉉等注："羊性好群，故从羊。"段玉裁注："犬部曰'羊爲群，犬爲獨'，引伸爲凡類聚之稱。"《詩·小雅·無羊》："誰謂爾無羊，三百維群。"孔穎達疏："羊三百頭爲群。"其他同類動物聚集而成的集體亦可稱"群"。《國語·周語上》："獸三爲群，人三爲衆。"韋昭注："自三以上爲群。"《禮記·曲禮下》："國君春田不圍澤，大夫不掩群，士不取麑卵。"孔穎達疏："群謂禽獸共聚也，群聚則多，不可掩取之。""群"的本義爲"羊群"，由此引申爲集體量詞，用以稱量人或動物的群體，群體內成員的數目不定。

魏晉南北朝石刻中，量詞"群"共出現 2 次。用例如下：

1. 衆裁一旅，破賊千群，漳東妖醜，望旗鳥散。（北魏《李璧墓誌》）

2. 且發者千群,暮來者萬隊。(北齊《義慈惠石柱頌》)

例1、2量詞"群"皆稱量"人群"。劉世儒指出:"'群'作爲集體量詞,在這個時代還是有一定的限制的,這就是只能適用於'人'或一般的'動物',超出這個範圍,它就無能爲力了。"[1]魏晉南北朝石刻中量詞"群"的使用情況與此論斷相合。

另外,魏晉南北朝石刻中還有其他"群"的相關用例,如:

3. 撫育群子,勳導孔明。(西晉《徐義墓誌》)

4. 忽有群兇,密圖不逞。(東魏《崔混墓誌》)

5. 目放群羊,手牽白犬。(北魏《元萇溫泉頌》)

6. 屬秋風揚塵,氣聚群畜,遂乃雲車北上,神荼司事。(北齊《劉悦墓誌》)

上述四例中"群"不宜看作量詞,當爲形容詞,爲"衆"義。《禮記·祭法》:"王爲群姓立社,曰大社。"鄭玄注:"群,衆也。"《左傳·哀公五年》:"實群公子於萊。"陸德明《釋文》:"群,或作諸。"句中"群子"即"衆子","群兇"即"衆兇逆"。

魏晉南北朝時期,集體量詞"群"僅稱量"動物",稱量"植物"則用另一集體量詞"叢"。劉世儒指出:"'群'量動物,'叢'量植物;語意上都是泛表'匯聚',但用法上不能互易。"[2]魏晉南北朝石刻中,未見量詞"叢"的用例,但"叢+名詞"形式的複音詞則有很多。用例如下:

7. 日照屋梁,鳥飛叢木。(北魏《元悦妃馮季華墓誌》)

8. 標叢桂於八樹,茂茲蘭於九畹。(北魏《王翊墓誌》)

9. 將繁叢棘,行遊狡兔。(北魏《王翊墓誌》)

10. 叢蘭敗茂,桂樹銷華。(東魏《李挺妻劉幼妃墓誌》)

11. 而叢蘭欲脩,秋風奄及。(東魏《元延明妃馮氏墓誌》)

12. 叢楊且合,思鳥方喧。(東魏《元澄妃馮令華墓誌》)

---

〔1〕 劉世儒:《魏晉南北朝量詞研究》,北京:中華書局,1965年(207)。

〔2〕 劉世儒:《魏晉南北朝量詞研究》,北京:中華書局,1965年(208)。

13. 然其廟庭也,蔚叢林於九冬,罩修柯於百刃。(東魏《李仲璇修孔子廟碑》)

14. 孤松徑挺,叢桂芳芬。(北齊《和紹隆墓誌》)

15. 食椹泮林,庇陰叢桂。(北齊《報德像碑》)

16. 而叢蘭忽敗,梁木云摧。(北周《李府君妻祖氏墓誌》)

17. 前臨叢薄,後眺荒邱。(北周《王通墓誌》)

與上例3~6中的"群"一樣,例7~17中的"叢"均不宜看作量詞。"叢"在此爲形容詞用法,爲"叢生"義。例7~17之"叢木"、"叢桂"、"叢棘"、"叢蘭"、"叢楊"、"叢林"、"叢薄"中,"叢"後名詞均屬植物類。例3~6之"群子"、"群兇"、"群羊"、"群畜"中,"群"后名詞均屬動物類。與"群"、"叢"組合的語素並未超出量詞"群"、量詞"叢"所規定的範疇,而恰恰是這兩個量詞所能稱量的核心對象。可見,量詞的語義基礎決定其適用範圍,量詞與名詞搭配具有選擇性,形成一個名詞選擇群,群內名詞應該具有相同的語義特徵。另一方面,量詞作爲一個語素構詞時,重新獲得一個實義,其量詞用法也會制約其對組合對象的選擇。量詞"群"常稱量動物類名詞,量詞"叢"常稱量植物類名詞,搭配對象比較固定。數詞和量詞組合時,當數詞爲"一"時常省略,這時就由量詞來承擔數詞的意義。"群"、"叢"本身即具[+集合義],"叢"作量詞由"叢聚"義而來,"群"則從"羊群"義而來,於是"群"就演變出表示"衆、多"的義項,起了形容詞的功能。李宗江指出:"在語義上已經虛化,在功能上已經語法化的詞語,重新獲得實義而詞彙化,與一般的實詞詞義的引申不同。實詞詞義之間的引申在於兩個義位間的密切聯繫,具體説是通過隱喻或換喻的方式演變來的。而虛詞的實義化,由於意義已經虛化,失去了與其他實義義位之間建立邏輯聯繫的基礎,因而其實詞義的獲得主要是由特殊的語法地位造成的,即受前後成分的影響。"[1]由量詞"群"到形容詞"群",即是受到

---

〔1〕　李宗江:《語法化的逆過程:漢語量詞的實義化》,《古漢語研究》2004年第4期。

數詞省略和與之搭配的中心詞的影響。

（二）會

《説文·會部》："會,合也。"段玉裁注："《禮經》:器之蓋曰會,爲其上下相合也。"《儀禮·士虞禮》:"命佐食啓會。"鄭玄注："會,合也,謂敦蓋也。"引申爲"會合、聚合"義。《廣雅·釋詁三》:"會,聚也。"《尚書·禹貢》:"雷夏既澤,灉沮會同。"孔穎達疏："謂二水會合而同入此澤也。"進而引申爲量詞,用以稱量聚合的事物。

魏晉南北朝石刻中,量詞"會"共出現1次。用例如下：

1. 唯大齊天統三年四月十日,佛弟子李磨侯敬造鎮池寺一所、石佛象釋迦一會以報。（北齊《李磨侯造像記》）

例1量詞"會"稱量"佛像","一會"即"一組"或"一列"。劉世儒將"會"歸入個體量詞,但根據其語義基礎及用法,當歸入集體量詞的範圍内。據李建平調查,量詞"會"最早見於楚簡,用於稱量"杯"。如：雕杯廿會。(望山楚簡·遣策5)而且,其量詞用法在後世没有得到繼承。[1] 這種説法欠妥。據石刻材料來看,量詞"會"在魏晉南北朝時期繼續保持量詞性質。

而且,在隋唐五代石刻中,亦可見量詞"會"的用例。如：

2. 已而州縣官吏長史苗藏實等,設一千五百人爲一會;鎮遏團練官健副使孫琳等,設五百人爲一會;耆壽百姓張列等,設五千人爲一會。（唐大曆七年《八關齋會報德記》）

可見,"會"的量詞用法不但没有消失,而且一直到隋唐時期還繼續沿用,並擴大適用範圍,連"人"亦可稱量。《漢語大字典》、《漢語大詞典》、劉子平《漢語量詞詞典》均未收量詞"會",當予以補充。

（三）襲

《説文·衣部》:"襲,左衽袍。"段玉裁注:"小斂、大斂之前衣死者謂之襲。"可見,"襲"本指死者穿的衣服,衣襟在左邊。又指爲屍體穿衣服。

---

〔1〕 參見李建平:《先秦兩漢量詞研究》,西南大學博士學位論文,2010年(127—128)。

《釋名・釋喪制》："衣屍曰襲。襲,匝也,以衣周匝覆之也。"《儀禮・士喪禮》："乃襲三稱,明衣不在筭。"鄭玄注："遷屍於襲上而衣之,凡衣死者,左衽不紐。"《禮記・雜記上》："子羔之襲也,繭衣裳與稅衣纁袡爲一。"孔穎達疏："此明大夫死者襲衣稱數也。"又指"重衣",衣上加衣。《禮記・內則》："寒不敢襲,仰不敢騒。"鄭玄注："襲,重衣。"《尚書・金縢》："乃卜三龜,一習吉。"孔穎達疏："習則襲也。襲是重衣之名。"由此引申爲量詞,用以稱量衣物衾簟。

《説文・衣部》："褺,重衣也。"段玉裁注："凡古云衣一襲者,皆一褺之假借。褺讀如重疊之疊。《文選・王命論》:'思有短褐之襲。'李注引《説文》:'襲,重衣也。'《王命論》本作'褺',李注時不誤,淺人妄改《文選》耳。"《史記・趙世家》："賜相國衣二襲。"裴駰集解："單複具爲一襲。"《漢書・昭帝紀》："有不幸者,賜衣被一襲,祠以中牢。"顏師古注："一襲,一稱也,猶今言一副也。"《資治通鑑・宋紀六》："賜衣一襲。"胡三省注："衣一稱爲一襲,猶今言一副衣服也。"

魏晉南北朝石刻中,量詞"襲"共出現 3 次。用例如下:

1. 賜朝服一襲,蠟三百斤,贈布絹一千三百匹,錢卅萬。(北魏《元乂墓誌》)

2. 給東園祕器,朝服一具,衣一襲,賻物八百段。(北魏《元融墓誌》)

3. 使鴻臚太常監護喪事,賜東垣秘器,朝服一襲,祭以太牢。(北魏《元欽墓誌》)

其中,例 1、3 量詞"襲"稱量"朝服",例 2 稱量"衣",均來源於君主的賞賜,不是普通的衣物。劉世儒認爲:"在南北朝這個量詞還可以看到,但範圍已有縮小。不但不適用於'被',就是'衣服'一般也多不這麼説了。但詔、敕之類的特種文體中也會出現量詞'襲',一般文體的就極少了。這可能是文人的有意存古,未必是當時的活的語言了。"[1]魏晉南北朝石刻

---

〔1〕　劉世儒:《魏晉南北朝量詞研究》,北京:中華書局,1965 年(217)。

中未見量詞"襲"稱量衾簟類事物的用例。

但在隋唐五代石刻中,亦可見量詞"襲"的用例,均用以稱量衣物。如下:

4. 有敕賜斂衣一襲,詔贈光禄大夫、使持節、都督秦成武渭四州諸軍事、秦州刺史。(唐垂拱元年《薛元超墓誌》)

5. 冕旒興悼,斂日賜朝服一襲,賵贈有加,哀榮以備。(唐武周天授二年《姜遐碑》)

6. 喪事官給,賻物口千段,米粟五百石,衣等九襲。(唐景龍二年《韋洞墓誌》)

7. 特賜紫金魚袋,衣一襲,物一百匹。(唐開元廿二年《難元慶墓誌》)

8. 賜戎馬數十騎,戰衣一襲,加以貔虎之衆及蠻孤。(唐大中三年《張鋒墓誌》)

其中,例4量詞"襲"稱量"斂衣",與本義密切相關。例5稱量"朝服",例6、7稱量"衣",例8稱量"戰衣"。可見,量詞"襲"在隋唐時期還比較活躍,可以稱量各種衣物。現代漢語中量詞"襲"依然存在,但多見於書面語。郭先珍《現代漢語量詞用法詞典》(154頁)"襲"字條:"'襲'主要計量成套的衣服。但'大衣、披風、長袍、風衣、僧衣'等單件袍服也可用'襲'計量……'襲'不可以計量上裝、褲子、裙子。"正是因爲量詞"襲"多用於正式的文體和莊重的場合,帶有文雅的語體色彩,才使其在書面語中保持着生命力,一直沿用至今。

(四)具

《説文·収部》:"具,共置也。"段玉裁注:"共、供,古今字。當從人部作供。"可知,"具"的本義指"供置、備辦"。《廣韻·遇韻》:"具,備也,辦也。"《後漢書·符融傳》:"鄉人欲爲具棺服,融不肯受。"又引申爲"完備、齊全"義。《禮記·樂記》:"其功大者其樂備,其治辦者其禮具。"《管子·明法》:"百官雖具,非以任國也。"作爲量詞,用以稱量配備齊全、成套使用的事物。

魏晉南北朝石刻中,量詞"具"共出現 7 次。用例如下:

1. 故臂珠一具。(東晉《潘氏衣物券》)

2. 故要系一具,錢七枚。(東晉《潘氏衣物券》)

3. 故嚴具馥一具。(東晉《潘氏衣物券》)

4. 故翦刀尺一具。(東晉《潘氏衣物券》)

5. 詔賜東園祕器,朝服一具,絹布七百匹,禮也。(北魏《元詮墓誌》)

6. 給東園祕器,朝服一具,衣一襲,賻物八百段。(北魏《元融墓誌》)

7. 詔賜朝服一具,絹布三百匹,禮也。(北魏《王蕃墓誌》)

其中,例 3 量詞"具"稱量"嚴具馥",即婦女盛梳妝用品的盒匣之類的器具,本身具有"身"和"蓋",是配備成套的。例 4 稱量"翦刀尺",即"剪刀"與"尺"配成一副,屬異物相配。例 2 稱量"要系",即"腰帶"。例 5~7 稱量"朝服"。"要系"本身應該包含其他飾物,"朝服"也是由多件組合而成,所包含的個體有彼此結合在一體的趨勢,但其實也還是指配備成套、完整無缺而言的,這實際上更接近個體量詞的用法。在魏晉南北朝時期,量詞"具"群體量詞和個體量詞的用法並存,有時交叉,就容易產生歧義。[1] 例 1 量詞"具"稱量"臂珠",用例來自東晉《潘氏衣物券》,在券中的位置爲:"故真瑠一雙,故銀鋸一雙,故臂珠一具,故銀璫二雙,故銀釵二枚。"結合具體的語境來看,量詞"具"的屬性也是很難判定的。"一具"是指一個還是一副,説是一副也可,左右各一,説是一個也有可能,兩種説法皆可成立。

爲使語義明確、清晰,"所以後來發展,就只保留個體用法,集體用法一般就不再使用而被'副'所代替或另改用其它量詞(如"套")了"。[2] 考察隋唐五代石刻,量詞"具"表集體的用例仍比較常見,且仍保持與表個體的用法並存的情形。可知,在隋唐時期五代量詞"具"還未被"副"或其他量詞所代替(具體的發展演變情況參見本書第四章第四節)。

---

〔1〕　參見劉世儒:《魏晉南北朝量詞研究》,北京:中華書局,1965 年(213)。

〔2〕　劉世儒:《魏晉南北朝量詞研究》,北京:中華書局,1965 年(214)。

（五）户

甲骨文"户"字形體像一扇門的形狀。"户"本義指單扇門,也泛指房屋的出入口。《説文·户部》:"户,護也。半門曰户。象形。"桂馥《義證》引《六書精藴》:"户,室之口也。凡室之口曰户,堂之口曰門。内曰户,外曰門。一扉曰户,兩扉曰門。"《玉篇·户部》:"户,所以出入也。一扉曰户,兩扉曰門。"又引申爲"人家、住户"義。《易·訟》:"其邑人三百户,無眚。""户"作集體量詞,用於統計户數,所以和"户"結合使用的數詞均比較精確。《白虎通義·考黜》:"户,所以紀民數也。"《資治通鑑·漢紀四十七》:"司隸豫州饑死者什四五,至有滅户者。"胡三省注:"户謂著户籍於官者也。"

魏晉南北朝石刻中,量詞"户"共出現 127 次。兹舉數例如下:

1. 其以議郎孔羨爲宗聖侯,邑百户,奉孔子之祀。（三國魏《孔羨碑》）

2. 比進爵常樂亭安樂鄉東武侯,增邑五千户。（三國魏《王基斷碑》）

3. 可追贈侍中司空永陽郡王,食邑二千户,謚曰昭王,禮也。（南朝梁《蕭敷墓誌》）

4. 軍還,論功封涼國公,邑萬户。（北魏《賀蘭祥墓誌》）

5. 太和二十一年,封清河郡王,食邑二千户。（北魏《元懌墓誌》）

6. 贈使持節、大將軍、太尉公、都督冀定相瀛幽五州諸軍事、冀州刺史,謚曰文莊王,增封一千户。（北魏《元熙墓誌》）

7. 詔贈使持節、衛大將軍、尚書右僕射、都督雍岐南豳三州諸軍事、雍州刺史,增邑三百户,王如故。（北魏《元暐墓誌》）

8. 遷位太宰,加翼保鼓吹,增邑通前七萬户。（北魏《元天穆墓誌》）

9. 以功增封八百户。（北魏《穆紹墓誌》）

10. 後以異姓絶王,改封扶風郡開國公,食邑三千户。（北魏《元悦妃馮季華墓誌》）

11. 又以安社稷之勳,除尚書左僕射,增封三百户。（北魏《元詮墓誌》）

12. 封新塗縣開國侯,邑七百户。（東魏《王偃墓誌》）

13. 建社清苑,食縣之邑一千三百户。（東魏《公孫略墓誌》）

14. 改封華山郡王,食邑一千户,通前合一千八百户,護軍領軍如故。（東魏《元鷙墓誌》）

15. 普泰元年,又增封三百户。（東魏《公孫略墓誌》）

16. 至是論功,封安康縣開國伯,食邑五百户。（東魏《元均及妻杜氏墓誌》）

17. 復增邑兩百户,通前爲七百户。（北齊《庫狄迴洛墓誌》）

18. 敕賚馬十匹,金銀千兩,縑數千段,給蔭丁一百五十户。（北齊《劉悦墓誌》）

19. 復除驃騎大將軍、平舒縣國公,增邑三百户。（北齊《石信墓誌》）

20. 遷右箱都督,轉子爲伯,增邑一百户。（北齊《庫狄迴洛墓誌》）

21. 大寧初,封樂陵郡王,食邑二萬户。（北齊《高百年墓誌》）

22. 頃之,改授開府儀同三師,增邑二千户。（北齊《高潤墓誌》）

23. 及天統有歸,弓輅云錫,封襄城郡王,邑三千户。（北齊《高淯墓誌》）

24. 大統三年,除持節、東秦州刺史,增邑八百户,通前一千八百户。（北周《獨孤渾貞墓誌》）

25. 進爵南陽郡開國公,前後增邑二千五百户。（北周《叱羅協墓誌》）

26. 封廣業郡開國公,食邑八百户,通前二千八百户。（北周《尉遲運墓誌》）

27. 論龍涸之功,增封千户,並前合六千户。（北周《田弘墓誌》）

28. 其年,授上儀同,增邑三百户,田十餘頃,珠貝繒綵稱焉。（北周《若干雲墓誌》）

29. 年八歲,以父功封武平縣開國公,食邑一千九百户。（北周《獨孤藏墓誌》）

30. 初封安寧縣開國侯,食邑一千户。（北周《李綸墓誌》）

《漢語大詞典》"戶"字條義項 10："量詞。用以計戶數。"劉子平《漢語量詞詞典》(37 頁)："戶：名量詞。用於家庭。"《漢語大字典》未收量詞"戶"，當予以補充。

（六）室

《説文·宀部》："室，實也。从宀，从至。至，所止也。"徐鍇《繫傳》："室，堂之内，人所安止也。"段玉裁注："古者前堂後室。《釋名》曰：'室，實也，人物實滿其中也。'引伸之則凡所居皆曰室。《釋宫》曰：'宫謂之室，室謂之宫。'是也。""室"的本義指人居住在内室，後引申爲指居住的地方，有"房屋、住宅"義。《詩·小雅·斯干》："斯干，宣王考室也。"孔穎達疏："人之所居曰室。"《禮記·文王世子》："諸子諸孫，守下宫下室。"孔穎達疏："所居之處謂之室。"《廣韻·質韻》："室，房也。""室"作集體量詞，與量詞"戶"一樣，亦用於統計戶數。

魏晉南北朝石刻中，量詞"室"共出現 5 次。用例如下：

1. 今上龍飛，增邑千室。（北魏《元懌墓誌》）

2. 進封常山郡王，增邑千室，餘並如故。（北魏《元邵墓誌》）

3. 因封改加汝陽郡王，食邑千室。（北魏《元項墓誌》）

4. 除散騎常侍，封魯郡王，邑千室。（北魏《元肅墓誌》）

5. 以文宣王於高祖孝文皇帝晏駕之始，跪玉几，受遺託，輔宣帝之功，追加嗣子任城王彝邑千室。（北魏《元順墓誌》）

以上諸例，量詞"室"與量詞"戶"一樣，均用以計量"邑"所包含的戶數。"邑千室"即"邑千戶"。《漢語大字典》、《漢語大詞典》、劉子平《漢語量詞詞典》、劉世儒《魏晉南北朝量詞研究》均未收録量詞"室"，當予以補充。

（七）家

《説文·宀部》："家，居也。"段玉裁注："凥，各本作居，今正。凥，處也。處，止也。《釋宫》：'牖戶之間謂之扆，其内謂之家。'"《玉篇·宀部》："家，居也。家人所居通曰家。""家"的本義指家人的住所，引申爲量詞，用以表示"家"這個集體組織的數量。量詞"家"後世一直沿用，"因爲

'家'這個集體組織,在幾千年的封建社會裏一直是作爲社會組成的基層單位。"[1]可見,"家"在社會生活中佔有如此特殊的地位,因其功能上的顯著性,在人的認知中得到凸顯,由名詞轉化爲量詞。另外,"家"强調"家族"義。同一家族的人具有相同的血統,由此引申爲因具有相同的學説或觀點而形成的派别。所以量詞"家"亦可稱量學術流派,這是其更虚化的一種用法。

魏晉南北朝石刻中,量詞"家"共出現42次。用例如下:

1. 敦城民四家,盡爲看煙。(東晉《高句麗好太王碑》)

2. 于城一家,爲看煙。(東晉《高句麗好太王碑》)

3. 碑利城二家,爲國煙。(東晉《高句麗好太王碑》)

4. 此連二家,爲看煙。(東晉《高句麗好太王碑》)

5. 梁谷二家,爲看煙。(東晉《高句麗好太王碑》)

6. 梁城二家,爲看煙。(東晉《高句麗好太王碑》)

7. 安夫連廿二家,爲看煙。(東晉《高句麗好太王碑》)

8. 改谷三家,爲看煙。(東晉《高句麗好太王碑》)

9. 新城三家,爲看煙。(東晉《高句麗好太王碑》)

10. 南蘇城一家,爲國煙。(東晉《高句麗好太王碑》)

11. 牟婁城二家,爲看煙。(東晉《高句麗好太王碑》)

12. 豆比鴨岑韓五家,爲看煙。(東晉《高句麗好太王碑》)

13. 句牟客頭二家,爲看煙。(東晉《高句麗好太王碑》)

14. 永底韓一家,爲看煙。(東晉《高句麗好太王碑》)

15. 古模耶羅城一家,爲看煙。(東晉《高句麗好太王碑》)

16. 客賢韓一家,爲看煙。(東晉《高句麗好太王碑》)

17. 阿旦城雜珍城合十家,爲看煙。(東晉《高句麗好太王碑》)

18. 巴奴城韓九家,爲看煙。(東晉《高句麗好太王碑》)

---

[1] 劉世儒:《魏晉南北朝量詞研究》,北京:中華書局,1965 年(220)。

19. 曰模盧城四家,爲看煙。(東晉《高句麗好太王碑》)

20. 各模盧城二家,爲看煙。(東晉《高句麗好太王碑》)

21. 牟水城三家,爲看煙。(東晉《高句麗好太王碑》)

22. 也利城三家,爲看煙。(東晉《高句麗好太王碑》)

23. 大山韓城六家,爲看煙。(東晉《高句麗好太王碑》)

24. 味城六家,爲看煙。(東晉《高句麗好太王碑》)

25. 就咨城五家,爲看煙。(東晉《高句麗好太王碑》)

26. 彡穰城廿四家,爲看煙。(東晉《高句麗好太王碑》)

27. 散那城一家,爲國煙。(東晉《高句麗好太王碑》)

28. 那旦城一家,爲看煙。(東晉《高句麗好太王碑》)

29. 句牟城一家,爲看煙。(東晉《高句麗好太王碑》)

30. 於利城八家,爲看煙。(東晉《高句麗好太王碑》)

31. 比利城三家,爲看煙。(東晉《高句麗好太王碑》)

32. 細城三家,爲看煙。(東晉《高句麗好太王碑》)

33. 是以如教令,取韓穢二百廿家,慮其不知法則,復取舊民一百十家,合新舊守墓户,國煙卅,看煙三百,都合三百卅家。(東晉《高句麗好太王碑》)

34. 延興中,涇土夷民一萬餘家,詣京申訴,請君爲統酋。(北魏《皇甫驎墓誌》)

35. 千家如壹,万里歸鄉。(北齊《義慈惠石柱頌》)

36. 馬鄭王三家之義,並時而施。(西晉《臨辟雍碑》)

37. 三家之禮,庭肆終日。(西晉《臨辟雍碑》)

38. 少習三墳,長崇典,孔氏百家,睹而尤練。(北魏《甯懋墓誌》)

39. 方欲追蹤陳楚,緝綜九家之奥;遠慕梁平,砥屬三善之樂。(北魏《元焕墓誌》)

40. 業尚三禮之學,廣采百家之論。(北魏《楊舒墓誌》)

以上諸例,例 1~35 量詞"家"稱量"民户"。與例 1 相比對,例 2~32 均省略了中心詞"民"。例 35 量詞"家"與數詞"千"結合,爲虛指,非精確統計。例36～40量詞"家"稱量"學術流派",這種用法一直沿用至今。
量詞"家"與量詞"户"稱量對象相似,均可用於稱量"人所組成的社會集
體單位"。但兩者用法的側重點不同。"'家'指'家族',重在指明集體;
'户'指'門户',重在指明單位。所以'流民'只能説'家',不能説'户'
(因爲已無"門户"),而'千户縣'也只能説'户'不能説'家'(因爲會計的
只是"户頭",不是家族成員的集體)。"〔1〕也就是説,量詞"家"注重功能,
而量詞"户"注重結構。兩者用法的差異源於其語義基礎不同,來源不同。
但在魏晉南北朝石刻中,兩者在稱量"家庭"、"民户"上的用法已基本
無異。

(八) 部

《説文·邑部》:"部,天水狄部。"徐鍇《繫傳》:"部,屬也。部之言簿
也,分簿之也。故《吕氏春秋》曰:'黎丘北部大玄曰方州部,分部諸縣或
爲四,或爲二也。'"又引申爲"部伍、部落"義。《廣韻·姥韻》:"部,部伍,
又部曲。"《墨子·號令》:"城上吏卒養,皆爲舍道内各當其隔部。"孫詒讓
閒詁:"《太白陰經》:司馬穰苴云,五人爲伍,二伍爲部。部,隊也。"《文
選·揚雄〈羽獵賦〉》:"移圍徙陣,浸淫蹙部。"李善注:"部,軍之部伍也。"
"'部落''部伍'是有組織的集體,因此,用作量詞,它所量的對象也總是
經過'部署',有組織可説的。"〔2〕"部"作量詞,首先應該用以稱量有組織
的集體。擴展開來,量詞"部"可稱量"樂隊"。因"樂隊"也是"人"的組
織,也是經過部署的。而"樂隊"編排好的"樂曲"亦可用量詞"部"稱量。
再進一步引申,量詞"部"可稱量成套的"書籍"。因"書籍"是由多個部分
組合配置而成,亦有組織可言。

魏晉南北朝石刻中,量詞"部"共出現9次。用例如下:

1. 爲父前邢邢令、亡母王,造兹石浮圖,大涅槃經一部。(北魏《鮑纂
造像記》)

---

〔1〕 劉世儒:《魏晉南北朝量詞研究》,北京:中華書局,1965 年(220)。
〔2〕 劉世儒:《魏晉南北朝量詞研究》,北京:中華書局,1965 年(218)。

2. 祠以太牢,給東園轀輬車,挽歌十部。(北魏《元乂墓誌》)

3. 即拜車騎大將軍、侍中、特進開府儀同三司、太子太保,甲仗一百人,班劍廿,加羽葆鼓吹一部,王公如故。(東魏《蕭正表墓誌》)

4. 四年,遷左僕射,尋加特進,仍除使持節、都督兗州諸軍事、兗州刺史,給鐃吹一部。(北齊《徐之才墓誌》)

5. 於鼓山石窟之所,寫維摩詰經一部,勝鬘經一部,孝經一部,彌勒成佛經一部。(北齊《唐邕刻經記》)

6. 以周大象二年六月廿一日,臨終願捨敕賜衣物,造金銀像兩區,涅槃經二部。(北周《梁嗣鼎墓誌》)

其中,例1、5、6量詞"部"稱量"佛經"。劉世儒説:"'部'的量書,是先通行於翻譯作品的,由此擴展,才廣用於其它一般作品。"[1]魏晉南北朝石刻中未見其稱量一般書籍的用例。例2～4量詞"部"分別稱量"挽歌"、"鼓吹"、"鐃吹",均指演奏樂曲的樂隊。

(九) 隊

《説文·𨸏部》:"隊,從高隊也。"段玉裁注:"隊、墜,正俗字。古書多作隊,今則墜行而隊廢矣。大徐以墜附土部,非許意。《釋詁》:'隊,落也。'釋文从墜而以隊附見,俱矣。《左傳》曰:'以成一隊。'杜注:'百人爲隊。'蓋古語一隊,猶言一堆。物墮於地則聚,因之名隊爲行列之稱。"可知,"隊"是"墜"的本字,指從高處落下,後又指集體的編制單位。《玉篇·阜部》:"隊,部也,百人也。"《廣韻·隊韻》:"隊,群隊。"《左傳·襄公十年》:"左執之,右拔戟,以成一隊。"杜預注:"百人爲隊。"孔穎達疏:"隊是行列之名。"《淮南子·道應》:"襄子疏隊而擊之,大敗知伯。"高誘注:"隊,軍二百人爲一隊。"《孫子兵法·執》:"凡治衆如治寡,分數是也。"張預注:"二列爲火,五火爲隊。"可知,"隊"內成員的數目並無定制。"隊"作量詞,用以稱量成群成列的人或物。在使用中,其適用對象必是呈

---

〔1〕 劉世儒:《魏晉南北朝量詞研究》,北京:中華書局,1965年(219)。

綫性排列的同類事物。

魏晉南北朝石刻中，量詞"隊"共出現1次。用例如下：

1. 旦發者千群，暮來者萬隊。（北齊《義慈惠石柱頌》）

劉世儒《魏晉南北朝量詞研究》中未收録量詞"隊"。洪藝芳認爲，"隊"作爲量詞似首見於唐代，例證中有"仙女千群乘綵霧，龍神萬隊散香風"。[1] 此例中"隊"的用法與上例1無異。**可見，量詞"隊"並非首見於唐代，乃魏晉南北朝時期所新興。在魏晉南北朝石刻中用於稱量成群成列的"人"，最早的用例出自北齊太寧二年（562）的《義慈惠石柱頌》。**而且，例1中"隊"與集體量詞"群"對舉使用，稱量對象相同，亦可見其量詞性質。

《漢語大字典》"隊"字條義項5："量詞。用於成群成列的人或物。如：一隊人馬。宋史彌寧《丁丑歲中秋日劭農於城南得五絶句》：'此行不負尋詩眼，隊隊雲山擁畫屏。'"《漢語大詞典》"隊"字條義項5："量詞。用於成群成列的人或物。明徐弘祖《徐霞客遊記・粤西遊日記四》：'洞之西垂，又有石柱一隊，外自洞口排列，抵洞後西界，別成長榭。'"《漢語大字典》的最早例證在宋代，《漢語大詞典》的最早例證在明代，書證過晚，當據魏晉南北朝石刻材料予以提前。

---

〔1〕　參見洪藝芳：《敦煌吐魯番文書中之量詞研究》，臺北：文津出版社，2000年（347）。

第三章　魏晉南北朝石刻
計量名量詞研究

第一節　魏晉南北朝石刻度量
衡量詞研究

　　度量衡量詞是表示度量衡單位的量詞,爲一般語言均具有的類别。度量衡量詞有實際計量功能,用以精確標示物體的長度、容量、重量、面積,亦可標示貨幣的多寡。其數值大小,並非隨意,而是包含進位制和明確的數值,大多由國家以法令制度的形式予以嚴格規約。計量是社會經濟生活中非常重要的活動,所以度量衡量詞産生較早,自古就有。但其制歷代沿革,又各有不同。在使用過程中,有些量詞因使用不便或器物廢用等諸多因素而被淘汰,如:"卣"、"箭";有些則成爲常用詞保留下來,如:"尺"、"寸"。李宗江指出:"表示度量衡單位的量詞古今變化也不小,總的發展趨勢是'近取諸身,遠取諸物'的以實物爲單位的逐漸減少,國際通行性增加。"[1]

---

〔1〕　李宗江:《漢語常用詞演變研究》,上海:漢語大詞典出版社,1999年(4)。

魏晉南北朝時期,度量衡制也曾出現增損訛替、任意變更的現象。究其原因,在於統治階級常借增大度量衡的單位量值以達到增加剥削的目的。正如王國維所云:"實由魏晉以後,以絹布爲調。而絹布之制,率以二尺二寸爲幅,四丈爲匹。官吏懼其短耗,又欲多取於民。故尺度代有增益,北朝尤甚。"[1]需要注意的是,"南北朝諸代尺度致訛之由,固原於官吏多取於民。不可即以其增訛之尺,視爲各代原本定制之準度;而各代每以其增訛後之度,定爲當代之制,此又不可忽略者"。[2]

魏晉南北朝石刻中,度量衡量詞共有 22 個。度量衡量詞包括度制單位量詞、量制單位量詞、衡制單位量詞、面積單位量詞和幣制單位量詞五類。我們分別對各類内部量詞成員進行逐一討論分析。

一、度制單位量詞

度制單位量詞專門用以標示事物的長度。漢族先民具有"近取諸身,遠取諸物"的認知思維特點,以手指、手臂等身體部位作爲工具去度量其他事物的長短。《大戴禮記·王言》:"然後布指知寸,布手知尺,舒肘知尋,十尋而索,百步而堵,三百步而里,千步而井。"《説文》"尺"字:"周制寸、尺、咫、尋、常、仞諸度量,皆以人之體爲法。"

魏晉南北朝石刻中,度制單位量詞共有十個,包括:"寸、尺、丈、步、里、尋、仞、段$_2$、匹$_2$、兩$_1$"。

（一）寸

《説文·寸部》:"寸,十分也。人手卻一寸動䘚謂之寸口。从又,从一。"徐鍇《繫傳》:"一者,記手腕下一寸,此指事也。"段玉裁注:"禾部曰:'十髮爲程,一程爲分,十分爲寸。'……卻,猶退也。距手十分動䘚之處謂之寸口。"可知,從手腕到寸口這一指寬的距離當爲一寸。"寸"是大於

---

〔1〕 王國維:《中國歷代之尺度》,載《中國古代度量衡論文集》,鄭州:中州古籍出版社,1990 年(5)。

〔2〕 吳承洛:《中國度量衡史》,北京:商務印書館,1998 年(194)。

"分"的度制單位量詞,十分爲一寸。用以表示事物的長度,也可表示事物的厚度、高度或深度。

魏晉南北朝石刻中,量詞"寸"共出現 5 次。用例如下:

1. 杉棺五寸,斂以時服。(西晉《孫松女墓誌》)

2. 横下三寸神所居,中外相距重閉之。(東晉《黄庭經》)

3. 家無寸縑,書有盈袟。(北魏《元茂墓誌》)

4. 身長九尺三寸,容正充德,質不妄譽。(北魏《元珍墓誌》)

5. 敬造白玉彌勒□坐像一軀,通□夫三尺七寸。(北齊《員度門徒等造像記》)

以上諸例,例 1 量詞"寸"表示厚度,例 2、3 表示長度,例 4、5 表示高度。其中,例 3"寸"稱量"縑",重點不是在計量事物的長度,而是起誇張的修辭作用,極言其短小。

(二) 尺

《説文·尺部》:"尺,十寸也。人手卻十分動脈爲寸口,十寸爲尺。尺,所以指尺規榘事也。从尸,从乙。乙,所識也。周制寸、尺、咫、尋、常、仞諸度量,皆以人之體爲法。"吴承洛指出:"尺即度之基本單位,考尺之制定於律,爲國家定法,以其近一手之長,易於識別,故曰'布手知尺',又曰'尺者,識也',因而通用之,以爲實用單位。"[1]"布手"就是將手掌張開,以拇指爲一端,以食指或中指爲另一端,兩者間的距離爲一個單位。《禮記·王制》:"古者以周尺八尺爲步。"鄭玄注:"禮制,周猶以十寸爲尺。"《玉篇·尺部》:"尺,尺寸也。十寸爲尺。"漢以後諸代皆以十寸爲一尺,直到隋唐時期有大尺和小尺之分。《唐六典》卷三:"凡度,以北方秬黍中者一黍之廣爲分,十分爲寸,十寸爲尺,一尺二寸爲大尺,十尺爲丈。"而且,兩者各有不同的使用場。"小尺用於禮樂、天文和醫藥方面,大尺爲日常用尺。"[2]

---

[1] 吴承洛:《中國度量衡史》,北京:商務印書館,1984 年(87)。

[2] 郭正忠:《三至十四世紀中國的權衡度量》,北京:中國社會科學出版社,1992 年(235)。

魏晉南北朝石刻中,量詞"尺"共出現20次。用例如下:

1. 造玉石像壹軀,高二尺伍。(北魏《常申慶造像記》)

2. 乃於中練里私宅造塔三級,並建石像一區,光跌三尺,圖侍備設。(北魏《陳天寶造像記》)

3. 穀時賈石五斗,直五十□,布卅尺。(北魏《郭□買地券》)

4. 少淹神光,若明月之弦長漢;幼植寒心,似山松之高五尺。(北魏《楊阿難墓誌》)

5. 身長九尺三寸,容正充德,質不安譽。(北魏《元珍墓誌》)

6. 公迺忘潛潤之工言,誓捐七尺以奉上。(北魏《元順墓誌》)

7. 一夢兩楹,長淪七尺。(北魏《元詮墓誌》)

8. 長淪七尺,痛纏樞宸。(北魏《王蕃墓誌》)

9. 墓三丈五尺,並息珍寶。(北魏《王文愛及妻劉江女墓誌》)

10. 聊題刊記,埋在壙南六尺。(東魏《源磨耶壙記》)

11. 造石四面像一區,像身五尺。(東魏《李僧造像記》)

12. 復造玉釋迦像一區,光跌九尺,並二菩薩,迦葉阿難斑伺。(東魏《道穎僧惠等造像記》)

13. 造石像一區,舉高七尺。(東魏《道俗九十人等造像碑》)

14. 遂得石柱壹枚,長壹丈九尺。(北齊《義慈惠石柱頌》)

15. 造四面石像一區,像身七尺。(北齊《僧通等八十人造像記》)

16. 造□□面像一區,像身五尺。(北齊《僧哲等四十人造像記》)

17. 敬造白玉彌勒□坐像一軀,通□夫三尺七寸。(北齊《員度門徒等造像記》)

18. 方謂授以七尺之形,申其四方之志。(北齊《李德元墓誌》)

19. 苦空無我,便損七尺之軀;緣假非有,不悋千金之貨。(北齊《道政四十人等造像記》)

20. 劍橫七尺,弧彎六均。(北周《拓跋虎墓誌》)

以上諸例,例3、9、10、14、20量詞"尺"表示"布"、"石柱"、"劍"等的長度,或度量地面之距離。其餘語例量詞"尺"表示"人體"、"像身"、"像座”等的高度。其中,例6、7、8、18、19中“七尺”已成爲“身軀”的代稱,尤指成年人的身軀,含有男子漢大丈夫的意思,又作“七尺之軀”、“七尺之形”、“七尺軀”、“七尺身”等。因人身長約當古尺七尺,故稱。

(三) 丈

《説文·十部》:“丈,十尺也。从又持十。”奚世幹校案:“丈,當是杖之本字。从又,象持杖形,非九、十之十字也。”詹鄞鑫認爲:“‘丈’的初形當爲手持木杖之形,表示用木杖或竹竿之類丈量長度,其長度很可能取一尋之長。……從語源上看,《漢書·律曆志》:‘丈者,張也。’丈之言張,正透漏出‘丈’源於張臂量度的消息。大約丈量土地起初或用張臂之‘尋’,後來爲了方便,又截取一尋之杖代替人臂,由此産生‘丈’的量度法,並轉化爲丈量單位。”[1]《説文》“丈”字,段玉裁注:“周制八寸爲尺,十尺爲丈。”《淮南子·天文》:“十寸而爲尺,十尺而爲丈。”“丈”是大於“尺”的度制單位量詞,十尺爲一丈。

魏晉南北朝石刻中,量詞“丈”共出現14次。用例如下:

1. 右二夫人陪元公墓西三丈。(西晉《王浚妻華芳墓誌》)

2. 假葬建康縣石子崗,在陽大家墓東北[四]丈。(東晉《謝鯤墓誌》)

3. 所安墓入四丈,神道南向。(後趙《魯潛墓誌》)

4. 墓三丈五尺,並息珍寶。(北魏《王文愛及妻劉江女墓誌》)

5. 太和十六年,道人僧暈爲七帝建三丈八彌勒像二菩薩,□□丈造素。(北魏《僧暈造像記》)

6. 殖根萬丈,擢穎千重。(北魏《安樂王第三子給事君妻韓氏墓誌》)

7. 殖根萬丈,擢穎千重。(北魏《元願平妻王氏墓誌》)

8. 如彼長松,掃雪千丈;如彼皎月,分霞獨朗。(北魏《染華墓誌》)

9. 若彼暢松,騰雲萬丈。(北魏《寇憑墓誌》)

---

〔1〕 詹鄞鑫:《近取諸身 遠取諸物——長度單位探源》,《華東師範大學學報(哲學社會科學版)》1994年第6期。

10. 剋挺哲人,霜筠千丈。(東魏《侯海墓誌》)

11. 而千丈徒知,萬頃不測。(東魏《元顯墓誌》)

12. 千丈喬木,万頃深陂。(北齊《李稚廉墓誌》)

13. 松崩千丈,玉碎連城。(北齊《崔芬墓誌》)

14. 遂得石柱壹枚,長壹丈九尺。(北齊《義慈惠石柱頌》)

以上諸例,例1、2、3、4、5、14是實際計量,有精確的數值。其中,例1、2、4表示地面之距離,例3表示深度,例5表示高度,例14表示長度。其餘各例均是虛數,起誇張的修辭功能。量詞"丈"與數詞"千"、"萬"結合,極言事物之高、之深。其中,例6、7表示深度,例8~13均表示高度。

（四）步

《説文·步部》:"步,行也。"《尚書·武成》:"王朝步自周。"孔傳:"步,行也。""步"本爲動詞,指"行走、步行"。古時一舉足叫跬,兩足各跨一次叫步。《小爾雅·廣度》:"跬,一舉足也。倍跬謂之步。"《周禮·夏官·射人》:"若王大射,則以貍步張三侯。"鄭玄注:"鄭司農云:'貍步,謂一舉足爲一步,於今爲半步。'玄謂貍善搏者也,行則止而擬度焉。"由於人行走時兩腳之間的距離大致相當,所以常用腳步來計量道路或土地的長短。"步"由此引申爲度制單位量詞。

"步"代表之長度歷代不一。《莊子·庚桑楚》:"步仞之丘陵,巨獸無所隱其軀,而孽狐爲之祥。"陸德明《經典釋文》:"六尺爲步,七尺曰仞。"《史記索隱》卷二:"管子、司馬法皆云六尺爲步,譙周以爲步以人足,非獨秦制。又按,《禮記·王制》曰:'古者八尺爲步,今以周尺六尺四寸爲步。'步之尺數亦不同。"《玉篇·步部》:"步,步行也。六尺爲步。"量詞"步"沿用至今,指行走時兩腳之間的距離,相當於古之"跬"。

"步"也可作表示面積大小的量詞。《漢書·食貨志》:"六尺爲步,步百爲畮,畮百爲夫,夫三爲屋,屋三爲井。"但魏晉南北朝石刻中未見。

魏晉南北朝石刻中,量詞"步"共出現19次,均用以表示長度。用例如下:

1. 墓在高決橋陌西行一千四百廿步,南下去陌一百二十步。(後趙

《魯潛墓誌》）

2. 故魏武帝堎西北角西行卅三步，北迴至墓明堂二百五十步。（後趙《魯潛墓誌》）

3. 以建元十二年十一月卅日，葬城西十七里，楊墓東百步參□□。（前秦《梁舒墓表》）

4. 次息欽，字遵和，本郡功曹、威烈將軍、奉朝請，早喪，墓在君墓西五十步。（北魏《韓震墓誌》）

5. 石羊、碑文各四枚，葬在舍東北五百步。（北魏《李盛墓誌》）

6. 公［丈］齊王墓北引五十三步，東齊□墓西引十二步。（北魏《張神洛買田券》）

7. 開封城西門西二百步，橫道北五十步。（北魏《鄭胡墓誌》）

8. 瓊記此碑，直東歃南十步有水，直北五十步殖松樹，直東一佰步，西北［還］回［參］流。（東魏《道瓊碑記》）

9. 堂內地基長八十步，南可廿步，北可廿步，爲記正公。（北齊《張景林造像記》）

10. 粤以閏月八日丙申，遷葬於武城之西七百餘步。（北齊《元良墓誌》）

11. 以武平五年，歲次甲午，十二月十日，歸窆於先夫人舊兆北六十步。（北齊《李祖牧墓誌》）

（五）里

《説文·里部》："里，居也。"本指人所居住的地方。《詩·鄭風·將仲子》："將仲子兮，無踰我里。"俞樾《平議》："里，猶廬也。《文選·幽通賦》：'里上仁之所廬。'曹大家注曰：'里、廬皆居處名也。'是里爲居處之名，與廬同義。""里"也是古代户籍管理的一級組織。其制歷代不一，有二十五家、五十家、七十二家、八十家、一百家、一百一十家等多種形制。"里"在古代亦特指"方里"，用以計量面積。《釋名·釋州國》："五鄰爲里，居方一里之中也。"《韓詩外傳》卷四："古者八家而井田，方里爲一井，廣三百步長三百步爲一里。"可知，長三百步、寬三百步的範圍爲一里，大約相當於較早的"里"(二十五户)的範圍。那麼,人步行走過一里,就相當於走了三百步的距離,由此,"步"引申爲度制單位量詞,多用以計量地面之距離。

"一里"代表多少長度,歷代也有變革。《孔子家語・王言》:"周制三百步爲里。"《穀梁傳・宣公十五年》:"古者三百步爲里。"《正字通・里部》:"又路程以三百六十步爲一里。"清顧炎武《日知録》卷三十二:"《穀梁傳》'古者三百步爲里',今以三百六十步爲里。"市制一里爲一百五十丈,合公制五百米。

魏晉南北朝石刻中,量詞"里"共出現131次。兹舉數例如下:

1. 夫人宋氏、李氏,墓在本國晉陽城北二里。(西晉《王浚妻華芳墓誌》)

2. 界去襄國宫一百七十里,去鄴都三百九十里,去洛陽一千九十里。(後趙《元氏縣界封刻石》)

3. 華陽之天,周迴一百五十里,分置三府。(南朝梁《舊館壇碑》)

4. 率騎三萬,北出雞鹿塞五千餘里,迫逐茹茹而還。(北魏《楊播墓誌》)

5. 粵八月廿八日,窆於孝明皇帝陵西南二里,馬村西北亦二里。(北魏《張寧墓誌》)

6. 以熙平三年二月,遷窆於故鄉之弘農華岳之東北十有五里。(北魏《楊泰墓誌》)

7. 粵十月廿一日辛酉,永窆於萇陵之側,西去瀍澗之水五里有餘,東去武穆王陵二里之半。(北魏《元氏妻趙光墓誌》)

8. 正光元年,太歲庚子,十一月辛未,朔十五日乙酉,葬光武陵東南二里許。(北魏《叔孫協墓誌》)

9. 粵以興和三年,歲次辛酉,十二月廿三日,葬於鄴城之西南七里,豹祠之東南二里半。(東魏《李挺墓誌》)

10. 復於村南二里,大河北岸,萬路交過,水陸俱要。(東魏《李顯族造像碑》)

11. 於黄鍾之月十七日乙酉,□窆於鄴城之西北十有五里。（東魏《元子邃妻李豔華墓誌》）

12. 粤以天平二年,歲次乙卯,三月丁未,朔廿七日癸酉,遷附於闕口之右,飛山之東北,去洛陽七十里。（東魏《楊機墓誌》）

13. 越以五年正月一日,葬於高邑城之西北七里舊塋之次。（東魏《李玄墓誌》）

14. 寺去州城,餘二百里。（北齊《高叡修定國寺塔銘碑》）

15. 粤以其月三十日壬午,永窆於鄴城之西北一十里處。（北齊《高殷妃李難勝墓誌》）

16. 以歲次甲申,三月己未,朔二日庚申,安厝在鄴城之西十有一里,[武]城西北三里。（北齊《高百年墓誌》）

17. 即以其年歲次癸巳,十一月癸亥,朔二十三日乙酉,遷措於鄴城西南十五里所。（北齊《赫連子悅墓誌》）

18. 其年十一月庚寅,朔廿日己酉,遷葬鄴城西北廿餘里。（北齊《皇甫琳墓誌》）

19. 至於追葬之日,步從輀途,泥行卌餘里,哭泣哀毁,感動親賓。（北周《步六孤須蜜多墓誌》）

20. 其年四月廿三日,葬於鄴城西北五里。（北周《高妙儀墓誌》）

從以上諸例來看,其數量表示的形式一般爲"數+量"即"X 里",如:例 1"二里"、例 3"一百五十里"、例 12"七十里"、例 20"五里"。數值在十至二十之間,用"十 X 里"或"十有 X 里"的形式。如:例 6"十有五里"、例 16"十有一里"、例 17"十五里"。表示半數用"X 里半"或"X 里之半"的形式,如:例 7"二里之半"、例 9"二里半"。表示約數常加"許"、"餘",用"X 餘里"、"X 里有餘"、"餘 X 里"或"X 里許"的形式。如:例 4"五千餘里"、例 7"五里有餘"、例 8"二里許"、例 14"餘二百里"、例 18"廿餘里"、例 19"卌餘里"。

（六）尋

《説文·寸部》:"尋,度人之兩臂爲尋,八尺也。"朱駿聲《通訓定聲》:

"程氏瑶田云:'度廣曰尋,度深曰仞。皆伸兩臂爲度,度廣則身平臂直,而適得八尺;度深則身側臂曲,而僅得七尺。'其説精覈。尋、仞皆以兩臂度之,故仞亦或言八尺,尋亦或言七尺也。"可知,"尋"本指張開左右兩臂以度量長短,由此引申爲度制單位量詞。一般以八尺爲尋,亦有七尺爲尋或六尺爲尋之説。《詩·魯頌·閟宫》:"徂是斷是度,是尋是尺。"毛傳:"八尺曰尋。"鄭玄箋:"八尺曰尋,或云七尺、六尺。"《史記·張儀列傳》:"秦馬之良,戎兵之衆,探前趹後蹄閒三尋騰者,不可勝數。"司馬貞《索隱》:"七尺曰尋。"江淹《蕭驃騎上頓表》:"然尋仞難貸,原煙易滅。"胡之驥《彙注》:"六尺曰尋,八尺曰仞。"《廣韻·侵韻》:"尋,尋常,六尺曰尋,倍尋曰常。"

　　魏晉南北朝石刻中,量詞"尋"共出現 11 次。用例如下:

　1. 潀湛萬尋,蒙籠千刃。(北魏《穆纂墓誌》)

　2. 宮牆累刃,峻碣重尋。(北魏《元寶月墓誌》)

　3. 湛淡萬尋,蒙龍千刃。(北魏《穆彦墓誌》)

　4. 翮毛孤翻,千尋獨遠。(北魏《元瞻墓誌》)

　5. 潀湛萬尋,蒙籠千刃。(北魏《元端墓誌》)

　6. 埋芳萬尋,金聲誰發。(東魏《鄧恭伯妻崔令姿墓誌》)

　7. 俱停萬頃,競竦千尋。(北齊《報德像碑》)

　8. 傾千尋於斧柯,頓六轡於蟻垤。(北齊《寶泰墓誌》)

　9. 峰高萬刃,岫遠千尋。(北齊《高叡修定國寺塔銘碑》)

　10. 但山挺萬尋,尚有成壑之期;海深千刃,猶致桑田之會。(北齊《義慈惠石柱頌》)

　11. 廣倫盈尋,其崇兩刃。(北齊《朱氏邑人等造像記》)

　　以上諸例,僅例 11 是實際計量,有精確的數值,表示像的寬度爲一尋。其餘各例均是虛數,而非實指。不以精確計量爲目的,而是從修辭角度出發,多起誇張的功能。量詞"尋"常與"千"、"萬"、"重"等結合,極言事物之高、之深、之廣。

　　(七) 仞

　　《説文·人部》:"仞,伸臂一尋,八尺。"段玉裁注:"尺部下云:'周制

115

寸、尺、咫、尋、常、仞諸度量,皆以人之體爲法。'假令尋、仞同物,許不當兩舉之矣。……近歙程氏瑶田《通藝録》有説曰:'言七尺者是也。楊雄《方言》云'度廣曰尋',杜預《左傳》'仞溝洫'注'度深曰仞'。二書皆言人伸兩手以度物之名,而尋爲八尺、仞必七尺者,何也。同一伸手度物,而廣深用之,其勢自不得不異。人長八尺,伸兩手亦八尺,用以度廣,其勢全伸而不屈。而用之以度深,則必上下其左右手而側其身焉。身側則胸與所度之物不能相摩,於是兩手不能全伸而成弧之形,弧而求其弦以爲仞必不能八尺。故七尺曰仞,亦其勢然也。"詹鄞鑫則認爲:"許氏用'伸臂一尋八尺'釋'仞',意謂'仞'的長度相當於伸臂八尺之'尋',既没有'仞'比'尋'短的意思,也不意味着'仞'與'尋'無別。我們知道,正常的成人舒張兩臂的寬度正好等於本人的身高,所以就長度而言,'仞'與'尋'相當,都合古制八尺。但兩者的來源不同,'尋'爲舒臂量度,'仞'爲以身高量度。"[1]很有道理。

關於"一仞"代表的長度,除八尺説、七尺説,亦有五尺六寸或四尺之説。《尚書·旅獒》:"爲山九仞,功虧一簣。"孔傳:"八尺曰仞。"陸德明《釋文》:"七尺曰仞。"《漢書·食貨志上》:"有石城十仞。"顔師古注:"應劭曰:'仞,五尺六寸也。'師古曰:此説非也。八尺曰仞,取人申臂之一尋也。"《小爾雅·廣度》:"四尺謂之仞。"清陶方琦《説文仞字八尺考》:"許君所用周尺也,故主八尺之説。鄭君所用漢尺也,故主七尺之説。《漢書·食貨志》應劭注謂五尺六寸曰仞,似漢末之尺。"

魏晉南北朝石刻中,量詞"仞"共出現 42 次。"仞"常寫作"刃",二者上古均爲日母文部字,音同假借。兹舉數例如下:

1. 宫宇數刃,循得其墻。(東晉《爨寶子碑》)

2. 雖牆宇重仞,而温其如玉;氣屬秋霜,而體含春露。(南朝梁《蕭敷墓誌》)

---

〔1〕 詹鄞鑫:《近取諸身　遠取諸物——長度單位探源》,《華東師範大學學報(哲學社會科學版)》1994 年第 6 期。

3. 宮牆累刃,峻碣重尋。(北魏《元寶月墓誌》)

4. 潒湛萬尋,蒙籠千刃。(北魏《穆纂墓誌》)

5. 千刃莫測其高,萬頃不知其廣。(北魏《元天穆墓誌》)

6. 崇巖千刃,景山之不可踰;洪波萬頃,巨海之不可測。(北魏《元祐墓誌》)

7. 懸崖萬刃,峻極霞亭。(北魏《東堪石室銘》)

8. 埋根百刃,抽幹雲峰。(北魏《慕容纂墓誌》)

9. 湯池百重,金城千刃。(北魏《元恭墓誌》)

10. 峰碣與千刃比高,波源與萬頃同極。(東魏《穆子巖墓誌》)

11. 澄陂載靖,巖牆積仞。(東魏《昌樂王元誕墓誌》)

12. 峰高萬刃,嶼遠千尋。(北齊《高叡修定國寺塔銘碑》)

13. 但山挺萬尋,尚有成壑之期;海深千刃,猶致桑田之會。(北齊《義慈惠石柱頌》)

14. 廣倫盈尋,其崇兩刃。(北齊《朱氏邑人等造像記》)

15. 傑乎千刃,邃矣九重。(北齊《高湆墓誌》)

16. 萬刃名山,峭崿峙其北;清淵渌池,遄流短其前。(北齊《宋敬業等造塔頌》)

17. 崖岸萬頃,宮牆千仞。(北齊《薛懷儁墓誌》)

18. 雖復陂稱萬頃,牆高數仞,不足談其輕濁,議此窺閫者也。(北齊《裴子誕墓誌》)

19. 信是萬頃之陂,千仞之宇。(北周《賀蘭祥墓誌》)

20. 波瀾万頃,挹之者不知深;宮牆數仞,窺之者不測。(北周《尉遲運墓誌》)

以上諸例,僅例 14 是實際計量,有精確的數值,表示像的高度爲"兩仞"。其餘各例均是虛數,而非實指。不以精確計量爲目的,而是從修辭角度出發,起誇張的功能。常與"千"、"萬"、"重"、"累"、"數"等結合,極言事物之高、之深、之廣,多是形容山高水深。吳承洛認爲:"然'仞'與'尺'之比數,既不能定,吾人亦不必求之。仞在當時似爲尺度以外之制,然其標準取則人體,吾人祇能認爲度制中之另一實用單位可也。"[1]魏晉南北朝石刻中,量詞"仞"用於表示"像"的高度,即例14。雖然我們不能確定"仞"與"尺"的比率,但可以肯定"仞"有其固定的、標準的量。

詹鄞鑫認爲,舒臂用於量寬度,可以反復量到盡頭,所以"尋"數多爲實數;身高用於比擬物高,只能目測,難以實測,所以"仞"數多爲虛數。[2] 據我們考察,魏晉南北朝石刻中,量詞"尋"、"仞"均可以表虛數,也可以表實數,但以表虛數爲常。而且,在例3、4、12、13 中,量詞"尋"與量詞"仞"對舉使用,均爲虛數。劉世儒指出"尋"、"仞"等在南北朝除文人筆下仍多沿用外,一般已不通行。[3] 王紹新作進一步的闡釋:"所謂不通行,應理解爲不再用於工程建築、市井貿易、經濟往來中的計量,而並非在語言中消失。"[4]現代寧波方言中量詞"仞"仍然在使用,指兩臂平伸的長度。[5] 如:這塊布有兩仞長。

(八) 段₂

前文已述,"段"通"斷",有截斷、分開義。凡可分割成段的事物,大都可以用量詞"段"來稱量。魏晉南北朝石刻中,量詞"段"可稱量實物"地"、"布帛"和抽象的"事",其中,"段"稱量"地"、"事"屬個體量詞的用法(參見第二章第一節"段₁"條),此不贅述。"段"稱量"布帛"的用法,《漢語大詞典》"段"字條義項6:"量詞。表示布帛等條形物的一截。"釋義太過籠統。劉世儒認爲:"這種截成的'段兒',南北朝還常用來量'布帛'。如果把它的長度照一定的標準固定下來,那就可以形成爲一種度制,但南北朝似乎並沒有這麼辦。"[6]其他很多量詞研究都在此基礎上進

〔1〕 吳承洛:《中國度量衡史》,北京:商務印書館,1984 年(87)。

〔2〕 詹鄞鑫:《近取諸身 遠取諸物——長度單位探源》,《華東師範大學學報(哲學社會科學版)》1994 年第 6 期。

〔3〕 參見劉世儒:《魏晉南北朝量詞研究》,北京:中華書局,1965 年(226)。

〔4〕 王紹新:《唐代詩文小說中名量詞的運用》,載程湘清主編:《隋唐五代漢語研究》,濟南:山東教育出版社,1992 年(331)。

〔5〕 李榮主編:《寧波方言詞典》,南京:江蘇教育出版社,1997 年(281)。

〔6〕 劉世儒:《魏晉南北朝量詞研究》,北京:中華書局,1965 年(124)。

行,所以大都持同樣的觀點。洪藝芳考察敦煌吐魯番文書,指出量詞"段"量"田地"和"布帛"等,其所截分的面積或長度並没有一定固定的量,故非屬標準量詞的範圍。[1] 通過調查魏晉南北朝石刻,並結合隋唐五代石刻,我們發現量詞"段"在當時應該是有標準的、固定的長度,"段"稱量"布帛"的用法已經發展爲度量衡量詞。

因隋唐五代石刻中量詞"段"的用例相對更豐富,更利於探討。所以,我們從隋唐五代石刻入手,看量詞"段"稱量"布帛"用法的使用情況。隋唐五代石刻中,量詞"段"共出現 90 次,其中稱量"布帛"的用例就有 86 次,佔總體的 96%。使用頻繁,比較常見。兹舉數例如下:

1. 又蒙賜物三百段,米二百斛。(隋大業六年《史射勿墓誌》)

2. 公以讜言稱旨,賜錦百段。(隋大業九年《豆盧實墓誌》)

3. 贈束帛一百段,粟麦三百碩,儀仗鼓吹車輅,營墳夫六百人。(隋大業九年《蕭球墓誌》)

4. 將士齊肅,帝甚悦之,賜錦綵一百段。(唐貞觀十六年《獨孤開遠墓誌》)

5. 賜奴婢八十口,絹綵千餘段,金一百卅挺。(唐顯慶二年《張士貴墓誌》)

6. 高祖稱善,賷繒綵千有餘段,名馬五匹,并金裝鞍勒百副。(唐顯慶二年《張士貴墓誌》)

7. 所司備禮册命,給班劍卌人,羽葆鼓吹,贈絹一千五百段,米粟一千五百石,陪葬昭陵。(唐顯慶四年《尉遲敬德墓誌》)

8. 賞物五千段,奴婢卅,甲第一所,上馬五十匹。(唐顯慶五年《紇干承基墓誌》)

9. 仍贈絹帛四百段,米粟四百石,陪葬于昭陵。(唐麟德元年《杜君綽碑》)

---

〔1〕　洪藝芳:《敦煌吐魯番文書中之量詞研究》,臺北:文津出版社,2000 年(359)。

10. 明年,詔於玄武北門留守,賜綵一百段。(唐麟德元年《杜君綽碑》)

11. 賜絹布二百段,米粟二百石,聽隨其母陪葬昭陵。(唐麟德二年《李震墓誌》)

12. 重離啓聖,即授右監門副率,賜物五千段,黃金五百兩。(唐乾封元年《李孟常碑》)

13. 賜口卅人,絹五百段,馬廿疋,拜上柱國。(唐乾封二年《曹欽墓誌》)

14. 賜布帛二千五百段,米粟副焉。(唐總章三年《李勣墓誌》)

15. 賵絹布二千段,米粟一千石,并賜東園祕器。(唐上元二年《李鳳墓誌》)

16. 有制贈物卅段,官給靈轝,實優賢也。(唐神功元年《逯貞墓誌》)

17. 奉敕發使臨祭,賜物一百段,粟二百石。(唐長安四年《皇甫文備墓誌》)

18. 賜絹二千匹,雜綵五百段,金銀器物十事。(唐開元十五年《楊執一墓誌》)

19. 加游擊將軍,賜勳七轉,亂綵百段。(唐開元十八年《劉庭訓墓誌》)

20. 天子悼惜,使弔贈束帛二百段。(唐大曆十二年《玄昱墓誌》)

其中,例3、7、9、11、15、17中,量詞"段"稱量"布帛"與量詞"石(或碩)"稱量"米粟"並列,且屢次出現在隋唐五代石刻中有關賞賜的部分。石刻中記載朝廷賞賜人臣以布帛、米粟、金銀等物,主要有兩種情況:一爲酬功,二爲助喪。封建政權對國庫的財政支出掌控很嚴格,賞賜物的量一定不會隨意,需要相當精確,或記錄入案,以備查核。據《通典》卷八六《凶禮八‧賵贈》記載:"大唐制諸職事官薨卒,文武一品,賵物二百段,粟二百石;二品物一百五十段,粟一百五十石;三品物百段,粟百石;正四品物七十段,粟七十石;從四品物六十段,粟六十石;……諸賵物及粟,皆出所在倉庫,服終則不給。"而墓誌中亦不敢擅改,必得據實記載。既然

“石”爲有固定量的度量衡量詞，“段”應該也是有標準的、固定的量。那麽，隋唐時期布帛“一段”代表多少長度。《五代會要》卷八：“長興元年十月十九日勅太常禮院：例凡賻匹帛，言段不言端匹。每二丈爲段，四丈爲匹，五丈爲端。近日三司支遺，每段全支端匹。此後凡交賻贈匹帛，衹言合支多少段。庫司臨時併蠲尺丈給付，不得剩有支破。”《新唐書》卷四八：“錦、羅、紗、縠、綾、紬、絁、絹、布，皆廣尺有八寸，四丈爲匹。布五丈爲端，綿六兩爲屯，絲五兩爲絇，麻三斤爲緤。”可知，隋唐時期布帛寬一尺八寸、長二丈爲一段。《舊唐書》卷八四：“有彭志筠，顯慶中上表，請以家絹布二萬段助軍。詔受其絹萬匹，特授奉義郎，仍布告天下。”這是唐代賣官的特例，前面説“絹布二萬段”，後面説“絹萬匹”，亦與“二丈爲段，四丈爲匹”的規定相合。

　　上例1、8、12、16、17量詞“段”稱量“物”。關於“物”，《周禮·春官·司常》：“通帛爲旜，雜帛爲物。”孫詒讓《正義》：“雜帛者，緣、斿異色，猶《士冠禮》之‘雜裳’，皆取不專屬一色之義。”《釋名·釋兵》：“雜帛爲物，以雜色綴其邊爲燕尾，將帥所建，象物雜色也。”王國維認爲：“《説文·牛部》：‘物，萬物也。牛爲大物，天地之數，起於牽牛，故从牛，勿聲。’案，許君説甚迂曲。古者謂雜帛爲物，蓋由‘物’本雜色牛之名，後推之以名雜帛。……由雜色牛之名，因之以名雜帛，更因以名萬有不齊之庶物，斯文字引申之通例矣。”[1]楊樹達指出：“文云毛物牝牡弗能知者，毛謂純色，物謂雜色。蓋牝牡對文，毛物亦對文也。……静安云：‘古者謂雜帛爲物，蓋物本雜色牛之名，後推之以名雜帛。’按，静安此説恐未是。知者，甲骨文有𢁅字，當爲雜色帛之本字。經傳於雜色帛之義作𢁅字者，以音同通假爲𢁅，非由雜色牛之義引申所致也。”[2]且不管“雜帛爲物”的源頭在哪裏，“物”爲“雜帛”義確定無疑。《漢語大字典》“物”字條義項4：“也泛指

---

　　〔1〕　王國維：《觀堂集林·釋物》，載《王國維文集》（第四卷），北京：中國文史出版社，1997年（98）。

　　〔2〕　楊樹達：《積微居小學述林·釋物》，北京：中華書局，1983年（62—63）。

雜色絹帛。唐玄宗《賜高麗莫離支及吐谷渾等大首領爵賞制》:'文簡可封遼西郡王,食邑三千户,行左衛大將軍員外置同正員,賜宅一區,馬四匹,物六百段。'"[1]首例引自唐玄宗時期,過晚。魏達純考察《貞觀政要》中的"物",指出:"物,唐代又用以指'絹帛'之類絲織品,當時可作爲貨幣用於賞賜、貿易等。"[2]據我們考察,在魏晉南北朝石刻中,"物"已經是作爲用來賞賜的"絹帛"類絲織品了。

魏晉南北朝石刻中,量詞"段₂"共出現5次。用例如下:

21. 中給事中王紹鑒督喪事,贈物一千五百段。(北魏《慈慶墓誌》)

22. 給東園祕器,朝服一具,衣一襲,賵物八百段。(北魏《元融墓誌》)

23. 有詔追贈使持節、都督冀定瀛滄懷五州諸軍事、太師、太尉公、懷州刺史,開國郡公如故,賵物一千段。(北齊《司馬遵業墓誌》)

24. 賵物一千段,祭以太牢,禮也。(北齊《庫狄迴洛墓誌》)

25. 敕賫馬十匹,金銀千兩,縑數千段,給蔭丁一百五十户。(北齊《劉悦墓誌》)

其中,除例25量詞"段₂"稱量"縑",其餘四例均稱量"物"。但因量詞"段₂"在魏晉南北朝石刻中例證偏少,且缺乏文獻記載,我們無從得知"段₂"在魏晉南北朝時期所代表的實質長度。但可以肯定,量詞"段"在魏晉南北朝時期已初具度量衡量詞的性質。

由上可知,魏晉南北朝時期量詞"段"可稱量"布帛",表示其長度。到隋唐五代時期,這種用法更是常見(90中之86)。繼續發展,"段"由計量布帛長度的單位引申爲絲織物品種之名稱。宋元開始,"段"作爲絲織物品種之名稱使用漸廣。宋周密《武林舊事·乾淳奉親》:"上於閣子庫取賜五兩數珠子一號,細色北段各十匹。"這種織物還曾被稱爲"紵絲"或

---

〔1〕 漢語大字典編輯委員會編:《漢語大字典》(第二版),崇文書局、四川辭書出版社,2010年4月(2118)。

〔2〕 魏達純:《説〈貞觀政要〉中的"物"》,《中國語文》2003年第3期。

“注絲”。宋吳自牧《夢粱録》卷十八：“紵絲，染絲所織，諸顏色者有織金、閃褐、間道等類。”《庶物異名疏》、《席上腐談》曰：“《玉藻》云：‘士不衣織。’鄭氏註云：‘織，染絲織之。’《釋文》云：‘織音志，今訛爲注，遂稱注絲。志注聲相近也，或寫爲苧絲，則又轉訛矣。’”又《吳縣志》卷五十一：“紵絲俗名緞，因造緞字。”“緞”字早在《説文》裏就已出現，爲“鍛”字或體。《説文·韋部》：“鍛，履後帖也。从韋，段聲。緞，鍛或从糸。”段玉裁注：“今俗以爲錦繡段之段。”清翟灝《通俗編·服飾》：“緞，《康熙字典》：‘今以爲紬緞字。非是。’按：今所呼緞者，宋時謂之紵絲。咸淳《臨安志》‘染絲所織’是也。《三朝北盟會編》雖有‘索豬肉、段子’之文，所云乃段疋之段。《説文》：‘帛分而未麗曰疋，既麗曰段。’並非其一種名也。此字之誤用，似直起於明季。”《正字通·糸部》：“緞，今厚繒曰緞。”《中華大字典·糸部》：“緞之本義爲履後帖，而紬緞之緞本作段，今則通作緞矣。”

裘錫圭指出：“分散多義字職務的主要方法，是把一個字分化成兩個或幾個字，使原來由一個字承擔的職務，由兩個或幾個字來分擔。”[1]“段”作量詞，魏晉以降，稱量布帛的用法愈加頻繁、常見，因此“段”由計量布帛長度的單位引申爲布帛織物的名稱。後來在“段”字基礎上，增加偏旁“糸”，造一“緞”字來承擔表示“布帛織物”的職務。而量詞“段”作爲計量“布帛織物”長度的單位，正是“緞”字産生的源頭。

（九）匹$_2$

與“段$_2$”一樣，“匹$_2$”亦爲計量布帛織物的長度的量詞。《説文·匸部》：“匹，四丈也。”段玉裁注：“按，四丈之上，當有布帛二字。”王筠《説文句讀》：“古之布帛自兩頭卷，一匹兩卷，故古謂之‘兩’，漢謂之‘匹’也。”《急就篇》：“資貨市贏匹幅全。”顔師古注：“四丈曰匹，兩邊具曰幅。”《漢書·食貨志下》：“布帛廣二尺二寸爲幅，長四丈爲匹。”又有《宋書·律志序》：“有形即有聲，音之數五，以五乘八，五八四十尺爲匹。”《唐六典·户

---

〔1〕　裘錫圭：《文字學概要》，北京：商務印書館，1999 年（223）。

部》"金部郎中員外郎"條："羅、錦、綾、絹、紗、縠、絁、紬之屬，以四丈爲匹，布則五丈爲端，綿則六兩爲屯，絲則五兩爲絇，麻乃三斤爲緵。"段公路《北戶録》卷二："布爲鼓。"崔龜圖注："王儉云：'幣錦二端爲一兩。'一兩，一疋。二丈爲端也。"

魏晉南北朝石刻中，量詞"匹$_2$"共出現18次，均用以計量布帛織物的長度，包括"絹、布、帛、綵"等。用例如下：

1. 賞絹千匹，賜御者廿人。（西晉《徐義墓誌》）

2. 賜錢五百萬，絹布五百匹，供備喪事。（西晉《徐義墓誌》）

3. 而殘王困逼，獻出男女生口一千人，細布千匹。（東晉《高句麗好太王碑》）

4. 碩絹九匹。（北魏《張神洛買田券》）

5. 若先悔者，□絹五匹，畫押爲信。（北魏《張神洛買田券》）

6. 詔賜朝服一具，絹布三百匹，禮也。（北魏《王蕃墓誌》）

7. 詔賜東園祕器，朝服一具，絹布七百匹，禮也。（北魏《元詮墓誌》）

8. 可賻雜綵八十匹，絹八百匹，布八百匹，給東園祕器，臘三百斤，可遣鴻臚監護喪事。（北魏《高猛妻元瑛墓誌》）

9. 賜駢騮上駟，綵縑百匹。（北魏《韋彧墓誌》）

10. 賜朝服一襲，蠟三百斤，贈布絹一千三百匹，錢卅萬，祠以太牢，給東園轀車，挽歌十部。（北魏《元乂墓誌》）

11. 遣中黃門緱榮顯弔祭，贈帛一千匹，營護喪事。（北魏《司馬悦墓誌》）

12. 詔贈假節、中堅將軍、玄州刺史，帛二百匹，祭以太牢，禮也。（北魏《元愍墓誌》）

13. 有詔追贈高密長公主，賵帛五百匹，中使監護喪事，禮也。（東魏《李挺妻元季聰墓誌》）

14. 乃詔贈使持節、都督懷洛二州諸軍事、懷洛二州刺史、大鴻臚卿，贈帛一百匹，將軍、開國如故。（北齊《徐徹墓誌》）

15. 贈帛百萬匹，追贈假黃鉞、右丞相、太宰、太師、太傅、使持節、都

督冀定瀛滄趙幽青齊濟朔十州諸軍事、朔州刺史,開國、王如故,諡恭武王,禮也。(北齊《婁叡墓誌》)

16. 像主曹臺,妻王馬居,曹僧僖□居家負金,色絹兩匹。(北齊《曹臺眷屬造像記》)

其中,例4、5、16 量詞"匹$_2$"的稱量對象"絹"具有購買力,起貨幣支付作用,用作流通手段。其餘各例量詞"匹$_2$"的稱量對象均作爲賞賜物品,有百匹甚至上千匹。

魏晉南北朝時期經濟一度衰落,以穀帛爲主要形式的實物貨幣再度盛行。"每遭戰亂、災荒之後,或當幣值混亂、貨幣貶值嚴重的時候,穀帛的貨幣作用就會顯著地增强起來,這是秦漢以來歷史上屢見不鮮的事實。"[1]布帛在魏晉南北朝時期較爲普遍地使用,用途十分廣泛。首先,在官方或民間的商品交易中佔據主導地位,成爲主要的交換媒介。民間商品活動多以穀帛交易,《宋書·食貨志》:"今且聽市至千錢以還者用錢,餘皆用絹布及米。"可見,當時布帛多用於大額交易,金屬貨幣用於小額交易,兩者各有所司。甚至政府收取賦稅都以絹、布爲主,國庫和貴族大臣的私庫也都儲藏大量實物。同時,布帛也常用來充作俸禄、賞賜、饋贈的內容。《陔餘叢考》卷三十"銀"條:"魏文帝時並罷錢,令民以穀帛相易。六朝則錢帛兼用,而帛之用較多。(《北史》魏張普惠疏曰:"高祖廢長尺、大斗、重秤,後因軍國需用,故絹上加綿八兩,布上加麻十五斤。"是納賦皆以絹布也。孝文帝始制百官之禄,每户增調絹三匹、穀二石九斗,以爲俸禄之用。夏侯道遷歲禄三千餘匹,李沖一門歲禄萬匹,是官俸皆以穀帛也。張讜妻爲魏所虜,讜以千匹贖之,是贖罪亦絹帛也。高允死,賜以粟五百石、絹千匹;高澄生子,魏孝靜帝賜錦綵布帛萬匹,是賜予皆穀帛也。西魏賞擒高敖曹者布絹萬端,是購賞亦布絹也。)"[2]

---

〔1〕　蕭清:《中國古代貨幣史》,北京:人民出版社,1984 年(164)。
〔2〕　(清)趙翼著,欒保群、吕宗力校點:《陔餘叢考》,石家莊:河北人民出版社,2007年(582—583)。

我們所調查的魏晉南北朝至隋唐五代石刻材料中,布帛的功能有二:一爲支付手段,一爲賞賜的内容。布帛在當時之所以有如此重要的地位,首先是由其自身的優越性決定的。布帛價值較高,用途也廣,産量豐足,便於儲藏,且比較容易定量。自漢以來,均以寬二尺二寸、長四尺爲匹。其次,當時金銀的消耗太大。上層社會流行金銀器物,這可從出土的魏晉南北朝墓中發現很多金銀飾品、器具得到印證。另外,當時佛教盛行,佛事活動頻繁,供奉金銀佛像以及泥金寫經要用大量的金銀。民間金銀手工業興起,金銀的消耗也佔一定比例。布帛貨幣就這樣應運而生,並迅速佔據重要位置。

唐代沿襲南北朝以來以絹帛爲幣的習俗,貨幣流通始終保持錢帛兼行的局面。當時政府屢發法律條令明確絹帛作爲法定貨幣的地位。如:《册府元龜》卷五〇一《錢幣三》:"綾、羅、絹、布、雜貨等,交易皆合通用;如聞市肆必須見錢,深非道理。自今以後,與錢貨兼用。違者,準法罪之。"《唐會要》卷八十九《泉貨》:"公私交易十貫錢以上,即須兼用疋段。"如此絹帛段匹作爲貨幣在民間廣泛使用。布帛貨幣在分裂、混亂的魏晉南北朝時期和統一、繁榮的隋唐時期同樣盛行,並且更加成熟和完善,足見布帛貨幣有其自身的作用和價值,是金屬貨幣所無法取代的。

(十) 兩$_1$

《説文·网部》:"兩,二十四銖爲一兩。从一、网。平分,亦聲。"徐鍇《説文解字繫傳》:"兩者,積雙网而成爲一,故從一。"朱芳圃《殷周文字釋叢》:"兩,即一、网之合文,結構與一、白爲百相同。《廣雅·釋詁》:'兩,二也。'此本義也。""兩"作量詞,可以量"車",這是個體量詞的用法;可以量"鞋、襪"等,這是集體量詞的用法(參見第二章第二節"量"條);還有度量衡量詞的用法,可以表度量,亦可以表重量(參見本章本節"兩$_2$"條)。劉世儒説:"綜合起來,不難看出:'油一兩'、'帛一兩'、'車一兩',它們確是同源而異流的。"[1]實際上,量詞"兩"的多種用法,均起源於兩兩相配

〔1〕 劉世儒:《魏晉南北朝量詞研究》,北京:中華書局,1965 年(232)。

之義。

作爲度制單位量詞,常用以計量布帛的長度。《小爾雅·廣度》:"五尺謂之墨,倍墨謂之丈,倍丈謂之端,倍端謂之兩,倍兩謂之匹。"《左傳·閔公二年》:"歸夫人魚軒,重錦三十兩。"杜預注:"三十兩,三十匹也。"孔穎達疏:"謂之兩者,分爲兩段故也。"《周禮·地官·媒氏》:"凡嫁子娶妻,入幣純帛,無過五兩。"鄭玄注:"五兩,十端也。必言兩者,欲得其配合之名。"孔穎達疏:"云五兩十端者,古者二端相向卷之,共爲一兩。五兩,故十端也。"孫詒讓《正義》:"兩,與匹同。"柳宗元《邕州刺史李公墓誌並序》:"僚宰庀事,有緹五兩。"蔣之翹輯注:"兩,疋也。"也就是説,布帛長四丈爲一兩。

魏晉南北朝石刻中,量詞"兩₁"共出現 1 次。用例如下:

1. 弊(按即幣)陳五兩,橋設方舟。(北齊《李祖牧妻宋靈媛墓誌》)

二、量制單位量詞

量制單位量詞專門用以標示事物的容量。在度量衡方面,空間概念的形成往往先於重量、面積的概念。[1] 這是因爲把自然物分成堆和以容器如籃、籃、碗、罐等盛酉物件是最方便易行的事情。[2]

魏晉南北朝石刻中,量制單位量詞共有四個,包括:"斗、斛、石₁、鍾"。

(一)斗

《説文·斗部》:"斗,十升也。象形,有柄。"段玉裁注:"上象斗形,下象其柄也。斗有柄者,蓋象北斗。""斗"在古代爲盛酒器。《詩·大雅·行葦》:"酌以大斗,以祈黃耇。"毛傳:"大斗,長三尺也。"陸德明《經典釋文》:"三尺,謂大斗之柄也。"也可做裝載其他物品的容器。《論語·子路》:"斗筲之人,何足算也。"邢昺疏:"斗,量名,容十升。"由

---

〔1〕　參見儲澤祥:《名詞的空間義及其對句法功能的影響》,《語言研究》1997 年第 2 期。
〔2〕　參見胡起望:《從民族學資料看數量觀念的發展》,《民族研究》1982 年第 1 期。

容器引申爲量制單位量詞。"漢代斗有大斗、小斗之別,由漢簡可知大斗:小斗＝1:0.6,即一小斗等於0.6大斗。"[1]漢代以後諸代皆以十升爲一斗。《禮記·月令》:"角斗甬。"孔穎達疏:"十升爲斗。"《説苑·辨物》:"十升爲一斗。"《玉篇·斗部》:"斗,十升曰斗。斝,俗文。"隋唐時期亦有大斗與小斗之別。《唐六典》卷三:"凡量,以秬黍中者容一千二百爲龠,二龠爲合,十合爲升,十升爲斗。三斗爲大斗,十斗爲斛。"《通典》卷六:"調鍾律、測晷景、合湯藥及冠冕制用小升小兩,自餘公私用大升大兩。"

魏晉南北朝石刻中,量詞"斗"共出現 1 次,用以稱量"穀"。用例如下:

1. 穀時賈石五斗直五十□,布卅尺。(北魏《郭□買地券》)

（二）斛

《説文·斗部》:"斛,十斗也。""斛"最初爲量器。《莊子·胠篋》:"爲之斗斛以量之,則並與斗斛而竊之。"成玄英疏:"斛者,今之函,所以量物之多少。"《資治通鑑·後唐紀六》:"衆潰,左右以斛舁延稟而走。"胡三省注:"斛,概量之器,十斗爲斛。"由量器引申爲量制單位量詞。《漢書·律曆志》:"十斗爲斛。"《玉篇·斗部》:"十斗曰斛。"《廣韻·屋韻》:"斛,十斗。"南宋末年改爲五斗爲一斛。《正字通·斗部》:"斛,今制:五斗曰斛,十斗曰石。"《陔餘叢考》卷三十"石"條:"按,《萆航紀談》:宋韓彦古爲户部尚書,孝宗問曰:'十石米有多少?'對曰:'萬合、千升、百斗、廿斛。'然此五斗爲一斛,宋時已然。"[2]可爲其證。

魏晉南北朝石刻中,量詞"斛"共出現 5 次。用例如下:

1. 臺遣監作中將慕容乾,清酒七百斛,牛犢二百頭。(前燕《元璽四年墓磚》)

2. 與穀卅斛,要無寒盜□。(北魏《郭□買地券》)

---

〔1〕 李建平:《先秦兩漢量詞研究》,西南大學博士學位論文,2010 年(199)。

〔2〕 (清)趙翼著,欒保群、吕宗力校點:《陔餘叢考》,石家莊:河北人民出版社,2007年(590)。

3. 太和元年,五十人用公三千,鹽豉卅斛。（北魏《宋紹祖墓誌》）

4. 歲屬災饉,王乃開公廩,捨秩粟數百萬斛,以�飢民。（北魏《元詮墓誌》）

5. 饑民,施捨秩粟六百萬斛,以�飢民。（北魏《王番墓誌》）

其中,例1量詞"斛"稱量"清酒"。例2稱量"穀",例4、5稱量"粟",均爲糧食類事物。例3稱量"鹽豉",即"豆豉",是用黃豆煮熟黴製而成的調味食品,亦與糧食類事物相關。

（三）石₁

《説文·石部》:"石,山石也。"段玉裁注:"或借爲碩大字,或借爲秅字。秅,百二十斤也。"可知,"石"可爲衡制單位量詞（參見本章本節"石₂"條）。同時,"石"也是量制單位量詞。《字詁·石》:"石,今俗用此爲儋字。"《漢書·貨殖傳》:"醯醬千瓨,漿千儋。"顏師古注:"孟康曰:'儋,甖也。'師古曰:'儋,人儋之也,一儋兩甖。'"《史記·貨殖列傳》:"漿千甒。"司馬貞《史記索隱》:"石甖受一石,故云儋石。""石甖"即一種小口大腹的陶器。《方言》卷五:"甖,齊之東北、海岱之間謂之儋。"郭璞注:"所謂家無儋石之餘也。音擔,字或作'甒'。"由容器引申爲量制單位量詞,表示容器所容之量。《説苑·辨物》:"十合爲一升,十升爲一斗,十斗爲一石。"參見上文"斛"條,十斗爲一斛。《正字通·石部》:"石,量名。《漢志》:十斗曰石。"

《陔餘叢考》卷三十"石"條:"則斗斛之以石計,自春秋、戰國時已然。時俗所稱,蓋相沿舊名也。又按:古時一石重一百二十斤,與一斛之數不甚相遠。《漢書·成帝紀》注,如淳曰:'中二千石月得百八十斛,一歲凡得二千一百六十石;真二千石月得百五十斛,一歲凡得一千八百石;二千石月得百二十斛,一歲凡得一千四百四十石。'雖官秩之名與所得俸之實數多寡微有不同,然不略不外乎一斛爲一石也。蓋古時十斗爲斛,一斛即是一石。後世五斗爲斛,而兩斛之數十斗,此仍沿一石之舊名耳。"[1]由

---

〔1〕 （清）趙翼著,欒保群、吕宗力校點:《陔餘叢考》,石家莊:河北人民出版社,2007年（589—590）。

此可見量詞"石"之發展綫索。

古時官級的高低,常以俸禄的多少計算。因而量詞"石₁"又可作計量官俸的量詞,表示官位的品級。《漢書·百官公卿表》顏師古注:"漢制:三公號稱萬石,其俸月各三百五十斛穀。其稱中二千石者月各百八十斛,二千石者百二十斛,比二千石者百斛,千石者九十斛。"因量詞"石₁"計量官俸的用法與計量容量的用法密切相關,暫將二者並列。

魏晉南北朝石刻中,量詞"石₁"共出現8次。用例如下:

1. 穀時賈石五斗直五十□,布卅尺。（北魏《郭□買地券》）

2. 令魯郡脩起舊廟,置百石[吏]卒以守衛之。（三國魏《孔羨碑》）

3. ……丘丞墓伯,冢中二千石,左右墓侯,五墓將軍……（南朝齊《劉覬買地券》）

4. 父頭,以道俌四能,治周三善,故除爲河北郡二千石。（北魏《和邃墓誌》）

5. 方冀亨萬石之遐福,終九十之盛儀。（西魏《李賢妻吳輝墓誌》）

6. 方冀享萬石之禄,扇大家之風。（西魏《楊泰妻元氏墓誌》）

7. 石氏一門萬石,楊家四世五公。（北齊《庫狄迴洛墓誌》）

8. 千石是袟,六條斯輔。（北齊《裴子誕墓誌》）

以上諸例,例1量詞"石₁"稱量"穀",其餘各例均計量官位等級。其中,例5~8量詞"石₁"與數詞"千"、"萬"結合,是虛指而非實數,意在表示俸禄之厚、官位之高。

（四）鍾

《說文·金部》:"鍾,酒器也。"《正字通·金部》:"鍾,壺屬。漢大官銅鍾,即壺也。俗謂酒巵。"《孔叢子·儒服》:"堯舜千鍾,孔子百觚。"由容器引申爲量制單位量詞。《廣韻·鍾韻》:"鍾,量名。"《孟子·公孫丑下》:"我欲中國而授孟子室,養弟子以萬鍾。"朱熹集注:"鍾,量名,受六斛四斗。"《左傳·昭公三年》:"齊舊四量:豆、區、釜、鍾。四升爲豆,各自其四,以登於釜。釜十則鍾。"杜預注:"鍾,六斛四斗也。"之後亦有八斛、十斛之制。《小爾雅·廣量》:"缶二謂之鍾。"宋咸注:"八斛也。"《左傳·

昭公三年》：“陳氏三量,皆登一焉,鍾乃大矣。”杜預注：“登,加也,加一謂加舊量之一也。以五升爲豆,五豆爲區,五區爲釜。則區二斗,釜八斗,鍾八斛。”《孫子·作戰》：“故智將務食於敵,食敵一鍾,當吾二十鍾。”郭化若：“鍾,春秋時容量單位。齊國分奴隸主、公室的‘公量’同新興地主階級陳氏的‘家量’兩種。公量一鍾爲六百四十升;家量一鍾爲一千升。”《淮南子·要略》：“一朝用三千鍾贛。”高誘注：“鍾,十斛也。贛,賜也。一朝賜群臣之費三萬斛也。”

魏晉南北朝石刻中,量詞“鍾”共出現 3 次。用例如下：

1. 享萬鍾之殊榮,盡色養之深願。（北魏《元勰妃李媛華墓誌》）

2. 紅粟萬鍾,田畜車罿,靡不必備。（東魏《蕭正表墓誌》）

3. 成伯功德顯舉,禄實萬鍾。（西魏《趙超宗妻王氏墓誌》）

可見,“鍾”作量詞,適用對象不以“酒”爲限,多用以稱量“穀”、“粟”等糧食類事物。

以上四個量制單位量詞“斗、斛、石、鍾”中,有兩個源自盛酒的容器,即“斗、鍾”。葉桂郴指出：“容載量詞的出現與被容載事物的特性有關,即該事物具有‘不可數’和‘必須要容器裝載’的特性,並且與原始先民的生活息息相關。液體類事物可能促使容載類量詞的最早出現：一方面先民對如何計算液體事物的‘量’感到棘手,另一方面‘必須使用的容器’給先民提供了某種啓迪——直接用容器本身所能承載的量作爲基準單位來稱量液體事物,並推及到凡是可以用某種容器裝載的物件。”[1] 但是,“容載量詞只能對事物進行簡單和模糊的稱量,隨著社會的進步和剩餘產品的出現,人們需要更加準確的計量單位來進行精確的記數,這促使度量衡量詞的產生”。[2] 也就是说,度量衡量詞產生的動因即是爲適應勞動人民在社會經濟生活中精確計量的需要。隨著使用頻率的提高,越來越被民衆認可,其所代表的容量固定,就成爲規範的度量衡量詞了。“斗”、

〔1〕　葉桂郴：《明代漢語量詞研究》,長沙：岳麓書社,2008 年(44)。
〔2〕　葉桂郴：《明代漢語量詞研究》,長沙：岳麓書社,2008 年(45)。

"鍾"在古代爲盛酒器,成爲度量衡量詞後,其稱量對象已經突破"酒"的界限,常用以稱量"穀、粟"等糧食類事物。此時二者本身的名詞意義已經消失,容載意義也已經弱化,成爲專用於表示固定容量的量制單位量詞。

三、衡制單位量詞

衡制單位量詞專門用以標示事物的重量。與體積、長度的計量相比,重量的計測産生較晚。人類社會早期,農作物等固體往往以籮、斗、桶計,酒、油等液體以碗、罐、瓶計,都很少以重量計算。當社會生産的發展達到在分配與交換中産生這方面的需要時,才會出現計量重量的方法。[1]

魏晉南北朝石刻中,衡制單位量詞共有四個,包括:"兩$_2$、斤、鈞、石$_2$"。

(一) 兩$_2$

《説文・网部》:"兩,二十四銖爲一兩。"《淮南子・天文訓》:"十二粟而當一分,十二分而當一銖,十二銖而當半兩,衡有左右,因倍之,故二十四銖爲一兩。"《漢書・律曆志上》:"一龠容千二百黍,重十二銖,兩之爲兩。二十四銖爲兩,十六兩爲斤,三十斤爲鈞,四鈞爲石。……兩者,兩黃鐘律之重也。"顏師古注:"李奇曰:'黃鐘之管重十二銖,兩十二得二十四也。'"《儀禮・既夕禮》:"朝一溢米,夕一溢米。"鄭玄注:"二十兩曰溢。"賈公彦疏:"兩,二十四銖。"隋唐時期有大兩與小兩之別。《唐六典》卷三:"凡權衡,以秬黍中者百黍之重爲銖,二十四銖爲兩。三兩爲大兩,十六兩爲斤。"《通典》卷六:"調鍾律、測晷景、合湯藥及冠冕制用小升小兩,自餘公私用大升大兩。"

魏晉南北朝石刻中,量詞"兩$_2$"共出現 1 次。用例如下:

1. 敕賚馬十匹,金銀千兩,縑數千段,給隂丁一百五十户。(北齊《劉悦墓誌》)

---

〔1〕 參見胡起望:《從民族學資料看數量觀念的發展》,《民族研究》1982 年第 1 期。

（二）斤

《説文・斤部》：“斤，斫木也。”徐鍇《説文解字繫傳》：“斤，斫木斧也。”段玉裁注：“凡用斫物者皆曰斧。斫木之斧，則謂之斤。象形。橫者象斧頭，直者象柄，其下象所斫木。”一説爲平木器，後作“釿”。《釋名・釋用器》：“斤，謹也。板廣不可得削，又有節，則用此斤也，所以詳謹令平滅斧跡也。”後來引申爲衡制單位量詞。《集韻・欣韻》：“斤，權輕重之數。”《春秋繁露・身之養重於義》：“握一斤金與千萬之珠以示野人，野人必取金而不取珠也。”凌曙注：“周制十六兩爲斤，秦更斤曰鎰，漢又復鎰爲斤。”《漢書・律曆志上》：“一龠容千二百黍，重十二銖，兩之爲兩。二十四銖爲兩，十六兩爲斤，三十斤爲鈞，四鈞爲石。”《儀禮・既夕禮》：“朝一溢米，夕一溢米。”鄭玄注：“二十兩曰溢。”賈公彥疏：“斤，爲十六兩。”《廣韻・欣韻》：“斤，十六兩也。”

魏晉南北朝石刻中，量詞“斤”共出現 7 次。用例如下：

1. 大像用赤金卅六萬六千四百斤，黄金二千一百斤。（北魏《僧暈造像記》）

2. 二菩薩用赤金四萬六千斤，黄金一千一百斤。（北魏《僧暈造像記》）

3. 賜朝服一襲，蠟三百斤。（北魏《元乂墓誌》）

4. 給東蘭祕器，臘三百斤。（北魏《高猛妻元瑛墓誌》）

5. 論象即知斤數，觀虎莫變其神。（北齊《崔德墓誌》）

其中，例 5 出現以量詞“斤”爲詞根構成的合成詞“斤數”。這是以量詞“斤”作爲詞根語素，加上名詞“數”構成的複合式合成詞。這種構詞方法在魏晉南北朝之前就已存在，只是此時期運用更多。劉世儒認爲：“這雖是由量詞構成的，但構成的結果卻是名詞不是量詞了。”[1]柳士鎮亦持同樣觀點，認爲其構成與量詞有關，構成後的詞性則爲名詞。[2] 我們在

〔1〕 劉世儒：《魏晉南北朝量詞研究》，北京：中華書局，1965 年（17）。
〔2〕 參見柳士鎮：《魏晉南北朝歷史語法》，南京：南京大學出版社，1992 年（217—218）。

處理石刻材料的過程中,還是將例5作爲量詞"斤"的語例。

參考其他文獻中的用例:

6. 蝗之<u>枚數</u>,可得而知也。(何楨《奏箋》)

7. (牛)苟不益世用,<u>頭數</u>雖多,其費日廣。(杜預《陳農要疏》)

例6之"蝗之枚數"、例7之"牛之頭數"中,"枚"、"頭"分別爲稱量"蝗"、"牛"的量詞。劉世儒説:"在南北朝,量詞的性質本來就還很接近於名詞,因之這種構詞法其中的語素是否就是量詞性質實在還成問題。但它獨立用時既然可以是量詞,那麼在構詞法中就作爲量詞來看待也是有理由的。"[1]備參。

(三) 鈞

《説文·金部》:"鈞,三十斤也。"段玉裁注:"《漢志》曰:'鈞者,均也。陽施其氣,陰化其物,皆得其成就平均也。'按,古多假鈞爲均。""均"、"鈞"上古同爲見母真部字,音同假借。衡有左右,兩邊均等,故"鈞"可作衡制單位量詞。《周禮·考工記》:"重一鈞。"鄭玄注:"鈞,重三十斤。"《漢書·律曆志上》:"二十四銖爲兩,十六兩爲斤,三十斤爲鈞,四鈞爲石。"《左傳·定公八年》:"顏高之弓六鈞。"杜預注:"三十斤爲鈞。"《玉篇·金部》:"鈞,三十斤也。"

魏晉南北朝石刻中,量詞"鈞"共出現1次,寫作"均"。用例如下:

1. 劍橫七尺,弧彎六<u>均</u>。(北周《拓跋虎墓誌》)

(四) 石₂

《説文·石部》:"石,山石也。"段玉裁注:"或借爲碩大字,或借爲秬字。秬,百二十斤也。"可知,"石"爲衡制單位量詞。《尚書·五子之歌》:"關石和鈞,王府則有。"孔穎達疏:"三十斤爲鈞,四鈞爲石,是石爲稱之最重。"《漢書·律曆志上》:"十六兩爲斤,三十斤爲鈞,四鈞爲石。"《小爾雅·廣衡》:"鈞四謂之石。"《淮南子·天文》:"四鈞爲一石。"《資治通

---

〔1〕 劉世儒:《魏晉南北朝量詞研究》,北京:中華書局,1965 年(18)。

鑑・秦紀一》:"操十二石之弩。"胡三省注:"沈括曰:'鈞石之石,五權之名,石重百二十斤。……挽彊弓弩,古人以鈞石率之。'"《日知録・漢録言石》:"石本五權之名,漢制,重百二十斤爲石,非量名也。"同時,"石"亦爲量制單位量詞(參見本章本節"石₁"條)。

魏晉南北朝石刻中,量詞"石₂"共出現1次。用例如下:

1. 又雄光桀出,武藝超倫,彎弧四石,矢貫七札。(北魏《元天穆墓誌》)

劉世儒指出:"'石'原是衡制的最高單位,但早已可轉用於量制了。在南北朝,通行的只是量制用法,衡制用法已漸被淘汰。"[1]據魏晉南北朝石刻材料來看,至少在北魏時期,"石"還是以衡制單位量詞的狀態存在。

四、面積單位量詞

面積單位量詞多用以標示土地面積的大小。面積的計量比體積、長度和重量的計量出現得晚,主要是因爲人類早期没有土地面積計量的需要。隨着社會生産的發展,土地私有制建立起來,土地面積計量才顯得特殊和重要。

魏晉南北朝石刻中,面積單位量詞共有三個,包括:"畝、頃、畹"。

(一) 畝

"畝"古作"畮"。《詩・魏風》:"十畝之間兮,桑田間間兮。"陸德明《釋文》:"畝,古作畮,俗作畞,皆同。"《詩經異文釋》卷五:"十畝之間兮,《釋文》云:'畝,古作畮。'《周官》、《禮》、《漢書》多作畮。"《説文・田部》:"畮,六尺爲步,步百爲畮。"徐鍇《繫傳》:"六尺爲步,步百爲畮。秦田二百四十步爲畮。"段玉裁注:"六尺爲步,步百爲畮。《司馬法》如是。《王制》曰:'方一里者爲田九百畮,謂方里而井。'秦田二百四十步爲畮,秦孝

---

〔1〕 劉世儒:《魏晉南北朝量詞研究》,北京:中華書局,1965年(230)。

公之制也。商鞅開阡陌封疆,則鄧展曰:'古百步爲畮,漢時二百四十步爲畮。'按漢因秦制也。……今惟《周禮》作畮。《五經文字》曰:'經典相承作畞。'《干禄字書》曰:'畞通、畝正。'"王筠《句讀》:"畝,《司馬法》:'六尺爲步,步百爲畝。'是古之制也。秦孝公時,開通阡陌,以五尺爲步,二百四十步爲畝。"《資治通鑑·秦紀一》:"注填閼之水漑舄鹵之地四萬餘頃,收皆畮一鍾。"胡三省注:"杜佑曰:'古者百步爲畝,秦漢以降,即二百四十步爲畝。'"

魏晉南北朝石刻中,量詞"畝"共出現 9 次,用以丈量"田地"。用例如下:

1. 今爲佛女占買彭城郡□□縣北鄉□城里村南龜山爲墓田百畝。(南朝宋《王佛女買地券》)

2. 今買得本郡縣鄉里福樂坑□□,縱廣五畝地,立冢一丘。(南朝齊《秦僧猛買地券》)

3. 太和元年二月十日,鞏𦨴民郭孟□從從兄僕宗買地卅五畝,要永爲家業。(北魏《郭□買地券》)

4. 正始四年九月十六日,北坊民張神洛從縣民路阿兜買墓田三畝。(北魏《張神洛買田券》)

5. 九畹滋蘭,百畝樹蕙。(東魏《廣陽文獻王元湛墓誌》)

6. 立義十載有餘,重施義南課田八十畝。(北齊《義慈惠石柱頌》)

7. 孝心純至,爲父母重施義東城壕城南兩段廿畝地。(北齊《義慈惠石柱頌》)

8. 各施地廿畝,任衆造園種收。(北齊《義慈惠石柱頌》)

9. 捨地卅畝,博嚴奉地,與義作園,利供一切。(北齊《義慈惠石柱頌》)

(二)頃

《説文·匕部》:"頃,頭不正也。"段玉裁注:"引伸爲凡傾仄不正之稱。今則傾行而頃廢,專爲俄頃、頃畝之用矣。"上古文獻中,"頃"可與"跬"通。"頃"爲溪母耕部字,"跬"爲溪母支部字,聲母相同,支、耕陰陽

對轉。《禮記・祭義》："故君子頃步而弗敢忘孝也。"鄭玄注："頃,當爲
跬,聲之誤也。"陸德明《釋文》："頃,讀爲跬。……一舉足爲跬,再舉足爲
步。"《集韻・紙韻》："趌,《説文》:'半步也。'或作跬、頃。""跬"、"步"可
計算道路或土地的長短,表示一定的空間距離,因而"頃"可表示脚步經過
的範圍大小。《急就篇》卷三:"頃町界畝畦埒封。"顏師古注:"田百畝爲
頃。"《唐六典》卷三:"凡天下之田,五尺爲步,二百有四十步爲畝,百畝爲
頃。"《廣韻・静韻》:"頃,田百畝也。"《玉篇・頁部》:"頃,田百畝也。"可
知,"頃"爲最大的面積單位。

　　魏晉南北朝石刻中,量詞"頃"共出現 55 次。兹舉數例如下:

1. 特賜墓田一頃,錢十五萬,以供葬事。（西晉《荀岳墓誌》）

2. 其賜葬地一頃,錢十五萬,以供葬事。（西晉《荀岳墓誌》）

3. 邃德蔚彼千刃,清衿浩如萬頃。（北魏《韋彧墓誌》）

4. 汪汪萬頃,亭亭千刃。（北魏《楊暐墓誌》）

5. 澄瀾萬頃,抽峰千刃。（北魏《元暉墓誌》）

6. 千刃莫測其高,萬頃不知其廣。（北魏《元天穆墓誌》）

7. 崇巖千刃,景山之不可踰;洪波萬頃,巨海之不可測。（北魏《元祐
墓誌》）

8. 而器宇巍巍,千刃未足況其高;心途浩浩,萬頃不得擬其博。（北
魏《元仙墓誌》）

9. 峰碣與千刃比高,波源與萬頃同極。（東魏《穆子巖墓誌》）

10. 瞻彼洛矣,其水汪汪;叔度百頃,君亦洋洋。（北魏《穆纂墓誌》）

11. 汪汪焉,萬頃莫踰其量;洋洋乎,澄撓曾何清濁。（北魏《王紹
墓誌》）

12. 而千丈徒知,萬頃不測。（東魏《元顯墓誌》）

13. 數刃難窺,萬頃誰測。（東魏《元悰墓誌》）

14. 千丈喬木,万頃深陂。（北齊《李稚廉墓誌》）

15. 廓拓平川之中,寬槃萬頃之澤。（北齊《智度等造像記》）

16. 雖復陂稱萬頃,牆高數仞,不足談其輕濁,議此窺閤者也。（北齊

《裴子誕墓誌》）

17. 共施武郭莊田四頃，施心堅固。（北齊《義慈惠石柱頌》）

18. 信是萬頃之陂，千仞之宇。（北周《賀蘭祥墓誌》）

19. 波瀾萬頃，挹之者不知深；宮牆數仞，窺之者不測。（北周《尉遲運墓誌》）

20. 其年，授上儀同增邑三百户，田十餘頃，珠貝繒綵稱焉。（北周《若干雲墓誌》）

以上諸例，例1、2、17、20是實際計量，有精確的數值，量詞“頃”均用以計量田地面積的大小。其餘各例均是虛數而非實指，多爲形容波瀾之壯闊。不以精確計量爲目的，而是從修辭角度出發，起誇張的功能。量詞“頃”與數詞“百”、“萬”結合，極言事物之廣博。

（三）畹

作爲面積單位量詞，其制説法不一。《説文·田部》：“畹，三十畝也。”桂馥《説文解字義證》：“《離騷》：‘余既滋蘭之九畹兮。’王注：‘十二畝爲畹，或曰田之長爲畹也。’《玉篇》：‘秦孝公二百三十步爲畝，三十步爲畹。’馥謂三十步即田之長也。”《楚辭·離騷》：“余既滋蘭之九畹兮，又樹蕙之百畝。”洪興祖補注：“畹，或曰十二畝，或曰三十畝。”《集韻·願韻》：“田畝三十爲畹。”

魏晉南北朝石刻中，量詞“畹”共出現2次。用例如下：

1. 標叢桂於八樹，茂茲蘭於九畹。（北魏《王翊墓誌》）

2. 九畹滋瀾，百畝樹蕙。（東魏《廣陽文獻王元湛墓誌》）

例1、2中，量詞“畹”專用以計量蘭田的面積。這是擬古的用法，展現了墓誌語言的典雅特徵。

五、幣制單位量詞

幣制單位量詞專門用以標示錢幣的多寡。魏晉南北朝石刻中，幣制單位量詞共有一個，即：“文”。

文

《説文·文部》：“文，錯畫也。象交文。”段玉裁注：“像兩紋交互也。”

王筠《說文句讀》：“錯者，交錯也。錯而畫之，乃成文也。”後泛指紋理、花紋。《易·繫辭下》：“物相雜，故曰文。”《古今韻會舉要·文韻》：“文，理也。如木有文，亦名曰理。”因文字依類象形，故“文”又有“文字”義。《說文》“文”字，朱駿聲《說文通訓定聲》：“象形、指事謂之文。”《尚書·序》：“由是文籍生焉。”陸德明《釋文》：“文，字也。”南北朝以來，銅錢圓形，中有方孔，一面鑄有文字，故稱錢幣一枚爲一文。《水經注·漸江水》：“漢世劉寵作郡，有政績，將解任去治理。父老人持百錢出送，寵各受一文。”

魏晉南北朝石刻中，量詞“文”共出現 5 次。用例如下：

1. 亡人以錢萬萬九千九百文，買此冢地。（南朝宋《歐陽景熙買地券》）

2. 縱廣五畝地，立冢一丘，雇錢萬萬九千九百九十文。（南朝齊《秦僧猛買地券》）

3. 從此土神買地，價錢八萬萬九千九百九十九文。（南朝齊《劉覬買地券》）

4. 用錢九十九千九百九文。（南朝梁《喬進臣買地券》）

5. 日給食錢百文。（北周《張僧妙法師碑》）

以上諸例，量詞“文”的稱量對象均爲“錢”，且其數量結構均後附於中心詞。其中，例 5 當爲真實計量。例 1～4 均出自南朝時期的買地券，買地價錢比較誇張，缺乏真實性，這也是買地券的一大特色。爲死者買陰間宅地，並保證對其合法擁有，要求幽冥官吏不要侵害死者靈魂，死者鬼魂也不要回到人間作祟，禍害生者。歸根結底，買地券是在人們信仰靈魂不滅，地下存在一個幽冥世界，人死後就到此生活的基礎上產生的。

第二節　魏晉南北朝石刻
容器量詞研究

容器量詞是以容納事物的容器名詞作爲量詞，用以表示事物的量。容器名詞容納和承載事物，二者之間是容器和內容的關係。容器名詞具有[+可容性]的語義特徵,是三維的有界事物。而對象名詞能與容器量詞搭配的先決條件則是其具有[+可被容納]的語義特徵,它可以是空間義較强的"書"等有界事物,更多是空間義較弱的"水"等液體類事物或"穀、粟"等糧食類細顆粒狀的無界事物。無界事物被容器量詞稱量,其界限就能確定,才有度量的可能。所有容器都有一定的容量,只要上述事物小於或等於其容量均能被容納。所以容器量詞是比較開放的一類,一般來説,能進入"用 X(容器名詞)盛/裝 Y"框架中"X"位置的容器名詞都能用作容器量詞。容器量詞的詞義比較實在,並未完全消失。若單獨使用或者離開具體的語言環境,基本意義凸顯,而量詞屬性則會消失。所以有人將其稱爲"臨時名量詞"或"借用名量詞"。

根據認知語言學的典型理論:同一範疇的成員是由家族相似性決定的,即範疇成員之間總是享有某些共同特性。與其他成員享有更多共性的成員爲該範疇的典型的和中心的成員,其他成員爲非典型成員或邊緣成員。因此,範疇的邊界是不明確的,在邊緣上與其他範疇相互交叉。[1]詞類是一種典型範疇,在漢語量詞範疇中,相比其他量詞類別,容器量詞屬非典型成員,它與名詞範疇相互滲透,二者有互相重疊的屬性。而且,容器名詞成爲量詞正是人的認知規律的體現。從認知上説,人在認識事物的過程中往往更多注意到其最突出、最容易記憶的部分,即凸顯屬性,而人一眼就看到的部分通常就是事物的凸顯屬性。在"容器—内容"這個認知框架内,容器比所容納的事物更具視覺顯著性,因爲容器一眼就能看到,而其所容納的事物在容器裏面,所以容器在人的認知中更易得到凸顯。

容器量詞和量制單位量詞均從容器名詞發展而來,但兩者有很大的區別。首先,量制單位量詞包含精確的數值和進位制,有法定規約。而"容量量詞是一種不包含進位制的人工量詞。與標準量詞相比,容器量詞

---

〔1〕 參見趙艷芳:《認知語言學概論》,上海:上海外語教育出版社,2001 年(58)。

只是以某種器物爲計量單位所表示的一種大略的數量,一般是表示容量,不存在嚴格的進位關係"。[1] 容器量詞所稱量事物的容量,與容器形體的大小以及事物在容器中的容納狀態相關,可多可少,並無定制。其次,量制單位量詞作爲度量衡量詞的一種,具有穩固性,自古至今名稱變化不大,只是隨着社會的發展所表示的量略有不同。而容器量詞古今變化非常明顯,隨着舊的容器的消失和新的容器的産生,容器名詞的數量、種類、形狀和功用也不斷變化,如酒器"卮"等,現代已不存,每個時代都有每個時代的容器量詞。

魏晉南北朝石刻中,容量量詞共有一個,即:"篋"。

篋

《説文・匸部》:"匧,藏也。从匸,夾聲。篋,匧或从竹。"邵瑛《説文群經正字》:"今經典从或體。"《莊子・胠篋》:"將爲胠篋、探囊、發匱之盜而爲守備。"成玄英疏:"篋,箱也。"《文選・謝惠連〈擣衣〉》:"盈篋自余手,幽緘候君開。"吕延濟注:"篋,亦箱也。"《廣韻・帖韻》:"篋,箱篋也。"《玉篇・竹部》:"篋,笥也。"《慧琳音義》卷七十九"篋籠"注:"小曰篋,大曰籠。"《資治通鑑・周紀三》:"反而論功,文侯示之謗書一篋。"胡三省注:"篋,竹笥也。"由容器名詞引申爲容器量詞。

魏晉南北朝石刻中,容器量詞"篋"共出現 1 次。用例如下:

1. 又家無一帛,書有萬篋。(北魏《元茂墓誌》)

例 1 中量詞"篋"的中心詞"書"爲有界事物,是可數的。"可數名詞既可以用個體量詞表量,也可以借用容器表量,什麼時候用個體量詞,什麼時候用容器量詞,主要看表達的需要。一般的,不很精確的表量用容器量詞,精確的表量要用個體量詞。"[2] 例 1 中量詞"篋"與數詞"萬"結合來稱量"書",爲虛指,意在表明"書"數量之多、之豐富,並非表示精確的

---

[1] 李佐豐:《〈左傳〉量詞的分類》,《内蒙古大學學報(哲學社會科學版)》1984 年第 3 期。

[2] 李先銀:《借用名量詞的語義分析》,《信陽師範學院學報(哲學社會科學版)》2002 年第 2 期。

量。例1中“篋”和“書”的關係,李先銀稱之爲“現實中存在的容器關係”。在這種關係中,易於充當容器的物體序列爲：中空人造物體>中空自然物體(湖、坑、山洞)>有承載面的物體(桌子、地面)；易於充當被容物的名詞序列爲：氣體>液體>細顆粒狀物體(沙、鹽、小麥)>價值低的小個體(雞蛋、蘋果)>一般物體(杯子、桌子),且形體越大,或越貴重,就越不可能借用容器作量詞表量。[1]“篋”爲中空人造物體,且非常接近人們的日常生活,極易成爲容量量詞。容器量詞源於表容器的名詞,如果容器的大小固定了,則其容量也就固定了,這時就會成爲有標準的度量衡量詞。但繼續發展,量詞“篋”依然保持容量量詞的性質,而沒有像“升”、“斗”、“斛”等那樣,發展成爲有固定容量的量制單位量詞。

度量衡量詞的產生源於人們在社會經濟生活中精確計量的需要,一般由容器量詞或其他名詞演化而來,但以前者居多。葉桂郴指出：“容載量詞的出現與被容載事物的特性有關,即該事物具有‘不可數’和‘必須要容器裝載’的特性,並且與原始先民的生活息息相關。液體類事物可能促使容載類量詞的最早出現。”[2]“斗”、“鍾”在古代爲盛酒器,專用以盛裝液體事物。中國古代飲酒風氣盛行,釀酒業發達。製造業的發達,使得酒器成爲人們日常生活中的常用之物。隨着“斗”、“鍾”等酒器使用頻率的提高,越來越被民衆認可,其所代表的容量就比較容易固定下來。“斛”本爲量器,有固定的容量,更易得到人們的普遍認可,成爲專用於表示固定容量的量制單位量詞。而“篋”本爲藏物之具,一般爲竹製,不宜裝載液體事物,被容載的事物常常爲有界事物。因此,“篋”不具備成爲量制單位量詞的條件,只能保持容器量詞的性質,用以表示一種大略的量。

---

〔1〕 李先銀：《借用名量詞的語義分析》,《信陽師範學院學報(哲學社會科學版)》2002 年第 2 期。

〔2〕 葉桂郴：《明代漢語量詞研究》,長沙：岳麓書社,2008 年(44)。

第四章　魏晉南北朝石刻名量
搭配及演變研究

　　漢語量詞是一個不斷發展、完善的系統,它由產生到發展經歷了漫長而複雜的過程。時代不同,量詞的用法亦不同。據黃載君對甲骨文和金文中量詞的考察,此時期量詞數量少,用數詞與名詞的直接組合來表示數量佔絕對優勢。[1] 到了兩漢時代,黃盛璋在先秦基礎上,此時期量詞有了進一步的分工。"就一般而論,某一名詞所需要的量詞,時代愈近,愈趨向於有定。漢代量詞與名詞的配合雖然也有一定關係,但就某一名詞與所需要的量詞來考察,有不少名詞可以配合的量詞都不止一個,甚至在上下文中同一名詞所配合的量詞就不一樣。這說明彼此配合的關係還沒有達到後代那樣固定的程度。"[2] 對於魏晉南北朝時期的量詞,劉世儒指出:"量詞的分工是沖著名詞來的,什麼名詞用什麼量詞有一定的規範。這種分工雖然在兩漢時代已經開始,但真正形成一種體系卻是南北朝時代的事。大批量詞的不斷產生,新老量詞的不斷專職化,就是這種體系已

---

　　〔1〕　參見黃載君:《從甲文、金文量詞的應用,考察漢語量詞的起源與發展》,《中國語文》1964 年第 6 期。

　　〔2〕　黃盛璋:《兩漢時代的量詞》,《中國語文》1961 年第 8 期。

經形成的主要標幟。"〔1〕但是,這一時期量詞與名詞的搭配關係也還没有完全明確而穩固。在使用中存在同一個量詞("枚"等泛指量詞除外)稱量多種事物的現象,如量詞"根"可稱量"樹木、木簡、毛"等多種具體事物;亦存在同一種事物與多個量詞搭配的現象,如"像"可稱"軀",亦可稱"區、丘、龕、尊、會"。甚至在同一段落中,亦用不同的量詞來稱量同一種事物,如:《南齊書》卷十九《五行》:"四年正月丁亥,夜有火精三處。""閏月丁巳,夜有火精四所。"東魏《李次明造像記》:"佛弟子李次明爲亡兒李那延造觀世音像一軀,白玉。冀州安武軍棗强縣千秋鄉故縣村安式家内有白玉像三尊。"

對於這種量詞與名詞之間相互交叉、不平衡對應的組合關係,應該如何看待。正如柳士鎮所言,當從兩個方面分析:"一方面,魏晉南北朝時期量詞的使用確實處於逐漸規範的階段,出現一些使用不統一的歧異情況是難免的。但另一方面,量詞使用本身也不單純是一個語法問題,有時又同使用習慣、量詞來源,甚至修辭需要等諸因素有密切聯繫。其實一直到現代漢語中這類現象也未消失,我們當然不會説現代漢語的量詞使用尚未成熟。我們仍然應當認爲,魏晉南北朝時期量詞的使用在全面成熟的狀況中,也確實還存在着一些尚待規範的任務。"〔2〕

第一節　量詞與名詞的關係

一、量詞與名詞的雙向選擇及其影響因素

量詞與名詞的搭配關係,是漢語量詞研究中一個無法迴避的、重要的問題,也是漢語教學中一個不小的難題。有一種説法認爲,名詞與量詞的組合是出於習慣,是約定俗成的。朱德熙認爲:"一般説來,什麼名詞用什

---

〔1〕　劉世儒:《魏晉南北朝量詞研究》,北京:中華書局,1965 年(27)。
〔2〕　柳士鎮:《魏晉南北朝歷史語法》,南京:南京大學出版社,1992 年(219)。

麽量詞是約定俗成的,應該在詞典裏標注出來。"〔1〕劉福鑄認爲:"量詞與中心語的搭配一般是約定俗成的,有其習慣用法。如一匹馬、一峰駱駝、一頭老虎、一條牛等。"〔2〕以"習慣"來解釋漢語的名量搭配,説服力顯然不夠。儲澤祥指出:"關於名詞和量詞(特別是個體量詞)的搭配情況,有兩種認識:一是認爲名詞和量詞搭配是有理據的,可解釋的;一是認爲有些搭配是習俗的,没有理據。對於後者而言,也許在共時平面難以找出搭配的理據,但從歷時角度就可能會得到解釋。"〔3〕王松木亦云:"名詞應當選用何種量詞? 表面看來似乎是偶然、任意的,其實此中正潛藏着某種特殊規律、傾向,有待進一步深入發掘。"〔4〕總而言之,什麽量詞與什麽名詞搭配才是正確而得體的,在言語交際中才能夠被接受,這種搭配不是現有的,卻是可以理解和解釋的。量詞與名詞的搭配並非二者的隨機組合,背後有其内在的規律和機制,應從更深層次的、二者之間的語義選擇理據去考察。

　　從發生學角度來看,應該是先有名詞,才有量詞與之搭配。邵敬敏指出:"名詞與量詞組合時,名詞總是處於主導的制約地位,它的存在決定了對量詞的選擇。反之,量詞也對名詞起到反制約作用。這種語義上的制約與反制約關係是名詞與量詞組合中的主要矛盾。"〔5〕可見,漢語的量詞和名詞之間是一種選擇關係,而且這種選擇是相互的、雙向的。漢語中量詞是相對封閉的詞類,經常使用的量詞數量有限,而名詞幾乎是開放的,數量難以統計且還在不斷擴大。數量有限的量詞與無限的名詞進行組合,二者顯然不可能一一對應。一個量詞必然要擔當起稱量衆多名詞的任務,而一個名詞能選擇不同的量詞,出現"一對多"的狀況也是在所難

　　〔1〕　朱德熙:《語法講義》,北京:商務印書館,2007年(48—49)。

　　〔2〕　劉福鑄:《談量詞的選擇與錘煉》,《福建師大福清分校學報》1989年第2期。

　　〔3〕　儲澤祥:《現代漢語一名多量現象研究·序》,長沙:湖南人民出版社,2007年。

　　〔4〕　王松木:《試論〈吐魯番出土文書〉的量詞及其所展現的物質文明》,《敦煌學》(第22輯),1999年12月。

　　〔5〕　邵敬敏:《量詞的語義分析及其與名詞的雙向選擇》,《中國語文》1993年第3期。

免。"從理論上講,一個名詞可以有若干個量詞供其選擇,從而形成'量詞選擇群';反之,一個量詞也可以有若干名詞與之搭配,從而形成'名詞選擇群'。兩者相互交叉,又形成'雙向選擇組合網絡'。"[1]而且,"就漢語量詞這個系統來看,它是由衆多表數量意義的語義場組成,量詞與名詞、動詞以及量詞之間同樣構成語義場,語義場内的各個義素不是孤立存在的,而是相互聯繫、相互制約的。"[2]可見,量詞與名詞的搭配,一方面表現爲静態的聚合關係,一方面又表現爲動態的組合關係。所以,我們既要從静態角度具體描述量詞的分類、意義與功能,又要從動態角度探討量詞與名詞的雙向選擇及其演變。

量詞與名詞之間的雙向選擇往往要受到語音、語義、語法、語用等諸多因素的影響和制約,往往要爲適應形態特徵、音節和諧、法定標準、語體修辭、感情色彩等各方面的要求而選擇適當的量詞與名詞相配。在諸多因素中,最主要的制約因素就是語義。量詞作爲一個獨立的詞類,屬於語法範疇。但漢語量詞大多是由名詞、動詞或其他詞類轉化而來,作爲一個語法單位,大部分量詞本身還負載着一定的語義資訊,這種語義資訊對其選擇名詞有很大的制約作用。如量詞"片"暗含薄而平的平面狀特徵,必然要求與其搭配的名詞所代表的事物具有這一外形特點。邵敬敏指出:"一個名詞能否與一個量詞進行搭配,取決於它們各自的語義特徵有無吻合之處。一個名詞可以與幾個量詞組合,或者一個量詞可以與幾個名詞組合,這説明它們各自有若干語義特徵,只要其中一點吻合,即存在這種組合的可能性。"[3]那麼,具有某個或某些相同的語義特徵是實現名量搭配的前提和必要條件,也就是要符合詞語匹配的"語義一致性原則"[4]。因此,語義特徵分析是描寫和解釋名量搭配的一個關鍵步驟。我們舉兩

---

〔1〕 邵敬敏:《量詞的語義分析及其與名詞的雙向選擇》,《中國語文》1993 年第 3 期。
〔2〕 陳玉冬:《隋唐五代量詞的語義特徵》,《古漢語研究》1998 年第 2 期。
〔3〕 邵敬敏:《量詞的語義分析及其與名詞的雙向選擇》,《中國語文》1993 年第 3 期。
〔4〕 邵敬敏:《論漢語語法的語義雙向選擇性原則》,載侯精一主編:《中國語言學報》(第八期),北京:北京語言文化大學出版社,1997 年(19)。

個魏晉南北朝石刻中量詞與名詞搭配的具體實例,簡要説明之。

1. 段[+分段][+部分]{縑數千段
地一段
一段奇事

"縑"含[+分段][+空間][+離散]的語義特徵,"地"含[+分段][+空間][+連續]的語義特徵,"事"含[+分段][+時間][+抽象]的語義特徵。正因爲這幾個名詞與量詞"段"之間有一個相同的語義特徵[+分段],所以均可與之搭配。

2. 井[+區域][+有口]{井三區
井一口

名詞"井"可與量詞"區"搭配,是因爲二者之間有一個共同的語義特徵[+區域]。可與量詞"口"搭配,是因爲二者之間有一個共同的語義特徵[+有口]。

二、魏晉南北朝石刻名
量詞語義特徵分析

陸儉明指出,語義特徵分析着眼於分析概括同一句式的各個實例中處於同一關鍵位置上的詞(總是屬於某類實詞中的一個小類)所共有的語義特徵,某一小類詞的語義特徵指的是該小類詞所特有的能對它所在的句式起特殊制約作用的並足以區別於其他小類詞的語義要素。而且,詞的這種語義特徵都是結合具體句式概括得到的,而不是離開具體句式作單純的語義分析所概括得到的。[1] 因此,我們要結合該名量詞在魏晉南北朝石刻中的具體用例,來分析和提取其語義特徵。魏晉南北朝石刻名量詞之間的區別主要表現在是否表量、表量多少、定量與否、有生還是無生、有無形狀、具體還是抽象、是否指人、有無感情色彩等方面。因此,我

---

〔1〕　參見陸儉明:《語義特徵分析在漢語語法研究中的運用》,《漢語學習》1991 年第1 期。

們從中提取出以下區別性語義特徵：［±個體］、［±集體］、［±定量］、［±有生］、［±有形］、［±抽象］、［±指人］、［±褒］。具體情況見下表。但是,這些語義特徵的提取是從大方面着眼,一定還有一些區別性語義特徵沒有被完全展示出來。所以,在具體的分析過程中,有些量詞僅憑以上語義特徵無法區別開來,還需要作進一步、更細緻地區別性分析。而且,遇到用語義特徵分析法不足以對問題作出全面解釋的時候,應借鑒其他分析方法和理論予以説明。

量詞	±個體	±集體	±部分	±定量	±有生	±有形	±抽象	±指人	±褒
根	+	−	−	−	+	+	−	−	
匹	±	−	−	±	±	−	−	−	
頭	+	−	−	−	+	+	−	−	
乘	+	−	−	−	−	−	−	−	
人	+	−	−	−	−	−	−	+	−
口	+	−	−	−	±	+	−	±	−
級	+	−	±	−	±	−	−	±	−
腰	+								
領	+	−	−	−	−	−	−	−	
邊	+	−	−	−	−	−	−	−	
幡	+	−	−	−	−	−	−	−	
枚	+	−	−	−	−	−	−	−	
互	+	−	−	−	−	−	−	−	
所	+	−	−	−	−	−	−	−	
處	+	−	−	−	−	−	−	−	
區	+	−	−	−	−	−	−	−	
丘	+	−						−	
軀	+	−	−	−	−	−	−	−	
龕	+	−	−	−	−	−	−	−	
尊	+	−	−	−	−	−	−	−	+

（續　表）

量詞	±個體	±集體	±部分	±定量	±有生	±有形	±抽象	±指人	±褒
卷	+	－	－	－	－	－	－	－	
篇	+	－	－	－	－	－	－	－	
首	+	－	－	－	－	－	－	－	
條	+	－	－	－	±	+	±	－	
種	+	－	－	－	±	－	+	±	－
等	+	－	－	－	±	－	+	－	
重	+	－	+	－	－	－	±	－	
層	+	－	+	－	－	－	±	－	
段	±	－	+	±	－	+	±	－	
量	－	+	－	+	－	－	－	－	
雙	－	+	－	+	－	－	－	－	
群	－	+	－	－	+	－	－	±	－
會	－	+	－	－	－	－	－	－	
襲	－	+	－	－	－	－	－	－	
具	－	±	－	－	－	－	－	－	
戶	－	+	－	－	+	－	－	+	－
室	－	+	－	－	+	－	－	+	
家	－	+	－	±	－	－	±	±	－
部	－	+	－	－	－	－	－	－	
隊	－	+	－	－	±	－	－	－	
寸	－	－	－	+	±	－	－	+	
尺	－	－	－	+	±	－	±	+	
丈	－	－	－	+	－	－	±	+	
步	－	－	－	+	－	－	±	+	
里	－	－	－	+	－	－	±	+	
尋	－	－	－	+	－	－	－	+	
仞	－	－	－	+	－	－	－	+	

（續　表）

量詞	±個體	±集體	±部分	±定量	±有生	±有形	±抽象	±指人	±褒
兩	－	－	－	＋	－	－	－	＋	
斗	－	－	－	＋	－	－	－	＋	
斛	－	－	－	＋	－	－	－	±	
石	－	－	－	＋	－	－	±	＋	
鍾	－	－	－	＋	－	－	－	＋	
斤	－	－	－	＋	－	－	－	＋	
鈞	－	－	－	＋	－	－	－	＋	
畝	－	－	－	＋	－	－	－	＋	
頃	－	－	－	＋	－	－	－	＋	
畹	－	－	－	＋	－	－	－	＋	
文	－	－	－	＋	－	－	－	＋	
籠	－	－	－	－	－	－	－	－	

第二節　魏晉南北朝石刻名量搭配
“一對多”現象分析

“語義特徵分析法從語義入手解釋句法上的形式對立,與‘意義決定形式’的本質相符,又與漢語語法研究注重語義的傳統一致,因此已成爲漢語語法研究的重要方法之一”。[1] 但跟其他分析方法一樣,語義特徵分析法也解決不了所有問題。而且,人類認知系統會將事物予以範疇化,漢語中名量詞與名詞之間的搭配關係是嚴密的,其背後儼然有一認知機制影響着詞彙的選用;反過來説,複雜的量詞系統也反映出人類對範疇分類的認知上,因此量詞往往蘊含造詞者的心理内涵及文化義蘊,所用詞彙

---

〔1〕　邵敬敏:《語義特徵的界定與提取方法》,《外語教學與研究》2005 年第 1 期。

相同則其認知心理也較爲相近。[1] 因此,借鑒認知語言學的理論會更有利於我們完成分析和解釋的過程。

　　早在二十世紀九十年代,就有學者將認知語言學理論運用到漢語量詞研究中來,比如戴浩一、石毓智率先進行了有益的嘗試。趙豔芳指出:"確切地説,認知語言學更適合於對漢語進行分析。"[2] 認知語言學是解釋語言學,是以語義爲中心的語言學,而語義研究貫穿量詞的始終,名量詞與名詞組合的動態選擇主要受到雙方語義上的制約。因此,運用認知語言學中語義與認知機制的關係,利於對漢語的名量搭配現象及演變規律作出全面的解釋。另外,洪藝芳將現代詞義學的義素分析法應用到解釋與同一個名詞搭配的多個量詞間的差別之中,對我們研究魏晉南北朝石刻的名量搭配有很大的啓發和借鑒意義。

　　量詞與名詞的搭配問題,可分別以量詞和名詞爲切入點進行。一是以量詞爲主選個體,名詞集合爲被選群體,看量詞所能搭配的名詞範圍,這樣形成的是一量多名現象分析。二是以名詞爲主選個體,量詞集合爲被選群體,看名詞所能搭配的量詞範圍,這樣形成的是一名多量現象分析。多個不同的名詞可與同一個量詞搭配,是由於不同的事物之間具有某種相似性或相關性,體現的是彼此之間的特徵共性。同一個名詞亦可以與多個不同的量詞搭配,是由於人們對同一個事物的認識和觀察往往有不同的側重點和着眼角度,體現的是彼此之間的特徵差異。

　　需要説明的是,鑒於個體量詞是漢語量詞的主要組成部分,最能體現漢語量詞的特色,而個體量詞與名詞的雙向選擇關係複雜,發展歷史較長,是名量搭配研究中最有價值的部分。而其他量詞所組配名詞的範圍,與個體量詞相較,變化並沒有那麼明顯。因此,本節要討論的名量搭配主要是個體量詞與名詞的搭配。

―――――――――

〔1〕　參見邱湘雲:《閩南話和客家話的"量詞"——與國語比較》,《玄奘人文學報》(第七期),2007 年 7 月(186)。

〔2〕　趙豔芳:《認知語言學概論》,上海:上海外語教育出版社,2001 年(196)。

一、一量多名現象分析

形式與語義的匹配,受語言經濟原則的支配,它要求一種形式對應多種語義。"語言的經濟原則是,能用最簡結構或最少的單位來獲得表達中的較好交流效果,在投入與效率上達到一個平衡。經濟原則既減輕語言習得過程的負擔,也提供了語言運用的便利性"[1]。一量多名現象的產生,與語言經濟原則的要求密不可分。如果漢語中量詞與名詞達到一一對應的程度,量詞分工的日趨細密使得語言表達更爲清晰、細緻、形象,但也會大大增加人們的記憶負擔和使用上的不便。由於語言經濟原則的支配,漢語中出現了一量多名現象,爲經濟實現計量活動發揮了重要作用。魏晉南北朝石刻中的一量多名現象,我們分別從量詞語義的泛化和中心詞的典型性與非典型性兩個方面來分析討論。

(一) 量詞語義的泛化

"泛化"是指一個實詞的語義成素部分消失,從而造成自身適用的範圍擴大。漢語的個體量詞大都是由名詞或動詞轉化而來,在來源詞的基礎上進行引申,形成了量詞的詞彙意義。在使用中,個體量詞依託來源詞所隱含的性質、狀態、類別、等級等自然特徵,來表示其稱量對象在這些方面的特徵。"由名詞和動詞也包括其他詞類的詞轉化爲個體量詞,實詞意義減弱,這是一個由實變虛的過程,但個體量詞在一定程度上依然保留了原詞的意義,並在與名詞的結合中顯示出來,這又是虛中有實"[2]。每個量詞所具有的實詞意義的多少不同,則其語義抽象化程度不一,其適用範圍的大小亦不同。這裏,語義抽象化程度即指個體量詞語義泛化的程度。

那麼,量詞語義泛化的程度應如何衡量? 吳福祥認爲有兩個指標:"一是語義關聯程度,一個量詞所組配名詞的意義與該量詞母體(語源)

---

〔1〕 樊中元:《現代漢語一名多量現象研究》,長沙:湖南人民出版社,2007 年(191)。

〔2〕 司徒允昌:《論漢語個體量詞的表達功能》,《汕頭大學學報(人文科學版)》1991年第 1 期。

意義之間的語義關聯越少,則該量詞語義泛化的程度越高;二是組配範圍大小,一個量詞所組配名詞的範圍愈大、類型愈多,則其泛化的程度愈高。"[1]劉大爲亦指出:"語義泛化是指詞語在保持越來越少的原有語義特徵的情況下,不斷產生新的使用方式將越來越多的對象納入自己的指謂範圍。"[2]換言之,一個量詞保留原詞的意義越少,其泛化程度就越高,則其適用的名詞範圍就越廣泛,就越能和更多的名詞形成搭配組合。反之,則其泛化程度就越低,適用範圍就越小。

我們以魏晉南北朝石刻中的"枚、口、段、具"四個量詞爲例,予以説明。

1. 枚

魏晉南北朝石刻中,量詞"枚"可以稱量的名詞有"釵"、"鏡"、"刷"、"枕"、"靈"、"絮巾"、"手巾"、"大巾"、"囊"、"針"、"錢"、"幹釘"、"磚"、"碑"、"石羊"、"石虎"、"石柱"等。兹舉數例如下:

（1）故銀釵二枚。（東晉《潘氏衣物券》）

（2）故銅鏡一枚。（東晉《潘氏衣物券》）

（3）故刷一枚。（東晉《潘氏衣物券》）

（4）故黄綺枕一枚。（東晉《潘氏衣物券》）

（5）故靈一枚。（東晉《潘氏衣物券》）

（6）□□絮巾二枚。（東晉《潘氏衣物券》）

（7）故練手巾四枚。（東晉《潘氏衣物券》）

（8）故白布大巾一枚。（東晉《潘氏衣物券》）

（9）故黄針綫囊一枚。（東晉《潘氏衣物券》）

（10）故糸布針五枚。（東晉《潘氏衣物券》）

（11）故幹釘五枚。（東晉《潘氏衣物券》）

---

[1]　吴福祥:《魏晉南北朝時期漢語名量詞範疇的語法化程度》,載沈家煊、吴福祥、李宗江主編:《語法化與語法研究》(三),北京:商務印書館,2007 年(248)。

[2]　劉大爲:《流行語的隱喻性語義泛化》,《漢語學習》1997 年第 4 期。

（12）故要系一具，錢七枚。（東晉《潘氏衣物券》）

（13）元璽四年庚戌，朔十四日乙未，奉車都、關内侯馬遠越造埒作磚五萬枚，用功三萬二千。（前燕《元璽四年墓磚》）

（14）龍碑一枚，石羊二枚，石虎二枚。（北魏《張宜墓誌》）

（15）遂得石柱壹枚，長壹丈九尺。（北齊《義慈惠石柱頌》）

“枚”本爲名詞，爲“樹幹”義，後來引申爲“銜枚”之“枚”，所銜之物“枚”類計數之工具“籌”，進而引申爲量詞。可見，“枚”作量詞是間接經過“計數的工具”這個媒介。“枚”作爲計數的工具，理論上可以用於任何可以計數的事物，這種概括性較强的語義爲量詞“枚”的泛化提供了基礎。事實上，結合漢代早期文獻與漢代簡牘來看，量詞“枚”在當時已經有了相當的發展，不僅保留與本義相關、稱量樹木的用法，而且不斷泛化，擴大其適用範圍，成爲適應力極强的量詞。魏晉南北朝石刻中，量詞“枚”出現的次數雖然不多，但適用範圍非常廣泛，除了抽象名詞和人之外，其他各種飾品（如例1）、妝奩（如例2、3）、衾簟（如例4、5）、衣物配飾（如例6～8）、用具（如例9～11）、錢幣（如例12）、磚瓦土石（如例13～15）等事物幾乎均可與之搭配。而且，不見其稱量樹木的用法，可見其本義弱化，語義逐漸泛化，適用範圍不斷擴展，量詞“枚”在魏晉南北朝時期儼然已經是一個通用量詞了。

通用量詞與名詞搭配相對比較開放，適用於多個對象。而且這類量詞的語義泛化程度很高，語義特徵不是十分明顯，根據本章第一節名量詞的語義特徵分析表，量詞“枚”的語義特徵僅含［＋個體］。就名量詞的形象性而言，語義的泛化通常會減弱量詞的形象性，通用量詞則基本上没有形象性可言，表形作用較弱。但泛化程度較高的通用量詞是量詞系統必要的構成部分，它填補了量詞系統缺少專用量詞的空白，實現了語言系統的自足，符合語言發展的規律。

2. 口

魏晉南北朝石刻中，量詞“口”可以稱量的名詞有“人”、“棺材”、“石井”。用例如下：

（1）故棺材一口。（東晉《潘氏衣物券》）

（2）願使夫妻、息紹宗三口，悉皆平善，老者延年，少者益壽。（東魏《成休祖造像記》）

（3）愍兹行流，故於路傍造石井一口，種樹兩十根，以息渴乏。（東魏《李顯族造像碑》）

“口”本爲名詞，專指人的口，是人言語、飲食的器官。因其在功能上的顯著性，在人的認知中得到凸顯，通過以局部代替整體的方式轉喻成爲量詞。人皆有口，所以量詞“口”的典型用法是用以稱量人，如例（2）。後來，其語義開始泛化，其適用範圍擴大到有口的器物，如例（1），以及有口的設施，如例（3）。這是沿着以形狀和功能的相似性而建立的相關關係泛化開來的結果。繼續發展，連無口形的刀劍都可適用，但魏晉南北朝石刻中未見。根據本章第一節名量詞的語義特徵分析表，量詞“口”的語義特徵包括［+個體］、［+有形］、［+有生］、［+指人］。［+有形］具體來講是有口或口狀。根據名量搭配的語義一致性原則，個體名詞若具有其他三個特徵中的至少一個，即可進入量詞“口”的適用範圍。

量詞“口”可以稱量“人”，這個用法也使其具備了進一步泛化的可能。根據認知語言學的“人類中心説”，人類認識事物總是從自身及自身的行爲出發，再引申到空間、時間、性質等。海因等學者將人類認識世界的認知域排列成一個由具體到抽象的等級：人>物>事>空間>時間>性質。這是人們進行認知域之間投射的一般規律，也符合實詞虚化爲語法成分的一般規律。[1]　所以在量詞的發展過程中，如果它可以用來稱量人，就有可能得到泛化，擴展到稱量其他事物。以上“口”從表人體器官的名詞到稱量人的量詞，再到稱量其他有口的生物，再到稱量有口的無生物，再到稱量無口的無生物，在這個泛化過程中，量詞“口”的語義成素逐漸失去，語義逐漸泛化，而其自身的適用範圍不斷擴展。

---

〔1〕　趙豔芳：《認知語言學概論》，上海：上海外語教育出版社，2001 年（163）。

3. 段

魏晉南北朝石刻中,量詞"段"可以稱量的名詞有"物"、"地"、"奇事"。用例如下:

(1) 中給事中王紹鑒督喪事,贈物一千五百段。(北魏《慈慶墓誌》)

(2) 給東園祕器,朝服一具,衣一襲,賻物八百段。(北魏《元融墓誌》)

(3) 敕賚馬十匹,金銀千兩,縑數千段,給蔭丁一百五十户。(北齊《劉悦墓誌》)

(4) 天監九年九月廿七日,喬進臣買德地一段。(南朝梁《喬進臣買地券》)

(5) 孝心純至,爲父母重施義東城壕城南兩段廿畝地。(北齊《義慈惠石柱頌》)

(6) 得果此緣,一段奇事也。(唐大曆元年《十七帖》)

"段"通"斷",有"截斷、分開"義。"段"作量詞,源自假借義。事物可斷開爲一段一段的,故凡可分割成段的事物,大都可以用量詞"段"來稱量。空間離散物最容易被分割成段,所以稱量空間離散物如例(1)~(3)之"物"、"縑",是量詞"段"的典型用法。其後,如例(4)、(5)之"地"之類的空間連續物,雖然不能像空間離散物那樣可以被斷開,但在認知中可以看作一段一段的。量詞"段"的稱量對象均應是整體中的一部分,例(1)~(5)之"物"、"縑"、"地"均是在空間上延展的事物一部分。而例(6)之"奇事",則可看做事物在時間上延續的一部分。雖然它没有明顯的時間意義,但由於具有過程性,在認知上亦可以分開成段。同時,例(1)~(5)之"物"、"縑"、"地"是具體、有形的事物,而例(6)之"奇事"則屬於抽象、無形的事物。可見,量詞"段"就是沿着從空間離散物到空間連續物、從空間物到時間物、從具體到抽象的途徑而逐步泛化的,在泛化的過程中不斷喪失一部分語義特徵,導致自身語義越來越虚化,適用範圍也逐步擴展。這符合語言自身發展的普遍規律,亦與人類認知從具體到抽象、從空間域到時間域的發展過程一致。

同時,量詞"段"集漢語量詞準確性與模糊性的特徵於一身。準確性與模糊性是相輔相成的兩個方面,是語義本質屬性的一種表現。郭先珍認爲:"量詞在使用中要受到外界客體的制約。外界客體千姿百態、千變萬化,有的是無法精確計量的,有的是没有必要精確計量的,要對它們的單位量用語言或作描述,或作規定,不免産生一定的模糊性。説話者根據社會交際的需要,從不同角度對外界客體作量的切分,有的精確表量,有的約略表量,有的修飾性表量,量詞的模糊性就産生了。所以,量詞中既有精確詞,也有模糊詞;部分量詞既含明確義,又含模糊義。"[1]魏晉南北朝石刻中,量詞"段"就是既含明確義,又含模糊義。所謂量詞語義的模糊性,是量詞在語義上的一個客觀性質,主要指量詞所表示的語義界限既没有明確的外延,又没有被衡量的具體尺度,難以捕捉到它們的具體語義。[2]"量詞詞義的模糊性決定了它有兼容的特質,爲名詞提供了更寬廣可供選擇的空間,因此産生一個量詞可以與不同名詞進行搭配的情形。"[3]魏晉南北朝石刻中,量詞"段"可與不同名詞搭配,如:例(1)之"物一千五百段",例(4)之"地一段",例(6)之"一段奇事",中心詞均論"段"。同樣"一段",具體語義卻不同。其中,"段"稱量"物"即"雜帛"時,是度量衡量詞屬性,用以計量布帛的長度,有標準的、固定的量的規範(參見第三章第一節"段₂"條)。只要計數精確,則表量也是精確的。"段"稱量"地"時,是個體量詞屬性,具體包含多少量並無定制。計數精確,表量卻是模糊的。"段"稱量"事"時,亦是個體量詞屬性。因爲它計量一段時間事物發展的過程,所表述的時段没有確切的界限,所以表量上亦帶有一定的模糊性。

4. 具

魏晉南北朝石刻中,量詞"具"可以稱量的名詞有"臂珠"、"要系"、

〔1〕　郭先珍:《量詞的模糊性》,《漢語學習》1994 年第 3 期。
〔2〕　參見陳玉冬:《隋唐五代量詞的語義特徵》,《古漢語研究》1998 年第 2 期。
〔3〕　洪藝芳:《敦煌社會經濟文書中之量詞研究》,臺北:文津出版社,2004 年(156)。

“嚴具馥”、“翦刀尺”、“朝服”。用例如下：

（1）故臂珠一具。（東晉《潘氏衣物券》）

（2）故要系一具，錢七枚。（東晉《潘氏衣物券》）

（3）故嚴具馥一具。（東晉《潘氏衣物券》）

（4）故翦刀尺一具。（東晉《潘氏衣物券》）

（5）詔賜東園祕器，朝服一具，絹布七百匹，禮也。（北魏《元詮墓誌》）

（6）給東園祕器，朝服一具，衣一襲，賻物八百段。（北魏《元融墓誌》）

（7）詔賜朝服一具，絹布三百匹，禮也。（北魏《王蕃墓誌》）

“具”的本義爲“供置、備辦”，作爲量詞，用以稱量配備齊全、成套使用的事物。魏晉南北朝石刻中，可以稱量相配成套的服飾及配件，如例（5）～（7）之“朝服”，例（2）之“要系”；可以稱量首飾，如例（1）之“臂珠”；可以稱量配備成套的妝奩用品，如例（3）之“嚴具馥”；亦可以稱量配備成套的工具，如例（4）之“翦刀尺”。量詞“具”在魏晉南北朝石刻中的用例雖少，但其適用對象亦涵蓋衣物、飾品、工具、器物等多個類別，其用法已與通用量詞無異。而且，魏晉南北朝時期，量詞“具”兼具個體量詞和群體量詞的用法，亦可適用於個體名詞。可見其詞義已經泛化，與名詞的搭配能力強大，適用範圍越來越廣。

（二）中心詞的典型性與非典型性

認知語言學認爲，所有範疇都是模糊範疇。同一範疇的成員不是由共同特性決定的（沒有哪一組特性是所有成員共有的），而是由家族相似性所決定的，即範疇成員之間總是享有某些共同特性。根據其享有的共同特性來決定其成員的身份，與其他成員享有更多共性的成員爲該範疇的典型的和中心的成員，即原型，其他成員爲非典型成員或邊緣成員。[1]

---

〔1〕 參見趙艶芳：《認知語言學概論》，上海：上海外語教育出版社，2001 年（58）。

這種認爲同一個範疇內諸成員有資格大小或優劣之分的觀念,被稱爲"原型論",亦稱"典型論"。"原型論"具有以下基本要點:一、個體範疇化的依據是其屬性而非其基本特徵。二、自然類各成員地位並不平等,其中有典型成員和非典型成員的區別。最典型的成員最具原型性,與較差、最差的成員之間,可有等級差異。三、範疇中原型性更高的成員具有更多的與同類其他成員共有的屬性,並具有更少的與相鄰類別的成員共有的屬性。因此,自然類的邊界往往是模糊的,其邊緣成員往往互相滲透、交叉。四、實體的範疇化典型性評估涉及的心理過程不光是屬性的計算,而更是完形感知,即將範疇化對象功能重要、視覺顯著的部分整合爲一個整體視覺—心理的表徵。[1] 但也應當注意,"原型更確切的含義是指作爲範疇核心的圖式化的心理表徵,是範疇化的認知參照點,其最佳成員只是原型的個例"。[2] 也就是説,範疇的原型往往不是某一個成員,而是某一類成員。

漢語詞類是一種典型範疇,根據原型理論,範疇內的成員地位不同,漢語量詞中最具典型性的當屬表事物形狀的個體量詞。同樣,同一個量詞與不同名詞形成搭配組合,這些不同的名詞構成一個"名詞選擇群",群內各個成員的地位也不同,亦有典型與非典型之分。那麽,如何來確定哪些成員在名量組合中屬典型成員。宗守雲認爲,主要考慮以下幾個因素:一、在一個量詞的"名詞選擇群"中出現頻率很高;二、一個量詞出現後,歷史上最先和該量詞形成選擇關係;三、從客觀上看,具有簡單性、具體性和客觀性特徵,易於爲人們所認識;四、穩固、常用,在思維上具有優先性特徵,提起某一量詞被最先想到。以上因素符合越多,越利於典型成員的確定。[3] 反之,則爲非典型成員。典型成員具有認知上的顯著性,最

---

〔1〕　參見張敏:《認知語言學與漢語名詞短語》,北京:中國社會科學出版社,1998 年 (35—36)。

〔2〕　趙豔芳:《認知語言學概論》,上海:上海外語教育出版社,2001 年(63)。

〔3〕　宗守雲:《量詞範疇化的途徑和動因》,《上海師範大學學報(哲學社會科學版)》2011 年第 3 期。

易引起人們的注意。人的認識往往從典型成員出發,然後認識和推導至非典型成員。這個過程具有單向性和不對稱性,這是人的認識的一般規律。

我們以魏晉南北朝石刻中"腰"和"領"兩個量詞爲例,予以説明。

1. 腰

魏晉南北朝石刻中,量詞"腰"可以稱量的名詞有"衣"、"裙"、"袴"、"幣膝"等。舉數例如下:

（1）故持綺方衣一要。（東晉《潘氏衣物券》）

（2）故練梁衣一要。（東晉《潘氏衣物券》）

（3）故絹梁衣一要。（東晉《潘氏衣物券》）

（4）故布梁衣一要。（東晉《潘氏衣物券》）

（5）故紫碧複裙一要。（東晉《潘氏衣物券》）

（6）故紫碧袂裙一要。（東晉《潘氏衣物券》）

（7）故絳碧袂裙一要。（東晉《潘氏衣物券》）

（8）故紫紗袂裙一要。（東晉《潘氏衣物券》）

（9）故縹裙一要。（東晉《潘氏衣物券》）

（10）故絳複袴一要。（東晉《潘氏衣物券》）

（11）故紫黃幣膝一要。（東晉《潘氏衣物券》）

（12）青綢紫綬,十腰銀艾。（東魏《叔孫固墓誌》）

"要","腰"的古字,本義指身體中部、胯上肋下的部分。因處所與事物的相關關係,通過轉喻成爲量詞,最先用以稱量繫於腰間的衣物,這也是其最主要的用法。後來繼續擴展,也可適用於上身衣物。魏晉南北朝石刻中,量詞"腰"既可以稱量"裙"、"袴"、"幣膝"等繫於腰上的下身衣着,如例（5）~（12）;又可以稱量與腰部無關的上身所着衣着,如例（1）~（4）。量詞"腰"稱量下裝與本義"腰部"密切相關,所以例（5）~（12）應是其典型用例。而稱量上身衣着,與腰部無關,在魏晉南北朝石刻中多用量詞"領"。因此,例（1）~（4）應是量詞"腰"的非典型用例。

2. 領

魏晉南北朝石刻中，量詞"領"可以稱量的名詞有"衫"、"兩當"、"襦"、"半裕"、"羅"、"鎧甲"、"被"。舉數例如下：

（1）故練衫二領。（東晉《潘氏衣物券》）

（2）故帛羅縮兩當一領。（東晉《潘氏衣物券》）

（3）故穀縮兩當一領。（東晉《潘氏衣物券》）

（4）故絳襦一領。（東晉《潘氏衣物券》）

（5）故黃穀襦一領。（東晉《潘氏衣物券》）

（6）故紫綾半裕一領。（東晉《潘氏衣物券》）

（7）故紫紗穀羅一領。（東晉《潘氏衣物券》）

（8）所獲鎧鉀一萬餘領，軍資器械不可稱數。（東晉《高句麗好太王碑》）

（9）故被一領。（東晉《潘氏衣物券》）

"領"的本義指脖子，後來引申爲圍繞脖子的"衣領"。以部分代替整體的方式，通過轉喻成爲量詞，最先用以稱量有領子的上衣，這也是其主要用法。繼續發展，也可適用於沒有領子的"鎧甲"。後來，其適用範圍繼續擴大，連"被"也可稱量。因此，量詞"領"稱量"衫"、"兩當"、"襦"、"半裕"、"羅"等有衣領的上身衣着，如例（1）~（7），是其典型用例。"鎧甲"雖然無領，但也是上衣之一種，且可提取，以此思維類推，例（8）也應是量詞"領"的典型用例。"被"已經不屬服裝類，因材質相似且均有覆蓋功能，亦可與量詞"領"搭配。因此，例（9）應是其非典型用例。

二、一名多量現象分析

名詞與量詞組合時，名詞總是處於主導的制約地位，它的存在決定了對量詞的選擇，因爲我們總是先確定了描述的對象（名詞）之後才接着選擇何種量詞與之結合。[1] 漢語新名詞的豐富必然導致量詞的豐富；人

---

〔1〕　參見邵敬敏：《量詞的語義分析及其與名詞的雙向選擇》，《中國語文》1993 年第 3 期。

們對同一事物的觀察由簡單到複雜,由單一角度到多種角度,由總體形象到個性特徵,這是量詞豐富的另一條不可忽視的重要途徑。對客觀存在的事物,人們可以有不同的觀察方法、不同的觀察角度。從總體上看,這個觀察可以是宏觀的,也可以是微觀的。即便同是從微觀的角度去觀察事物,觀察的視綫不同,結構也必然不同。[1] 通常一個名詞與一個量詞達到語義特徵的一致性,就具備了搭配組合的可能性。但量詞的語義具有模糊性,在名量搭配時,名詞對量詞的選擇更會表現出一種傾向性,這種傾向性表現爲量詞與名詞具有不同的語義關係,人們觀察事物時採取了不同的參照物和不同的觀察視點,就會選用不同的量詞來表現同一事物不同的語義重點,即出現一名多量現象。與同一個名詞搭配的多個量詞可以同義,也可以不同義,前者反映事物在量詞運用上的細微差別,後者從不同角度反映量詞與名詞之間存在某種相應的語義關係。

一個名詞有一個"量詞選擇群",可選用不同的量詞與之搭配。如前文所説,在影響名詞與量詞雙向選擇的諸因素中,語義是最主要的制約因素。同樣,一個名詞選用哪一個量詞,其決定因素仍是名詞的語義,即名詞所指事物的特徵。當然也要考慮到語用因素的影響,還要結合魏晉南北朝石刻材料語音、用字的性質。魏晉南北朝石刻中的一名多量現象,我們分別從凸顯事物不同的特徵、名詞的多義性和量詞用字的同音替代三個方面來分析討論。

(一) 凸顯事物不同的特徵

董紹克指出,客觀事物的特徵和屬性往往是多維的,不同地域的不同群體對事物的認識往往有着不同的表現,即客觀事物的不同特徵和屬性在不同群體的表象、意識中所佔地位是不一樣的。不同群體對客觀事物這種"見仁見智"的不同反映,直接影響到人們對客觀事物的認

---

〔1〕 參見盧屋:《量詞的表量、理據及其功能》,《西藏民族學院學報(社會科學版)》1988 年第 4 期。

識與分類。人們對客觀事物的認識與分類的不同,反映到語言上,就形成了語言認知差異。[1]　量詞與名詞的搭配關係,實際上反映了人們對名詞範疇的理解和認識。

認知語言學認爲,對一個客觀事物或現象由於識解方式的差別,即凸顯的部分、觀察的視點以及抽象化和具體化的程度不同等,而形成不同的心理印象,即意象。認知意象投射到語言結構上,成爲語言結構形式的形成動因。可見,意象的形成與凸顯、視角密切相關。情境中被凸顯的部分是焦點,非凸顯的部分是背景,焦點、背景理論的基礎是"凸顯原則"。越是容易引起人注意的事物,容易記憶、容易提取、容易進行心理處理的事物,越容易被凸顯。人們在認識和表達事物時,往往難以全面兼顧事物各個方面的屬性,只能在認知中抓住其某一相對顯著的特性加以指稱。另外,對同一客觀事物,觀察的視角不同,注意的焦點不同,事物得到凸顯的部分也不相同。正如蘇軾《題西林壁》所説:"橫看成嶺側成峰,遠近高低各不同。"總而言之,意象的凸顯是事物的多維性和觀察者的視角轉換共同作用的結果,因事物自身屬性是多維的,才可以被人們多角度地觀察,從而形成不同的意象。人們描述同一事物,若凸顯的部分不同,觀察事物的視角不同,自然會選用不同的量詞。而這幾個不同的量詞,恰恰能突出事物某一部分的特徵或者從某個角度看到的形態、屬性。

我們以魏晉南北朝石刻中的六組量詞爲例,予以説明。

1. 人、口、級

魏晉南北朝石刻中,名詞"人"可以選用量詞"人",可以選用量詞"口",亦可以選用量詞"級"。舉數例如下:

(1)將中軍兵石木工二千人,始通此閣道。(三國魏《李苞開通閣道題記》)

(2)賞絹千匹,賜御者廿人。(西晉《徐義墓誌》)

---

〔1〕　參見董紹克:《漢語方言詞彙差異比較研究》,北京:民族出版社,2002 年(228)。

（3）而殘王困逼，獻出男女生口一千人，細布千匹。（東晉《高句麗好太王碑》）

（4）孝昌二年三月廿日，詔遣宿衛禁兵二千人夜圍公第。（北魏《元乂墓誌》）

（5）吏民感戀，扶櫬執紼，號咷如送於京師者二千人。（北魏《元緒墓誌》）

（6）法義之衆，遂至卅一人有餘。（北魏《劉根四十一人等造像記》）

（7）乃贈相國、録尚書事，加黄屋左纛、虎賁、班劍一百人，謚曰文貞，禮也。（北魏《元子正墓誌》）

（8）願使夫妻、息紹宗三口，悉皆平善，老者延年，少者益壽。（東魏《成休祖造像記》）

（9）獲將獻俘，千有餘級。（北魏《元端墓誌》）

人們觀察事物時，有時着眼於整體，有時着眼於部分，角度不同，要凸顯的部分不同，就要選用不同的量詞來凸顯不同的特徵。着眼於整體時選用量詞“人”，來表現中心詞“人”的整體形態，如例（1）~（7）。着眼於部分時則選用量詞“口”和量詞“級”，來表現中心詞“人”的局部形態。二者均由人的身體部位轉化而來，但凸顯的部分不同。量詞“口”突出“人”的“口部”，稱量對象多爲家庭成員，如例（8），因家庭成員“有口”且需要供養，後世常用“養家糊口”來描述維持家人生活。量詞“級”突出“人”的“頭部”，多與戰爭有關，稱量對象爲所斬之首或戰俘，如例（9），因先秦時期常以戰爭中斬敵首之數量來論功進爵。

2. 區、口

魏晉南北朝石刻中，名詞“井”可以選用量詞“區”，亦可以選用量詞“口”。舉例如下：

（1）規制之初，於寺所絶壁之際，有靈井三區，忽然自成，淨麗淵圓，今古莫見。（北魏《山公寺碑頌》）

（2）愍兹行流，故於路傍造石井一口，種樹兩十根，以息渴乏。（東魏《李顯族造像碑》）

對同一個中心詞,觀察的視綫不同,看到事物的結構和特徵也不相同。一般來説,同一個中心詞"井",選用量詞"區"時,強調其位置、處所,如例(1);選用量詞"口"時,則強調其"有口"。從視角來看,用量詞"區"爲遠觀,以周圍事物爲參照點來確定井的位置;用量詞"口"則爲近處俯視,視域内最先注意到的就是井口。

3. 區、級

魏晉南北朝石刻中,名詞"寺"可以選用量詞"區",亦可以選用量詞"級"。舉數例如下:

(1)於是敦契齊心,同發洪願,即於村中造寺一區。(東魏《李顯族造像碑》)

(2)但恐年歲久遠,懼徙陵谷,因置祇桓一區,在其壙頭。(東魏《源磨耶壙記》)

(3)及調度於宜州,治□之勝地,求諸爽愷,造寺一區。(北周《張僧妙法師碑》)

(4)率州府綱佐,仰爲孝文皇帝立追獻寺三級。(北魏《山公寺碑頌》)

人們觀察事物的角度不同,或着眼於整體,或着眼於部分,就要選用不同的量詞來凸顯不同的特徵。同一個中心詞"寺",選用量詞"區"時,着眼於整體,強調其位置、處所,如例(1)~(3);選用量詞"級"時,則着眼於部分,強調其分層特徵,如例(4)。

4. 軀/區、級/層

魏晉南北朝石刻中,名詞"佛塔(浮圖、佛圖)"可以選用量詞"軀"、"區",亦可以選用量詞"層"、"級"。舉數例如下:

(1)乃罄竭丹誠,於本鄉南北舊宅,上爲二聖,造三級佛圖各一區。(北魏《暉福寺碑》)

(2)乃於中練里私宅造塔三級,並建石像一區。(北魏《陳天寶造像記》)

(3)遂命有司以官財顧工,於州東之門,顯敞之地,造此五級佛圖。

（北魏《塔基石函銘刻》）

（4）大齊天保三年，歲次壬申，七月丁卯，朔八日甲戌，清信佛弟子牛景悦等，爲亡人李顯仲造石浮圖一區三級。（北齊《牛景悦造石浮圖記》）

（5）是以悲大士姜阿格，妙體先覺，建造浮圖三級，釋迦銘像一區。（北齊《姜興紹造像記》）

（6）分裂□磚，更造兩塔，並各七層。（東魏《嵩陽寺碑》）

（7）禪師乃構千善靈塔一十五層，始就七級，緣老中止，而七層之狀，遠望則迢亭魏峨，仰參天漢；近視則□嵬儼嶷，旁魄絶望。（東魏《嵩陽寺碑》）

（8）即竭家財，遠□名匠，在四衢之内，造均塔一軀，□佛六菩薩。（東魏《劉雙周造塔記》）

（9）藉今現在，各減家珍，詳建妙塔一軀。（北齊《法儀兄弟八十人等造像記》）

（10）邑主朱曇思、朱僧利一百人等，於村之前兆其勝地，綿基細柳，白虎遊南，敬造寶塔一軀。（北齊《朱曇思等一百人造塔記》）

中心詞是“佛塔（浮圖、佛圖）”時，量詞“軀”與量詞“區”同音通用，用法無異。行文時爲求變化、避免重複，量詞“層”與量詞“級”可以換用，如例（7），可知二者在稱量“佛塔”上的功能亦相同。觀察事物的角度不同，看到的結果也不一樣，所以要選用不同的量詞來表現事物不同的特徵。選用量詞“軀”、“區”與選用量詞“層”、“級”的差別主要在於：前者重在表現“佛塔”的外部形態，後者重在表示“佛塔”的内部構造；前者着眼於“佛塔”的整體，後者則着眼於“佛塔”的部分。

5. 腰、領、邊

魏晉南北朝石刻中，上身所着衣物可以選用量詞“腰”，可以選用量詞“領”，亦可以選用量詞“邊”。舉數例如下：

（1）故持綺方衣一要。（東晉《潘氏衣物券》）

（2）故絹梁衣一要。（東晉《潘氏衣物券》）

（3）故練衫二領。（東晉《潘氏衣物券》）

166

（4）故縠縮兩當一領。（東晉《潘氏衣物券》）

（5）故黄縠襦一領。（東晉《潘氏衣物券》）

（6）故紫綾半裕一領。（東晉《潘氏衣物券》）

（7）故紫紗縠羅一領。（東晉《潘氏衣物券》）

（8）故襩繒二邊。（東晉《潘氏衣物券》）

量詞“腰”、“領”、“邊”皆可以稱量名詞“衣”、“衫”、“兩當”、“襦”等。雖然這些名詞代表的衣物外部形態不一樣，但本質上都是“上衣”。量詞“腰”、“領”、“邊”均由衣物的某一部分轉化而來，表明該衣物具有或“有腰”或“有領”或“有邊”的特徵，進而通過對某個部分的計數代替對整體的計數。量詞“腰”稱量“衣”，如例（1）、（2），屬其非典型的用例，前文已述，此不贅言。選用量詞“領”，突出該上衣“有領”，如例（3）~（7）。選用量詞“邊”，所要表現的是該上衣“有邊”，如例（8）。外觀相似、本質相同的事物，由於最突出、最重要的部分不同，其認知凸顯性也會不一樣，所搭配的量詞自然也不同。

6. 軀、尊

魏晉南北朝石刻中，名詞“造像”可以選用量詞“軀”，亦可以選用量詞“尊”。舉數例如下：

（1）梁普通四年三月八日，弟子康勝發心敬造釋迦文石像一軀。（南朝梁《康勝造像記》）

（2）大魏正光二年，歲次辛丑，夏六月五日，佛子伊□，上爲皇帝，下爲父母、兄弟、姊妹二十三人，敬造佛像一軀，時時供養。（北魏《伊□造像記》）

（3）興和二年，九月十七日，清信士女趙勝、習仵二人，敬造彌勒石像三軀。（東魏《趙勝習仵造像記》）

（4）大齊天統五年，歲次四月，廿三日壬午，佛弟子曹景略爲亡息慶紹，造盧舍那金象一軀。（北齊《曹景略造像記》）

（5）天和三年，歲次戊子，四月丙寅，朔八日癸酉，薛迴顯爲亡父母造觀世音石像一軀。（北周《薛迴顯造像記》）

（6）東戴陽叔公得主仲練妻蔡氏，修羅漢一尊。（北魏《仲練妻蔡氏等造像記》）

（7）冀州安武軍棗强縣千秋鄉故縣村安式家内有白玉像三尊，後至元豐元年二月二十三日，求高才馬良，趙氏迎得白玉像三尊，並起塔寺供養，故記。（東魏《李次明造像記》）

（8）大周使持節、車騎大將軍、儀同三司、大都督、散騎常侍、軍都縣開國伯强獨樂爲文王建立佛道二尊像，樹其碑。（北周《强獨樂造像記》）

選用量詞"軀"和量詞"尊"的主要差別在於其情態色彩的不同，也有人稱之爲量詞的描摹性或描摹作用。"除了通常説的不同的事物要求特定的量詞外，某些量詞又有各自的適用範圍，即表特定的單位之外，相當一部分量詞還有不同色彩、情態的附加意義"[1]。雖然量詞的情態色彩表現的是人們對計量對象的褒貶或愛憎的態度，但是"量詞的情態色彩義與中心詞的詞彙義有着極密切的關係，但色彩義要從屬詞彙義"[2]。故我們還是將此組量詞歸入"凸顯事物不同的特徵"一欄。選用量詞"軀"含中性色彩，爲客觀的描摹，如例（1）～（5）。而選用量詞"尊"則突出尊敬、莊重之義，如例（6）～（8）。

（二）名詞的多義性

這裏的"名詞"，指的是多義名詞。多義名詞是指包含幾個義項的名詞，這樣的名詞，當它們在不同的語境中代表不同的義項時，對量詞的選擇就可能產生不同的結果。[3] 根據名量搭配的語義一致性原則，只要名詞與量詞的語義特徵有吻合之處，即具組合的可能性。多義名詞至少包含兩個義項，各自都有若干語義特徵，當量詞與其中一個義項的語義特徵吻合，就存在組合的可能，表現名詞不同的特徵。而且，多義名詞的多個義項之間往往相互聯繫，但又具有各自不同的詞彙意義。因此，可以與同

---

〔1〕 袁毓林：《漢語量詞的描摹性》，《漢語學習》1981 年第 6 期。
〔2〕 何傑：《現代漢語量詞研究》，北京：民族出版社，2000 年（100）。
〔3〕 參見樊中元：《多義名詞對個體量詞的選擇》，《廣西師範大學（哲學社會科學版）》2003 年第 1 期。

一個多義名詞搭配的多個量詞之間,會有某種相應的語義關係,但彼此間更存在某些差異。有時候,亦可通過與同一個多義名詞搭配的多個量詞的語義,來確定在當下語境中這個名詞代表哪個義項。

我們以魏晉南北朝石刻中名詞"衣"與量詞"腰"、量詞"襲"的搭配爲例,來説明多義名詞對不同量詞的選擇。

腰、襲

魏晉南北朝石刻中,與名詞"衣"搭配的量詞有"腰"、"襲"。舉數例如下:

(1) 故持綺方衣一要。(東晉《潘氏衣物券》)

(2) 故練梁衣一要。(東晉《潘氏衣物券》)

(3) 故絹梁衣一要。(東晉《潘氏衣物券》)

(4) 故布梁衣一要。(東晉《潘氏衣物券》)

(5) 給東園祕器,朝服一具,衣一襲,賻物八百段。(北魏《元融墓誌》)

"衣"可以專指上衣。《説文・衣部》:"衣,依也。上曰衣,下曰裳。"《楚辭・離騷》:"製芰荷以爲衣兮,集芙蓉以爲裳。"王逸注:"上曰衣,下曰裳。"《法言・修身》:"惜乎衣未成而轉爲裳也。"李軌注:"衣,上也;裳,下也。""衣"亦可以指服裝的通稱,合上衣下裳而言。《詩・秦風・無衣》:"豈曰無衣,與子同袍。"《論語・鄉黨》:"齊,必有明衣,布。"劉寶楠正義:"衣者,上下服之通稱。"王筠《説文句讀・衣部》:"衣,析言之則分衣裳,渾言之則曰衣。"當"衣"專指上衣而言,則選用個體量詞"腰",如例(1)~(4)。當"衣"指上下服裝之通稱而言,則選用集體量詞"襲","衣一襲"即"衣一副"或"衣一套"。因此,名詞"衣"的多義,形成與不同量詞的搭配,從而出現了一名多量的情形。

(三) 量詞的同音代替

"同音代替,就是用筆劃簡單的字去代替筆劃繁多的同音字,這種同音代替或者叫做假借,是古已有之的,不着重繁簡"。[1] 魏晉南北朝石刻

---

〔1〕 歐陽俊、李海霞:《六朝唐五代石刻俗字研究》,成都: 巴蜀書社,2004 年(194)。

中,量詞亦出現同音代替的情形。墓誌和造像記是魏晉南北朝石刻文獻的兩大主要内容,墓誌多爲官方所爲,書刻者有一定的文化素養,對漢字的使用相對規範。而造像記、契券等多爲民間所爲,書刻者爲僧人、鄰人、題詞者本人等,文化程度普遍較低且參差不齊,使用的大多是平民化的語言,在用字規範上的意識比較薄弱。加上魏晉南北朝時期社會動盪、政權迭更,社會用字情況也相對混亂。體現在量詞使用上,就是出現以筆劃較簡者、音同或音近者,或二者兼具者來代替原有量詞用字,且這種現象多來自造像記、契券等民間石刻。魏晉南北朝石刻中,音同或音近假借而使用其他量詞代替的情形如下:

1. 區、丘

(1)素有家地,中造墓壹區,入藏。(西晉《杜謖墓門題記》)

(2)會稽亭侯並領錢唐水軍綏遠將軍,從土公買冢城一丘。(三國吳《買冢城磚》)

(3)大男楊紹從上公買冢地一丘。(西晉《楊紹買地莂》)

(4)縱廣五畝地,立冢一丘,雇錢萬萬九千九百九十文。(南朝梁《秦僧猛買地券》)

“區”爲溪母侯部字,“丘”爲溪母之部字,聲母相同,之、侯旁轉,二字音近相通。所以,在魏晉南北朝石刻中,稱量“墓”、“冢”之類名詞時,可以選用量詞“區”,亦可以選用量詞“丘”。

2. 軀、區、丘

(1)梁普通四年三月八日,弟子康勝發心,敬造釋迦文石像一軀。(南朝梁《康勝造像記》)

(2)齊永康元年,大司馬王敬則爲父乘馬康健,造彌勒像一軀。(南朝齊《王敬則造像記》)

(3)其日,太妃還家伊川,立願母子平安,造彌勒像一區,以置於此。(北魏《元詳造像記》)

(4)乃鎸鑿名山,機匠絶思,爲七世父母敬造釋迦玉像一區。(北周《張子開造像記》)

（5）中大通五年正月十五日，上官法光爲亡妹令玉尼，敬造釋迦文石像一丘。（南朝梁《上官法光造像記》）

（6）天保十年臘月八日，十四人造石佛一丘。（北齊《王鴨臉等造像記》）

"軀"、"區"同爲溪母侯部字，"丘"爲溪母之部字，聲母相同，之、侯旁轉。"軀"、"區"音同，"區"、"丘"音近，故三字可通用。所以，在魏晉南北朝石刻中，稱量"造像"之類名詞時，可以選用量詞"軀"，可以選用量詞"區"，亦可以選用量詞"丘"。

應當注意的是，魏晉南北朝石刻中還有其他兩組例證，與上面兩組量詞的情形不同，應區別對待。具體情形如下：

3. 區、傴、磢、瑻、墟

（1）晉太康御龍有三年五月廿八日，佛弟子張伯通、妻殷，爲亡父母、姊殷善光，造彌勒像一區。（西晉《張伯通造像記》）

（2）大代正光四年三月廿三日，沙門惠榮敬造釋迦牟尼像一傴。（北魏《惠榮造像記》）

（3）武定元年四月十五，佛弟子劉天恩敬造世家牟尼像一磢。（東魏《劉天恩造像記》）

（4）天統二年歲次丙戌十月廿日，比丘法暈爲師僧父母造釋迦像一瑻。（北齊《法暈造像記》）

（5）天保八年八月十二日，清信士佛弟子劉顏淵造石象一墟。（北齊《劉顏淵造像記》）

4. 龕、堪、勘

（1）率諸邑義，繕立天宫，整脩嚴麗，兼造白玉像一龕。（東魏《嵩陽寺碑》）

（2）正光四年，九月十五日，清信優婆夷李爲亡女楊氏王神英，敬造無量壽像一堪。（北魏《優婆夷李造像記》）

（3）大齊天保元年，歲次庚午，十月壬申，朔八日辛巳，清信士佛弟子張龍伯兄弟等，爲亡父母敬造石象六勘。（北齊《張龍伯兄弟造像記》）

“傴、砠、瑠、塸”在魏晉南北朝石刻中均爲“區”字異寫,因讀音相同而代替量詞“區”,與量詞“軀”通用。“堪”、“勘”與“龕”均爲溪母侵部字,讀音相同而代替量詞“龕”。對於這種情形,我們認同洪藝芳的觀點。有些因爲音同假借或某地方音同音的關係,而臨時以另一個同音字來替代,而此同音字並非漢語已存在之量詞,而僅是暫時的同音替代字,故不可將之歸爲量詞之列。[1] 因而,“傴、砠、瑠、塸”與“堪、勘”分別爲量詞“區”與量詞“龕”的同音代替字,而不是真正的量詞成員。雖然與量詞“區、丘”、量詞“軀、區、丘”一樣,均因音同或音近假借產生替代,但性質完全不同。前面兩組音同假借而使用不同的量詞代替,後面兩組只是同一個量詞用字的不同,不牽涉其他量詞。

第三節　社會因素對魏晉南北朝
石刻名量搭配的影響

前文我們從語言的角度考察分析了名詞與量詞搭配的内在理據,在影響名量搭配的諸因素中,起決定作用的是語義,而在名量雙向選擇背後儼然是人類的認知機制在起作用。但語言作爲一種社會現象,其發展必然要受到各種社會因素的影響與制約。在漫長的使用和發展過程中,量詞與名詞的搭配不可避免地要受到社會、宗教、文化等外在因素的影響,甚至有時候是這種社會、宗教、文化等因素促成了量詞與名詞搭配組合的實現。所以,我們還應考慮社會因素的重要作用,這是名量搭配的外在原由。總的來説,漢語名量搭配機制的形成是各種因素綜合作用的結果,有語言系統内部的原因,也有社會因素的外在影響。但内因是根本原因,起決定作用,名量搭配機制的最終形成是語言系統内部發展的要求和必然結果。但也不能忽視外部因素的影響,更不能片面强調和誇大外部因素

---

〔1〕　洪藝芳:《敦煌吐魯番文書中之量詞研究》,臺北:文津出版社,2000 年(169)。

的作用。

一、佛教的廣泛傳播

佛教自兩漢間傳入中國,到魏晉南北朝時期已出現繁榮興盛的局面。由於當時政局動盪,世道混亂,人們需要尋求精神寄託。而佛教的來世今生、因果報應之説爲民衆解釋了困苦的來源,使他們在這種教義的庇護下減輕痛苦。再加上統治者的鼓勵提倡,佛教在這個時期得以廣泛傳播。佛教初入中土,一直在上層統治階級和知識階層傳播。到魏晉南北朝時期,佛教信仰在民間已經有了相當影響。"由於大量宣揚彌勒佛、阿彌陀佛和觀世音菩薩的佛典譯出,民間對這些佛與菩薩的信仰也開始流行起來,這是南北朝佛教的重要特點。這些佛教信仰的流行與中國傳統的靈魂不死觀念和祭祖祈福等社會習俗結合在一起,極大地推動了佛教在下層民衆中的流行"。[1] 民衆爲了表達自己的宗教情感,昭示虔誠的信仰,也爲求取善果,增進福祉,進行各種實際種善因、修功德的活動,如:誦經、抄經、佈施、齋會等,造像與發願也是主要表現形式之一。羅振玉《石交録》卷三:"六朝時代南北對峙,兵爭不息,人民愁苦,故上自朝廷,下逮臣庶,往往祈福以求福佑,造像以外,并刊刻諸經。"隨着佛教教化信仰的廣泛傳播,其重要的物化成果如佛經、造像和建築等也傳播開來。這些事物的大量存在,爲量詞的使用提供了前提和可能。

邵敬敏指出:"名詞與量詞組合時,名詞總是處於主導的制約地位,它的存在決定了對量詞的選擇。"[2] 總是先有名詞存在,才選用量詞對其進行計量。確定了名詞的意義,再選擇與之相匹配的量詞。這在魏晉南北朝石刻材料中展露無遺。在魏晉南北朝石刻中,名量詞共出現 1180 次,其中與佛教密切相關的就有 394 次,佔總體的 1/3。其中,用於"造像"的最多,名量詞有 11 個,共出現 351 次,具體分佈爲:"區" 195 次、"軀" 121

---

〔1〕　劉曉英:《佛教道教傳播與中國文化》,北京:學苑出版社,2012 年(64)。

〔2〕　邵敬敏:《量詞的語義分析及其與名詞的雙向選擇》,《中國語文》1993 年第 3 期。

次、"龕"12 次、"尊"7 次、"丘"3 次、"會"1 次、"尺"8 次、"尋"1 次、"彻"1 次、"丈"1 次、"寸"1 次。用於"佛塔"的 31 次，名量詞 4 個，具體分佈爲："區"15 次、"級"8 次、"軀"5 次、"層"3 次。用於"佛寺"的 6 次，名量詞 3 個，具體分佈爲："區"4 次、"級"1 次、"所"1 次。用於"佛經"的 1 次，名量詞 1 個，即"部"1 次。具體例證，前文已詳細羅列，此不贅舉。

　　本書所述與佛教密切相關的名量詞多出自魏晉南北朝時期的造像記，造像記是除墓誌之外的石刻文獻的另一主要內容。從這個時期的造像記我們可以看出，當時佛教傳播之廣泛以及影響之深遠，亦可得知當時民眾的宗教信仰的方式和特點。從供養人的身份來看，有以團體爲單位的，亦有個人單獨造像的。團體包括有共同信仰的合邑眾人或以家庭爲單位，個人可以是寺院僧尼，或是官員或庶民等普通信眾。更值得關注的是，處於等級社會最底層的婦女，在此時期造像活動中的參與程度非常高。很多造像的供養人和發願者爲女性，不僅僅是寺院尼姑，更包括大批有平民背景的女信眾，亦有造像是專門爲女性而造。佛教宣揚平等，宋僧清遠云："若論平等，無過佛法。唯佛法最平等。"而且，中國歷史上婦女信奉佛教的人數要遠遠高於信奉道教的人數，很重要的一個原因就是佛教的平等觀念打動了她們。從崇奉對象來看，有供奉釋迦像、彌勒像、觀世音像、無量壽像、盧舍那像、多寶像等，亦有供奉羅漢像的，可見當時佛教內部大乘與小乘的派系分化、並存發展，但我國歷代還是以大乘佛教爲主。亦有多人出資供奉的四面像，像龕內刊刻諸神，是民眾多神崇拜的結果，更能體現魏晉南北朝時期民眾信仰的多樣化。

　　與佛教在民間影響力的日益擴大和深入的同時，中國本土最重要的宗教——道教，也在東漢末年以後迅速發展，並形成與佛教並立的局面。魏晉南北朝時期，佛教與道教相互排斥、競爭，但又相互融合、吸收。魏晉南北朝石刻中，佛道融合的造像也比較常見。將佛教與道教關聯起來作爲共同的信仰來看待，這體現了佛道二教的共性並存。而且，此時期還出現了道教造像，應該是受到了佛教的很大影響。因爲道教最初不供奉神像，只有神位和壁畫。《老子想爾注》云："道至尊，微而隱，無狀貌形像也。但可從其誠,不可見知也。"陈国符《道藏源流考》附录二《道教形像考原》:"唐釋法琳《辯正論》卷六自注:'考梁陳齊魏之前,唯以瓠盧盛經,本無天尊形像。按,任子《道論》及杜氏《幽求》云:'道無形質,蓋陰陽之精也。'《陶隱居内傳》云:'在茅山中立佛道二堂,隔日朝禮。佛堂有像,道堂無像。'王淳《三教論》云:'近世道士,取活無方,欲人歸信,乃學佛家製作形像。假號天尊,及左右二真人,置之道堂,以憑衣食。宋陸修静亦爲此形。'是宋代道教,已有形像。梁陶弘景所立道堂無像,是梁時道館立像,尚未甚通行也。"[1]又,《隋书·经籍志》記載:"太武始光之初,奉其書而獻之。帝使謁者奉玉帛牲牢,祀嵩岳,迎致其餘弟子。於代都東南起壇宇,給道士百二十餘人,顯揚其法,宣布天下。太武親備法駕而受符籙焉。自是道業大行,每帝即位,必受符籙。以爲故事,刻天尊及諸仙之象而供養焉。……後齊武帝遷鄴,遂罷之。文襄之世,更置館宇,選其精至者使居焉。後周承魏,崇奉道法,每帝受籙,如魏之舊。"可見,道教供奉神像,自南朝宋時就有了,但尚未通行。北魏太武帝尊奉道法,因此道教造像流行。北齊罷道教,北周時期又重新盛行。

魏晉南北朝石刻中有關道教造像的用例如:造皇老君文石像一軀(北魏《姚伯多兄弟造像碑》)、造天尊一區(北魏《張相造像記》)、造老君像壹軀(北齊《姜纂造像記》)、造元始天尊像碑一區(北周《李元海造像記》)、皂西王老君像一區(北周《馬落子造像記》)等。道教造像與佛教造像一樣,亦有專門的名量詞來稱量。如量詞"軀"和量詞"區",在魏晉南北朝石刻中,既可以稱量佛教造像,又可以稱量道教造像,亦可以稱量佛道融合的造像。

二、紙張的廣泛應用

在紙發明以前,竹簡、木牘是最普遍的書寫材料,甚至在紙發明以後

---

〔1〕 陳國符:《道藏源流考》,北京:中華書局,1963 年(268)。

數百年間,簡牘仍繼續用作書寫。而戰國時代以前的簡策尚未發現,但由古代文字及典籍的記錄中仍可看出,竹、木可能是中國最早的書籍材料。[1]《尚書・多士》記載:"惟殷先人有册有典,殷革夏命。"臧克和師按:"該句提到的册典,成爲文獻學者講版本的最早的書籍形態的根據。《說文・册部》:'册,符命也,諸侯進受於王也,象其札一長一短中有二編之形。𠕋,古文册从竹。'……古文册形,正是典字的上半部分。册、典皆从竹符,表明書籍所用之質料。"[2]在紙發明以前,縑帛也被用作書寫材料,相比簡牘而言,帛書輕薄而且體積小,易於整理和攜帶,但成本太高,不能爲一般人所使用,故流行範圍有限。於是,既輕便又價廉的紙便填補了這一空缺。錢存訓指出:"紙的風行當在3世紀至4世紀的晉代,取代了竹簡和部分縑帛的用途,書籍因此得以大量地抄寫廣傳。"[3]因其大幅降低了書籍成本,也在很大程度上滿足了中下階層人們的需要,所以書籍的數量大增,社會文化得以迅速傳播和發展。

書寫材質可以是簡牘、縑帛,也可以是紙。材質不同,用來稱量書籍、文本的個體量詞也不同。在紙發明以前,古人所見典籍一般是刻寫在竹簡或木牘之上,由此也産生了一些與此相關的量詞,如:"簡、册、編、篇、卷、章、牘、牒、札"等。《說文・竹部》:"篇,書也。"段玉裁注:"篇,書也。書,箸也,箸於簡牘者也。亦謂之篇。古曰篇,漢人亦曰卷。卷者,縑帛可捲也。"朱駿聲《通訓定聲》:"篇,謂書於簡册可編者也。"《說文・册部》:"册,符命也,諸侯進受於王也,象其札一長一短中有二編之形。𠕋,古文册从竹。"段玉裁注:"蔡邕《獨斷》曰:'策,簡也。其制長者一尺,短者半之,其次一長一短,兩編下附。'札,牒也,亦曰簡。編,次簡也。次簡者,竹簡長短相間排比之,以繩橫聯之,上下各一道。一簡容字無多,故必比次編之,乃容多字。"《說文・木部》:"札,牒也。"徐鍇《繫傳》:"牒,木牘

〔1〕 參見錢存訓:《書於竹帛》,上海:上海書店出版社,2003年(71—72)。
〔2〕 臧克和:《尚書文字校詁》,上海:上海教育出版社,1999年(420)。
〔3〕 錢存訓:《書於竹帛》,上海:上海書店出版社,2003年(117)。

也。"《説文·片部》："牒,札也。"段玉裁注："厚者爲牘,薄者爲牒。"《説文·竹部》："簡,牒也。"朱駿聲《通訓定聲》："竹謂之簡,木謂之牒……聯之爲編,編之爲册。"可見,"簡、牘、牒、札"都是紙使用之前的文字載體。一根竹簡爲"簡",一簡容字一行直書。字數較多時,書於數簡,依次編連成"册",或者更大的單位"篇"。"卷"本義是膝曲,用作稱量書籍的量詞,因爲上古的簡帛文獻都是可以捲起來的。縑帛亦可以捲,所以帛書也可稱"卷"。以上所列舉諸詞,本義或表書籍的載體,或表編連書籍的動作,均與書籍、篇章相關,進一步引申,就成爲稱量書籍、篇章的個體量詞了。

　　紙張的發明與廣泛應用,使得量詞的發展產生了兩方面的變化。一是一部分量詞消失了,如"簡、牘、牒、札"等。因竹簡、木牘被紙張代替而不再用作書寫載體,這些與本義關聯密切的量詞也遭到淘汰。魏晉南北朝石刻中,以上量詞皆消失不見。二是一部分量詞被保留下來,如:"篇、卷、册、編"等,但與本義的聯繫更少,語義進一步虛化,而且使用也不均衡,彼此之間呈現此消彼長的發展趨勢。量詞"篇、卷、册、編"雖然沿用,但其義已經與"簡"無關,用法也趨向一般化了。一般情況下,只要是提到"書",大概均可用這些量詞來稱量。在使用過程中,這幾個量詞的發展也不平衡。錢存訓指出:"歷代史書目録上的記載亦可表示出書寫材料變遷的趨勢,即時代愈後,則用作簡牘單位的'篇'字漸少,而用作帛紙單位的'卷'字漸增。《漢書·藝文志》中四分之三皆著録爲'篇',僅四分之一爲'卷'。到了東漢,著録之'篇'、'卷'各佔半數。至三國時代,卷軸之數已超過簡牘。及至晉代,紙已普遍使用,簡牘之書已不經見,顯然全爲卷軸所取代。"[1]魏晉南北朝石刻中,多以量詞"卷"爲圖書典籍的單位,而量詞"篇"則用於稱量詩賦篇章等。如:

　　1. 録三王魏晉書記,爲卅卷,皆傳於世。(北魏《楊穎墓誌》)

---

〔1〕　錢存訓:《書於竹帛》,上海:上海書店出版社,2003年(73)。

2. 著《五經宗略》、《詩禮別義》,注《帝皇世紀》及《列仙傳》,合一百卷,大行於世。(北魏《元延明墓誌》)

3. 撰《話林》數卷,莫不玄契聖理,超異恒儒。(北魏《鄭羲下碑》)

4. 身甘枯槁,妻子衣食不充,嘗無擔石之儲,唯有書數千卷。(北魏《元順墓誌》)

5. 其詩賦銘誄,咸(按即箴)頌書奏,凡三百餘篇。(北魏《元延明墓誌》)

繼續發展,到了隋唐時期,情況更是如此。談及圖書典籍一般稱"卷",而"篇"則用於稱量詩文或者某一部書相對完整的一部分等。如:

6. 耽味易象,以詩酒爲事,有《醉後集》三卷。(唐垂拱元年《薛元超墓誌》)

7. 秩滿歸家不仕,以文史自娛,著《道統》十卷。(唐神功二年《盖暢墓誌》)

8. 乃著《祛惑論》四卷,《消魔論》三十卷,《先師傳》一卷。(唐開元五年《尹文操碑》)

9. 家有素書數千卷,渴日不足,下帷而勤。(唐開元八年《李明遠墓誌》)

10. 贈祕書監,有文集一百八卷行於代。(唐貞元六年《李岐墓誌》)

11. 撰《晉仙傳》五篇,《日月災異圖》兩卷,文集廿卷,見《梁書》。(唐建中元年《顏惟貞廟碑》)

12. 由是奉敕修《元元皇帝聖紀》一部,凡十卷,總百十篇,篇別有贊,時半千爲尊師作也。(唐開元五年《尹文操碑》)

13. 凡著書用黃老爲宗,以專氣致柔注老子《道德經》兩卷,以五形萬靈撰《黃庭內景經義》一卷,以寓詞明道著《則陽子》九篇,以立家必子序《教子中典》三卷,以聖言物則纂《論語後傳》十篇。(唐貞元二十年《陳皆墓誌》)

14. 尊師乃著《修真秘旨》十二篇,見行於世。(唐開元廿三年《貞一廟碑》)

15. 公之平生,每懷感激,屬纊之際,造皇箴一篇。(唐咸亨四年《畢

粹墓誌》）

16. 松溪月釣，草堂雲宿，賦詩數十篇，陶情性而已。（唐廣德元年《元復業墓誌》）

17. 誦古詩四百篇，諷賦五十首。（唐咸通六年《孫備妻于氏墓誌》）

18. 著古律詩千餘篇，風雅其来，莫之能上，覽者靡不師服。（唐咸通十一年《張曄墓誌》）

由以上數例可知，量詞"卷"大多專門用以稱量書籍，如例 6～11，或者是一部書中相對完整的一個組成部分，如例 12。而量詞"篇"多用以稱量完整的詩文或箴奏，如例 15～18，也可用於稱量一部書中相對完整的一個組成部分，如例 12。當"篇"、"卷"均表書籍組成部分的單位時，"卷"相對"篇"來説，表示的内容較長，如例 12。魏晉南北朝至隋唐五代時期，"書"多用量詞"卷"。書寫材質由簡牘到縑帛，裝幀形式也隨之由簡册裝改變爲卷軸裝。紙本也受帛書的影響，這個時期大多數書籍依然爲卷軸裝。一直到宋代，出現了各種新的裝幀法，但卷軸裝依然沿用。北宋歐陽修《歸田録》卷二："唐人藏書皆作卷軸，其後有葉子，其制似今策子。"南宋程大昌《演繁露》卷十："古書皆卷，唐始爲葉子，今書册也。"後來出現折叠式，最後才逐漸演化成爲目前仍在通用的包背和綫訂的形式。

量詞"本"最初是用於佛教典籍的，也與裝幀形式有關。顧云卿認爲："書之稱本，起源於中國書的卷軸形式。"[1]我們認爲不然，"書"之稱"本"，蓋受佛經的影響。佛教傳入中國，佛教典籍也隨之而來。受印度貝葉經的影響，譯自梵文，裝幀形式採用梵夾裝或經折裝，然後佛教典籍稱爲"本"。後來這種用法才擴展到中土文獻，一般的典籍也可稱"本"了。量詞"册"產生在書寫材質爲簡帛的時期，將若干竹簡比次編連到一起爲"册"。"'册'表示一種文件較小的形體單位，'篇'則用於較長的内容單位，一'篇'可能含有數'册'。"[2]兩漢時期，"篇"和"卷"均用作表書籍

---

〔1〕　顧云卿：《書何以稱"本"》，《咬文嚼字》2006 年第 10 期。
〔2〕　錢存訓：《書於竹帛》，上海：上海書店出版社，2003 年(86)。

的單位。魏晉南北朝時期，“卷”多量書籍，“篇”多量詩文。而量詞“册”用以量書，“一册”相當於“一本”或“一卷”，在内容上已經長於“篇”了。再進一步發展，則是“篇<册<本<卷<部”了。

魏晉南北朝時期，紙張作爲書寫媒介真正普遍用於日常書寫，書籍總量大幅增長才具備了可能。文人著述成一時風氣，著書、藏書也不再是少數人的專利。此時期佛教、道教方興未艾，爲了傳播宗教思想，高僧著書、寺院藏書也盛極一時。書籍總量與種類的繁富，必然使得與其相關的量詞隨之變化發展。臧克和師闡釋魏晉南北朝時期書體發展的原因時説：“可以將紙張獲得廣泛使用，作爲魏晉南北朝社會文字發展的物質因素來看待。”[1]對於魏晉南北朝時期名量詞的發展來説，紙張的廣泛應用也是一個重要因素，是推動其發展的一股外在驅動力。

第四節　魏晉南北朝石刻名量搭配演變研究

——與隋唐五代石刻相較

隨着社會的發展，語言也會變化發展。“語言的變化發展既體現在語言各要素的聚合關係的發展變化上，又體現在語言各要素的組合關係的發展變化上，漢語詞彙的發展變化既有聚合關係的内容，也有組合關係的内容，詞語搭配的歷時變化研究的内容是對詞語組合關係歷時變化的考察。”[2]蔣紹愚指出：“詞的組合關係，簡單地説就是詞的搭配關係。詞的組合關係的歷史變化，主要表現在以下兩個方面：1）同一個詞，詞義基本不變，但在不同歷史時期組合關係有所不同。2）在某一時期的語言平面中，既有繼承前一時期的舊詞和舊語法成分，又有新産生的新詞和新語

---

〔1〕　臧克和：《書體發展與文體自覺——魏晉南北朝書體發展的社會因素及社會功能》，《學術月刊》2007 年第 3 期。

〔2〕　張詒三：《詞語搭配變化研究——以隋前若干動詞與名詞的搭配變化爲例》，濟南：齊魯書社，2005 年(11)。

法成分,新舊的組合關係往往不同。"[1]如前文所講,量詞與名詞的搭配,一方面表現爲静態的聚合關係,一方面又體現出動態的組合關係。因此,我們不僅要從静態角度對其進行共時描寫,更要從動態角度探討在不同時期其組合關係的演化。

漢語名量詞從産生、發展到成熟經歷了漫長的歷史時期。從商周甲骨文、金文時期量詞開始萌芽,至秦漢時代獲得明顯發展,名量詞已經初步成熟。到了魏晉南北朝時期,已基本形成成熟的體系和規範,並隨着時代的推移而持續發展。劉世儒指出,從歷史上看,漢語量詞是遵循着由簡到繁和由繁到簡兩條道路發展下來的,其目的是讓語言的結構更加精確、鮮明、完善。於是量詞的分工越來越細密,很多中心詞各有專職的量詞,這是由簡到繁;而同義量詞的淘汰,一般退色量詞的"個化"等,則是由繁到簡。總之,一方面簡捷化,一方面明確化、鮮明化,這就是漢語量詞發展的歷史方向。[2]在量詞沿着這個方向發展的過程中,與名詞的搭配關係自然也隨之發生了變化。

我們將魏晉南北朝石刻中的名量詞分爲四類,再分別整理出與其搭配的名詞。同時,將名詞分爲十六類,並分別整理出與其搭配的量詞。如此,便可知魏晉南北朝石刻中名量搭配的情況。在此基礎上,將隋唐五代石刻與之進行對照,進而可看到從魏晉南北朝時期到隋唐五代時期量詞與名詞搭配的演化趨勢。具體整理結果見本節末附表二、附表三。

前文已述,量詞與名詞的搭配是語義上的雙向選擇關係。因而,我們可從量詞與名詞兩個角度,分別來考察量詞與名詞搭配之演變。從量詞的角度來看,名量搭配之演變表現爲同一量詞所搭配的名詞範圍的變化,由此可知該量詞在魏晉南北朝至隋唐五代數百年間趨於愈用愈寬抑或愈用愈窄。從名詞的角度來看,名量搭配之演變則表現爲同一名詞所搭配的量詞範圍的變化,由此可反映出量詞在不同時期分化或更替的演變

---

〔1〕　蔣紹愚:《漢語詞彙語法史論文集》,北京:商務印書館,2000 年(137—138)。
〔2〕　參見劉世儒:《魏晉南北朝量詞研究》,北京:中華書局,1965 年(2—3)。

軌跡。

一、名量詞適用範圍的發展演變

隨着量詞的發展演變,與此量詞搭配的名詞範圍也發生變化。魏晉南北朝石刻中的名量詞,到了隋唐五代時期,有的愈用愈寬,適用範圍擴大;有的則愈用愈窄,適用範圍縮小。現分別論述如下:

(一) 適用範圍擴大

1. 條

個體量詞"條"在魏晉南北朝時期已經比較成熟,可用於稱量"樹枝"、"繩"、"道路"等條狀之物,亦可用於稱量"事"等抽象事物。魏晉南北朝石刻中,"條"稱量"大獄",側重事項整體,而不是可以羅列成條文的事件,已經是更爲虛化的用法了。到了隋唐五代時期,量詞"條"不僅繼承了前代的用法,而且其適用範圍有擴大的趨勢。

在隋唐五代石刻中,量詞"條"將更多的條狀之物納爲稱量對象。舉數例如下:

(1) 每年貢舉人,量減《尚書》、《論語》一兩條策,准數加《老子》策,俾尊崇道本,附益化源。(唐開元廿六年《道德經幢》)

(2) 繡幞十條。(唐咸通十五年《法門寺供物帳碑》)

(3) 繡帕二條。(唐咸通十五年《法門寺供物帳碑》)

(4) 繚綾食帛十條。(唐咸通十五年《法門寺供物帳碑》)

(5) 繚綾影罩二條。(唐咸通十五年《法門寺供物帳碑》)

(6) 赭黃熟線綾牀罩五條。(唐咸通十五年《法門寺供物帳碑》)

(7) 紅異紋綾夾罩四條。(唐咸通十五年《法門寺供物帳碑》)

(8) 折皂手巾一百條,白異紋綾手巾一百條。(唐咸通十五年《法門寺供物帳碑》)

(9) 扶疏之樹千條,浩渺之流一帶。(唐文德元年《盧公妻趙氏墓誌》)

(10) 天復元年,施相輪塔心樸柱方一條。(唐天佑十九年《法門寺塔

廟碑》）

（11）面太白而千疊雲屏,枕清渭而一條翠帶。（唐天佑十九年《法門寺塔廟碑》）

由上述例證可知,隋唐五代時期,量詞"條"可稱量與本義密切相關的"樹枝",如例(9);可稱量木製的長條形事物,如例(10)之"樑柱方";可稱量柔軟的巾帛類事物或牀上所用物品,如例(2)~(8)之"繡幙"、"繡帕"、"食帛"、"牀罩"、"手巾"等。這些事物的條狀特徵較"樹枝"等物漸不明顯,但基本上保存長條狀,仍可看作條形。量詞"條"還可稱量"河流",如例(11)之"翠帶",即指句中"渭水"。量詞"條"稱量抽象事物的用法在隋唐五代也得到了繼承,可用以稱量可以分項的事物,如例(1)之"策"。可見,量詞"條"在隋唐五代時期得到很大發展,使用頻率很高,適用範圍很廣,真正泛用於一切條形之物應該是在此時期。現代漢語中,量詞"條"還在大量使用,用於稱量條狀物和稱量可以分項的事物仍是其主要用法。後來適用範圍繼續擴大,"人"或人體部位也可以用量詞"條"來稱量了。

2. 會

集體量詞"會"在魏晉南北朝時期多用以稱量"佛像"。到了隋唐五代時期,"會"的適用範圍擴大,亦可以用於稱量"人"。

在隋唐五代石刻中,量詞"會"稱量"人"的用例如下:

（1）已而州縣官吏長史苗藏實等,設一千五百人爲一會;鎮遏團練官健副使孫琳等,設五百人爲一會;耆壽百姓張列等,設五千人爲一會。（唐大曆七年《八關齋會報德記》）

洪藝芳指出,"會"量"人"的用法,就敦煌變文而言,僅使用於俗講經文中,其它講史性等變文並未出現,故或許群體量詞"會"爲佛家之用語,一般並不使用,但此推測尚有待相關材料的印證方可做進一步的探究。[1] 隋

---

〔1〕 參見洪藝芳:《敦煌吐魯番文書中之量詞研究》,臺北:文津出版社,2000 年(358)。

唐五代石刻材料中,量詞"會"的用例來自顏真卿撰寫的《八關齋會報德記》。雖然"會"的稱量對象爲一般的官吏、百姓,但碑刻內容關涉佛教齋會。量詞"會"蓋爲佛教之特色,即使不用於佛教典籍中,亦與佛教有關。

3. 群、隊

因集體量詞"群"和"隊"在石刻中常常對舉使用,故將二者並列於此,一同探討。魏晉南北朝時期,量詞"群"主要用於稱量成群的人和動物。"隊"是魏晉南北朝時期的一個新興量詞,似首見於石刻語料,與量詞"群"對舉使用,用於稱量成群的人(參見第二章第一節"隊"條)。到了隋唐五代時期,量詞"群"和量詞"隊"的適用範圍擴大,稱量對象已經突破了一般的人或動物的限制,亦可與"鬼"搭配。

在隋唐五代石刻中,量詞"群"和"隊"的用例如下:

(1) 燕劍拔而不韜,秦弓張而不弛,介夫萬陣,鐵馬千群。(隋大業六年《楊秀墓誌》)

(2) 於是胡騎千群,長戟百萬,飲馬則河洛可竭,作氣則嵩華可飛。(唐武德二年《李密墓誌》)

(3) 噴玉千群,遺風萬隊。(唐麟德二年《李震墓誌》)

(4) 國家如熊四合,已守碧雞之津;建德封豨萬群,仍浮白馬之水。(唐乾封二年《曹欽墓誌》)

(5) 千鬼共一隊,萬鬼作一群。(唐神功二年《馮公行寶塔頌》)

由上述例證可知,量詞"群"可稱量"馬"、"封豨"等動物,如例(3)、(4),這種用法是繼承魏晉南北朝時期而來。亦可以稱量人與動物的組合,如"鐵馬"、"胡騎",一般指"騎兵",如(1)、(2)。量詞"群"用於稱量"鬼"則是隋唐五代時期的新發展。另外,在唐五代的詩文中亦見量詞"群"稱量無生物的用例。如:家占溪南千箇竹,地臨湖上一群山。(《御定全唐詩》卷四七六熊孺登《青溪村居二首》)一直到現代漢語,量詞"群"的用法仍是計量成群的人、動物以及群山、樓群,適用範圍未有擴展。

量詞"隊"在魏晉南北朝時期用於稱量"人",到隋唐五代時期適用範圍擴大至成群的動物,如例(3)之"馬";也可稱量人與動物的組合,如例

184

（1）之"鐵馬"、例（2）之"胡騎";繼續擴大,連"鬼"亦可與其搭配。

　　4. 段

　　量詞"段"在魏晉南北朝時期已經發展得很成熟了,依劉世儒的説法,其用法包括量"物"、量"文"、量"事"、量"時"四種。[1] 學界普遍認爲"段"屬個體量詞的性質,但我們對此持不同觀點。魏晉南北朝石刻中,量詞"段"可用於稱量"地"、"布帛"和"事"。我們認爲,"段"稱量"地"和"事"屬個體量詞的用法(參見第二章第一節"段₁"條),但稱量"布帛"則逐漸發展成爲度量衡量詞(參見第三章第一節"段₂"條)。到了隋唐五代時期,量詞"段"除了繼承了前代的用法之外,在使用頻率上也獲得極大提高,而且明確了其度量衡量詞的性質,用以計量布帛織物的長度。

　　量詞"段"在魏晉南北朝石刻中共出現 8 次,其中 5 次稱量"布帛"。到了隋唐五代石刻中,則出現 90 次,其中稱量"布帛"的用例就有 86 次。當然,其高頻出現也不排除石刻文獻內容的影響。量詞"段"稱量"布帛"多出現在石刻文獻中有關君主賞賜的部分。本書第三章第一節"段₂"條已經列舉多個用例,兹摘數例如下:

　　（1）又蒙賜物三百段,米二百斛。（隋大業六年《史射勿墓誌》）

　　（2）贈束帛一百段,粟麦三百碩,儀仗鼓吹車輅,營墳夫六百人。（隋大業九年《蕭球墓誌》）

　　（3）高祖稱善,賚繒綵千有餘段,名馬五匹,并金裝鞍勒百副。（唐顯慶二年《張士貴墓誌》）

　　（4）贈絹一千五百段,米粟一千五百石,陪葬昭陵。（唐顯慶四年《尉遲敬德墓誌》）

　　（5）明年,詔於玄武北門留守,賜綵一百段。（唐麟德元年《杜君綽碑》）

　　（6）重離啟聖,即授右監門副率,賜物五千段,黃金五百兩。（唐乾封

---

〔1〕　劉世儒:《魏晉南北朝量詞研究》,北京:中華書局,1965 年(123—125)。

元年《李孟常碑》）

（7）賵絹布二千段,米粟一千石,并賜東園祕器。（唐上元二年《李鳳墓誌》）

（8）賜絹二千匹,雜綵五百段,金銀器物十事。（唐開元十五年《楊執一墓誌》）

君主賞賜物品多以金銀、米粟、布帛爲主,金銀和米粟均與度量衡量詞搭配以精確表量,金銀多論"斤"、"兩",米粟則論"石"、"斛"。隋唐五代石刻中,"段"稱量布帛,可與"石"、"斛"稱量米粟並列,如例（1）、（2）、（4）、（7）;也可與"兩"稱量黃金並列,如例（6）;也可與"匹"稱量布帛並列,如例（8）。既然"石"、"斛"、"匹"均表示固定的量,那麼"段"也應有標準和定制。而且,封建政權對國庫的財政支出掌控嚴格,因功或因喪而賜物,必會定量。《通典》詳細記載不同品級的官員薨卒後賞賜財物的量,"大唐制諸職事官薨卒,文武一品,賵物二百段,粟二百石;二品物一百五十段,粟一百五十石;三品物百段,粟百石;正四品物七十段,粟七十石;從四品物六十段,粟六十石……"若"段"不定量,賞賜之事無法操作。而且,布帛之所以常被用於賞賜,與其在當時經濟中的地位分不開。魏晉南北朝時期,絹帛可作爲支付手段和商品交換的媒介,唐代亦沿襲前代以絹帛爲幣的做法,貨幣流通始終保持"錢帛兼行"。當時政府甚至屢次發佈法令來明確絹帛的法定貨幣的地位,《唐會要》等書中皆有詳細記載,此不贅述。但由於缺乏文獻記載,而且在魏晉南北朝石刻中的例證偏少,我們無從得知量詞"段"在魏晉南北朝時期所代表的實質長度。根據隋唐五代石刻中量詞"段"豐富的例證,以及隋唐五代時期的史書記載,我們斷定量詞"段"在隋唐五代時期兼具個體量詞和度量衡量詞的性質。作爲度量衡量詞,用以計量布帛的長度,其制爲:布帛寬一尺八寸、長二丈爲"一段"。

（二）適用範圍縮小

1. 枚

個體量詞"枚"在魏晉南北朝時期適用範圍極廣,可用以稱量建築物、衣物、衾簟、梳妝用品、飾品、生產工具、交通工具、文具、容器、武器、錢幣以及有生命的動物、植物等,"除了抽象名詞及個别事物它還不習慣陪伴外,幾乎是無所不可適應的"。[1] 到了隋唐五代時期,量詞"枚"的使用頻率仍然很高,適用範圍仍然很廣,但與魏晉南北朝時期相比,還是有一定的縮小。

在隋唐五代石刻中,量詞"枚"共出現55次,主要用於稱量各種容器、器具以及衣物等,具體用例如下:

可稱量衣物巾帛,如:

(1)紅繡案裙一枚。(唐咸通十五年《法門寺供物帳碑》)

(2)巾子五十枚……揩齒布一百枚。(唐咸通十五年《法門寺供物帳碑》)

(3)方帛子廿枚。(唐咸通十五年《法門寺供物帳碑》)

可稱量"枕",如:

(4)赭黄羅綺枕二枚,緋羅香倚二枚。(唐咸通十五年《法門寺供物帳碑》)

(5)水精枕一枚,影水精枕一枚。(唐咸通十五年《法門寺供物帳碑》)

可稱量飾品"隨求",如:

(6)隨求六枚,共重廿五兩。(唐咸通十五年《法門寺供物帳碑》)

可稱量建築類事物,如:

(7)第一重真金小塔子一枚并底儭,共三段,内有銀柱子一枚。(唐咸通十五年《法門寺供物帳碑》)

量詞"枚"與各種容器的搭配最爲頻繁,包括"盆子、椰子、盞、鉢盂、盤子、疊子、函、罍子、波羅子、香寶子、香爐、手爐、香匙、羹椀子、香山、香囊、籠子、甌、鉢子、鍾"等,如:

(8)賜物百段及銀鏤鍾一枚。(唐垂拱元年《薛元超墓誌》)

---

〔1〕　劉世儒:《魏晉南北朝量詞研究》,北京:中華書局,1965年(77)。

187

（9）水精槨子一枚，鐵盞一枚。（唐咸通十五年《法門寺供物帳碑》）

（10）香寶子二枚，共重卅五兩。（唐咸通十五年《法門寺供物帳碑》）

（11）金鉢盂一枚，重十四兩三錢。（唐咸通十五年《法門寺供物帳碑》）

（12）瓷秘色盤子、疊子，共六枚。（唐咸通十五年《法門寺供物帳碑》）

（13）第二重珷玞石函一枚，金筐寶鈿真珠裝。第三重真金函一枚，金筐寶鈿真珠裝。第四重真金鈒花函一枚。第五重銀金花鈒作函一枚，重卅兩二分。第六重素銀函一枚，重卅九兩三錢。第七重銀金花鈒作函一枚，重六十五兩二分。第八重檀香縷金銀稜裝鉸函一枚。（唐咸通十五年《法門寺供物帳碑》）

（14）壘子一十枚，波羅子一十枚，疊子一十枚。（唐咸通十五年《法門寺供物帳碑》）

（15）香案子一枚，香匙一枚。（唐咸通十五年《法門寺供物帳碑》）

（16）鉢盂子一枚，羹椀子一枚。（唐咸通十五年《法門寺供物帳碑》）

（17）香寶子二枚。（唐咸通十五年《法門寺供物帳碑》）

（18）乳頭香山二枚，重三斤。檀香山二枚，重五斤二兩。丁香山二枚，重一斤二兩。沈香山二枚，重四斤二兩。（唐咸通十五年《法門寺供物帳碑》）

（19）香囊二枚，重十五兩三分。（唐咸通十五年《法門寺供物帳碑》）

（20）籠子一枚，重十六兩半。（唐咸通十五年《法門寺供物帳碑》）

（21）龜一枚，重廿兩。（唐咸通十五年《法門寺供物帳碑》）

（22）結條籠子一枚，重八兩三分。（唐咸通十五年《法門寺供物帳碑》）

（23）瑠璃鉢子一枚……瑠璃疊子十一枚。（唐咸通十五年《法門寺

供物帳碑》)

（24）銀稜檀香木函子一枚。（唐咸通十五年《法門寺供物帳碑》)

（25）玉櫛子一枚。（唐咸通十五年《法門寺供物帳碑》)

（26）銀白成香爐一枚并承鐵,共重一百三兩。（唐咸通十五年《法門寺供物帳碑》)

（27）銀金塗盞一枚,重卅一兩,僧智英施。（唐咸通十五年《法門寺供物帳碑》)

（28）手爐一枚,重十二兩二分。（唐咸通十五年《法門寺供物帳碑》)

（29）香爐一枚,重卅二兩。（唐咸通十五年《法門寺供物帳碑》)

（30）盆子卅枚。（唐貞元十三年《濟瀆廟祭器銘》)

（31）真金鉢盂、錫杖各一枚,共重九兩三錢。（唐咸通十五年《法門寺供物帳碑》)

可稱量其他日用什物,包括"錫杖、如意、燈盞、燈臺子"等,如：

（32）銀如意一枚,重九兩四錢。（唐咸通十五年《法門寺供物帳碑》)

（33）銀如意一枚,重廿兩。（唐咸通十五年《法門寺供物帳碑》)

（34）燈盞一百六十枚。（唐貞元十三年《濟瀆廟祭器銘》)

（35）燈臺子一百六十枚。（唐貞元十三年《濟瀆廟祭器銘》)

可稱量植物之果實,如：

（36）遂館於幼日王院覺賢房第四重閣,日供擔步羅果一百廿枚,大人米等稱是,其尊敬如此。（唐開成四年《玄奘塔銘》)

　　受隋唐五代石刻内容的影響,供奉品、祭器和賞賜多以金銀器物爲主,所以量詞"枚"與各種容器、器物的搭配最頻繁,與衣物、衾篝、首飾、植物的搭配相對較少。至於隋唐五代石刻中没出現的量詞"枚"與生産工具、錢幣、文具、武器、動物等搭配的用例,可在同時期的筆記小説、佛經、史書和詩詞中看到。我們將魏晉南北朝時期的傳世文獻、石刻文獻以及隋唐五代時期的傳世文獻、石刻文獻中量詞"枚"的稱量對象作以參照對比,具體情形可參照節末附表一,此處暫不舉例。

與魏晉南北朝時期相比,量詞"枚"稱量交通工具的用例消失了,稱量文具、武器的用例也變少了,但其用法也有一些發展。隋唐時期,量詞"枚"還可用於稱量人或動物的肢體、器官(羊頭、豹尾、蛇膽等)和語言單位(隸字)。[1] 即便量詞"枚"在隋唐時期使用頻率仍然很高,適用範圍仍然很廣,甚至還有一定的發展,但專用個體量詞的大量湧現已經開始分擔其職能,必然會對其產生較大衝擊。比如"刀劍"多與量詞"口"搭配,"紙"多與量詞"張"搭配,"碑"和"塔"多與量詞"所"搭配等。越來越多的事物有了專用量詞稱量,量詞"枚"的適用範圍逐漸縮小,走向衰落也是必然趨勢。專就石刻語料來講,雖然量詞"枚"的用例和稱量對象的種類,不如傳世文獻豐富。但在語料性質相同的前提下,量詞"枚"的適用範圍,從魏晉南北朝時期到隋唐五代時期仍然表現出明顯的縮小趨勢。在現代漢語中,量詞"枚"多用於書面語中,多用以稱量"戒指、獎章、郵票、硬幣"等形體較小的物品,適用範圍更小了。

2. 軀

個體量詞"軀"在魏晉南北朝時期主要用於稱量佛教"造像"或道教"造像"。因"塔"與"像"形體上的相似性,量詞"軀"也可用於稱量"塔"。到了隋唐五代時期,量詞"軀"繼承了魏晉南北朝時期的用法,仍然可以與"造像"搭配,但稱量"塔"的用例偶見。

在隋唐五代石刻中,量詞"軀"的使用頻率很高,除了2例用以稱量"浮圖"和"經幢"外,其他均用以稱量"造像"。舉數例如下:

(1)大隨開皇十六年,歲次丙辰,四月癸未,朔八日庚寅,青信仕佛弟子李鍾葵妻馬怜,爲亡女葙妃敬造觀世音石象一軀。(隋開皇十六年《李鐘葵妻馬憐造像記》)

(2)大隨仁壽四年,歲次壬子,四月癸壬,朔丙寅八日癸酉,涿郡弟子

---

[1] 參見游黎:《唐五代量詞研究》,四川大學碩士學位論文,2002年(98)。

韋載敬造石佛像一軀。(隋仁壽四年《韋載造像記》)

(3)乃於粲香寺大佛殿敬造釋迦像,光趺高三丈五尺,并夹侍菩薩、阿難、迦葉、金剛、神王等七軀。(唐貞觀廿二年《任道墓誌》)

(4)天寶十三載二月八日,敬造弥勒像一軀。(唐天寶十三年《袁名丘等造像記》)

(5)因發誠願,歸旋之日,於此造等身像一軀,此乃夜郎之役也。(唐貞元七年《龍門山觀音石像銘》)

(6)咸通八年六月七日,女弟子蘇氏重裝前件功德三軀。(唐咸通八年《蘇氏造像記》)

(7)銀金花菩薩一軀并真珠裝,共重五十兩。(唐咸通十五年《法門寺供物帳碑》)

(8)佛弟子皇甫文剛并妻,敬造優填王像一軀供養。(唐刻《皇甫文剛及妻造像記》)

(9)暨年月,良工告成,凡一十六門七十二角,竝随層隱出諸佛形像,共六十二軀。(後晉天福六年《堅牢塔記》)

(10)弟子何承渥造羅漢貳軀,爲報父母恩永充供養。(後晉開運元年《何承渥造羅漢像記》)

(11)曉四大之無堅,然惠燈而暉闇室,敬造五給浮圖一軀、像一鋪。(唐開元六年《張貓造像記》)

(12)女弟子黄氏,号順儀,爲亡女練師廿二娘,於塋所建造尊勝陁羅尼幢壹軀。(唐咸通七年《黄順儀造陀羅尼幢》)

由上述例證可知,量詞"軀"在隋唐五代時期大多用以稱量"造像",且以稱量佛教"造像"爲主,包括觀音像、無量壽像、阿難像、迦葉像、金剛像、神王像、優填王像、羅漢像等,如例(1)～(10),未見其稱量道教"造像"的用例。稱量其他事物的用例僅有 2 例,即例(11)之"浮圖"和例(12)之"經幢"。

在隋唐五代時期,除了例(11)、(12)之外,其餘"塔"、"幢"之類的事物均與量詞"所"搭配。如:

（13）抽資什物，謹捨净財，敬造斯塔一所。（唐垂拱四年《順貞等造塔記》）

（14）於洛州城東北去城門漆里，敬造石浮圖壹所，漆劫阿彌陀壹區，并貳菩薩。（唐聖曆元年《何行感造像記》）

（15）爰於此寺門東偏，敬造浮圖一所。（唐開元八年《居德寺碑》）

（16）願□□齊心，共樹福田，建寶幢一所。（唐開元廿八年《杜儼等造陀羅尼經幢》）

（17）□捨緣身裙被等數十事，造多寶塔一所。（唐開元廿九年《多寶塔銘》）

（18）又於闕内東南隅，建立尊勝陁羅尼幢壹所。（唐大和九年《張榮恩墓誌》）

（19）妻楊氏，奉爲故夫張敬祖，於濟遠道場文殊净院敬造石塔一所。（唐刻《張敬祖石塔銘》）

（20）兼造尊勝陁羅尼幢一所，建立塋内。（後梁乾化五年《國礦誌銘》）

（21）吳越王長舅鄭國公吳延福，載興塼塔二所。（後周顯德五年《崇化寺西塔基記》）

可見，量詞“軀”在隋唐時期仍繼續使用，但適用範圍已呈現縮小的趨勢。原本適用的“塔”、“幢”之類的對象，均被量詞“所”納入稱量範圍。此時期，量詞“軀”基本上已經成爲專門稱量“造像”的量詞了。這樣，量詞的分工更加細密，量詞體系向精細化方向又邁進了一步。

3. 首

個體量詞“首”在魏晉南北朝時期主要用於稱量“碑、綬”等有端頭的事物和“詩、詞、歌、賦、文”等有端頭的言語作品類事物。到了隋唐五代時期，量詞“首”繼承了魏晉南北朝時期的用法，可與言語作品類事物搭配，但“碑、綬”等事物則不在其稱量範圍内。

在隋唐五代石刻中，量詞“首”用於稱量言語作品類名詞。用例如下：

（1）大法師記德碑文一首。（唐貞觀六年《大法師行記》）

（2）公賦出征詩一首,帝覽而嘉之。（唐垂拱元年《薛元超墓誌》）

（3）八品亡宮誌文一首并序。（唐萬歲登封元年《八品亡宮墓誌》）

（4）大周賈府君墓誌銘一首并序。（唐長安三年《賈楚墓誌》）

（5）五言暮春題龍日寺西龕石壁一首。（唐乾元三年《龍日寺西龕石壁詩刻》）

（6）娶御正中大夫殷英童女,《英童集》呼顏郎是也,更唱和者二十餘首。（唐大曆十四年《顏勤禮碑》）

（7）文章一百首,考試三百場,爲解言上下各十九章。（唐大中十二年《沈中黃墓誌》）

（8）誦古詩四百篇,諷賦五十首。（唐咸通六年《孫備妻于氏墓誌》）

由上述例證可知,隋唐時期,量詞“首”可用於稱量“碑文、墓誌銘”,如例（1）、（3）、（4）;可用於稱量“詩”,如例（2）、（5）、（6）;可用於稱量“文章”,如例（7）;亦可用於稱量“賦”,如例（8）。

而名詞“碑”在隋唐時期多與量詞“所”搭配,如:

（9）碑一所,在闕南廿步。（唐開元三年《姚懿墓誌》）

（10）碑一所,在墳南一十四步。（唐開元三年《姚懿墓誌》）

（11）元和中,僧道明遂見此寺破壞,衆人所請,爲國崇修,及諸功德,並造神碑一所以記之。（唐元和六年《楞伽寺碑》）

可見,從魏晉南北朝時期到隋唐五代時期,量詞“首”的適用範圍已逐漸縮小,僅適用於“詩、文”等言語作品類事物。劉世儒指出:“後來發展,‘首’就用成詩歌的專用量詞,但在南北朝這種分工還沒有完成,所以其它作品它也同樣還可以鑽進去。”[1]從石刻材料來看,隋唐五代時期,這種分工仍然沒有實現。但此時期將“碑、綬”等有端頭的事物從量詞“首”的稱量範圍中劃出來,已經是量詞分工的一種進步。現代漢語中,量詞“首”專用於詩歌,是從隋唐時期開始且逐漸分工的結果。

---

〔1〕　劉世儒:《魏晉南北朝量詞研究》,北京: 中華書局,1965 年(174)。

4. 具

量詞"具"在魏晉南北朝時期兼具集體量詞和個體量詞的性質,且適用範圍很廣,凡配備齊全、成套使用的事物皆可與之搭配。包括"被褥"、"牀帳"、"袍袴"、"杯盤"、"弓箭"、"鼓角"、"剪刀尺"等異物相配者,亦包括"鞋"、"靴"等同物相配者,亦包括"合"、"函"、"嚴具馥"等配備成套者,以上是其集體量詞的用法。而量詞"具"稱量"裙"、"枕"、"刀子"、"尺"等單一物品,則是其個體量詞的用法。到了隋唐五代時期,量詞"具"繼承了前代的用法,依然保持表個體與表集體的用法並存的局面。但此時期量詞"具"的適用範圍較前代已經呈現縮小的趨勢,原本適用的對象已經多由量詞"副"或其他量詞來稱量。

在隋唐五代石刻中,量詞"具"既可以稱量配備成套的事物,亦可以稱量單一的事物。具體用例如下:

(1) 稱爲女師,乃賜銀匕箸一具。(隋大業二年《蔡君妻張貴男墓誌》)

(2) 並銀稜函盛銀鑷子二具,共重一兩。(唐咸通十五年《法門寺供物帳碑》)

(3) 銀鑷子、金塗鑷子七具,並鑰匙、鋦鍼、鑷子等,共計一十六兩四錢。(唐咸通十五年《法門寺供物帳碑》)

(4) 銀白成香合一具,重十五兩半。(唐咸通十五年《法門寺供物帳碑》)

(5) 銀金花合二具,共重六十兩。(唐咸通十五年《法門寺供物帳碑》)

(6) 白藤箱二具。(唐咸通十五年《法門寺供物帳碑》)

(7) 可幅臂鉤五具。(唐咸通十五年《法門寺供物帳碑》)

(8) 接袱五具。(唐咸通十五年《法門寺供物帳碑》)

(9) 賜物三千段,金帶一具,拜新城府別將。(唐乾封二年《曹欽墓誌》)

(10) 鑷一具。(唐貞元十三年《濟瀆廟北海壇祭器碑》)

194

（11）殿門鑷一具。（唐貞元十三年《濟瀆廟北海壇祭器碑》）

（12）剗碓一具。（唐貞元十三年《濟瀆廟北海壇祭器碑》）

以上用例中，量詞“具”的稱量對象分别爲：例（1）之“匕”與“箸”，例（2）之“函”與“鑷子”，例（3）之“鑷子”的同物相配，例（4）～（6）之配合成套的“合”、“箱”，例（7）、（8）之常成對使用的“臂鈎”、“接袖”。所以，例（1）～（8）均爲“具”的集體量詞的用法。而例（9）～（12）分别稱量單一的“金帶”、“鑷”和“剗碓”，則爲其個體量詞的用法。可見，在隋唐五代時期，量詞“具”的使用依然比較頻繁。但與魏晉南北朝時期相比，其適用範圍已經開始縮小了。作爲集體量詞，在隋唐五代時期其可稱量對象的類别明顯減少，原本適用的對象很多傾向於與量詞“副”或“對”等搭配。具體例證將在下文“名詞所搭配量詞的發展演變”部分給出，爲避免重複，此暫不列舉。

二、名詞所搭配量詞的發展演變

在量詞發展的過程中，與名詞的搭配關係自然也隨之發生了變化。同一個名詞在某個時期常與某個量詞搭配，隨着量詞適用範圍的擴大或縮小，可能就會用另外一個量詞與之搭配。通過對同一名詞在不同時期內所搭配的量詞的變化，可以看出量詞或分化或更替的演變軌跡。

名詞與量詞之間是一種語義上的雙向選擇關係，依據可組合名詞的語義類别，邵敬敏將量詞的語義組合功能大體上分爲三種情況：① 專用型：只適用於某一種特定對象，量詞語義單一，而且比較具體。如：輛（車）、幢（房）。② 合用型：可適用於兩種以上對象，量詞語義多種，這些語義之間大多存在某種派生關係。如：所（房屋、單位）、群（動物、人、島嶼……）。③ 通用型：較普遍適用於若干種對象，與名詞組合相對比較開放，量詞的語義虛化程度較强。如：個、種、樣。[1]

---

〔1〕　參見邵敬敏：《量詞的語義分析及其與名詞的雙向選擇》，《中國語文》1993 年第3 期。

我們將隋唐五代石刻中名詞與量詞搭配的情形與魏晉南北朝石刻中的情形相比對,分別從專用量詞、合用量詞和通用量詞與名詞搭配的演化,來描述魏晉至隋唐時期數百年間名量搭配的發展演變。

（一）專用量詞與名詞搭配的演化

魏晉南北朝至隋唐五代石刻中,有的專用量詞與名詞的搭配,在不同的時期呈現明顯的更替演化現象。我們以量詞"互"和量詞"結"爲例,予以説明。

互、結

魏晉南北朝石刻中,名詞"綫"用量詞"互"來稱量,如:

（1）故糸綫二互。（東晉《潘氏衣物券》）

（2）故布綫一互。（東晉《潘氏衣物券》）

而在隋唐五代石刻中,名詞"綫"用量詞"結"來稱量,如:

（3）新絲一結。（唐咸通十五年《法門寺供物帳碑》）

（4）百索線一結。（唐咸通十五年《法門寺供物帳碑》）

"互",古與"笠"同,本指絞繩的器具,亦可以收絲。因"綫"也可以收卷,亦可以用"笠"來卷。由表工具的名詞虛化爲量詞,專門用以稱量纏繞在一起的綫類物品。"互"作量詞,辭書未收録,在魏晉南北朝石刻中首見。"結"本爲動詞,《説文·糸部》:"結,締也。"由使條狀物相交聯的動作虛化爲量詞,專門用以稱量積聚成束的綫類物品。"結"作量詞,辭書亦未收録。洪藝芳指出:"'結'的產生不會晚於東晉,在後秦鳩摩羅什的譯經中已經出現使用例證:一了一切了,一悟一切悟,一證一切證,如斬一結絲,一斬一時斷。(《摩訶般若波羅蜜經》卷二十七)"[1]實際上,早在東漢時期,"結"已經作爲量詞使用了。《太平御覽》卷六十六引《洞冥記》云:"伏子因而誦之,常以細繩十餘尋以縛腰,誦一遍則結繩一結,十尋之繩皆成結矣,計誦《尚書》可數萬遍。"可爲其證。

---

〔1〕 洪藝芳:《法門寺出土唐代〈衣物帳〉的集體量詞》,《文學新鑰》2006 年第 4 期。

如前文所述,對同一個事物,如果從不同的角度或不同的方面去觀察,就會發現其不同的特徵。因而,同一個名詞可以選用不同的量詞來稱量,以體現其特徵差異。中心詞"綫",可以與量詞"互"搭配,也可以與量詞"結"搭配。選用量詞"互",所要凸顯的是"綫"繞在工具"笁"上的結果;選用量詞"結",所要凸顯的是"綫"經"打結"這個動作後的結果。二者之間的主要差別在於纏束在一起的"絲"或"綫"中間有無一個工具"笁"。以"笁"爲工具將"綫"纏繞在一起,中間的"笁"不易取下。而以手打結,"綫"積聚在一起,中間無其他物品。

量詞"互"除了在魏晉南北朝石刻中出現之外,在後世文獻中已不見其用例,而量詞"結"在隋唐五代時期依然用以稱量綫類物品。洪藝芳指出:"'結'部分量詞的用法,在後代文獻中一直呈現罕用的現象,加以'束'與'結'近義,或因經濟原則,在近義詞的生存競争中'結'漸漸被淘汰而消失,而'束'具有極强的生命力,一直沿用至現代漢語中。"[1]北宋《龍學文集》卷十四《西齋畫記》:"且去命授與白絲一結,令日數一莖,數盡即來。"可知,量詞"結"被量詞"束"淘汰,至少應該是宋代以後的事情了。而量詞"束"在現代漢語中多見於書面語中,用以稱量可捆束的事物,纏繞的"綫"多用"團"、"卷"等量詞來稱量。

（二）合用量詞與名詞搭配的演化

魏晉南北朝至隋唐五代石刻中,合用量詞與名詞的搭配更替演化,我們以量詞"區"、"丘"、"軀"和"所"爲例,予以説明。

區、丘、軀、所

從魏晉南北朝到隋唐五代時期内,"區"、"丘"、"軀"和"所"四個量詞之間徹底的更替還未完成,但已經呈現出明顯的分化趨勢。下面我們對每個量詞在魏晉南北朝石刻和隋唐五代石刻中的用法分別舉例,予以説明。因前文已經詳細列舉,爲免行文繁複,此處略舉幾例。再以表格的

---

[1]　洪藝芳:《法門寺出土唐代〈衣物帳〉的集體量詞》,《文學新鑰》2006 年第 4 期。

形式呈現其適用對象和使用頻率的變化,進而描述其在發展中的交叉、更替與演變。

1. 區

A 魏晉南北朝石刻:

(1)素有家地,中造墓壹區,入藏。(西晉《杜謖墓門題記》)

(2)規制之初,於寺所絕壁之際,有靈井三區。(北魏《山公寺碑頌》)

(3)賜甲第一區,布帛肇計。(東魏《蕭正表墓誌》)

(4)於是敦契齊心,同發洪願,即於村中造寺一塸。(東魏《李顯族造像碑》)

(5)造石窟一塸,中有斷像。(西魏《蘇方成妻趙鬘造像記》)

(6)乃敬造佛像一區於署右側室,圖侍備設。(北魏《翟普林造像記》)

(7)佛弟子翟蠻,爲亡父母洛難,敬造彌勒像一塸。(北魏《翟蠻造像記》)

(8)傅孝德合家大小,玄心大法,造觀世音菩薩一區。(北周《傅孝德造像記》)

(9)乃鐫鑿名山,機匠絕思,爲七世父母敬造釋迦玉像一區。(北周《張子開造像記》)

(10)諸檀越建塔一塸。(東魏《淨智塔銘》)

(11)今減資生,以崇聖拔,建造石浮圖一區。(北周《張永貴造像記》)

B 隋唐五代石刻:

(12)在路交衝,建天宫一所,誘發菩提;義井一塸,以消内渴。(隋開皇五年《建天宫義井記》)

(13)錫錦袍細帶魚袋二事,物五百段,並賜甲第一區。(唐開元廿七年《俾失十囊墓誌》)

(14)又賜以祕器及塋地一區,並立碑紀德。(唐貞觀十一年《温彦博

墓誌》）

（15）大惟開皇四年,歲次甲辰,八月辛卯,朔十日庚子,佛弟子李惠猛妻楊靜太敬造彌勒像一區,并二菩薩。（隋開皇四年《李惠猛妻楊靜太造像記》）

（16）開皇十七年,歲次丁巳,五月丁未,朔一日乙未,佛弟子張信爲亡息来富,敬造阿彌陀石像一區。（隋開皇十六年《張信造像記》）

（17）咸亨元年二月卅日,弟子成思齊兄弟及姊妹,爲亡父造觀音菩薩一區。（唐咸亨元年《成思齋兄弟造像記》）

（18）李德深外甥女敬造藥師瑠璃光佛一區供養時。（唐刻《李德深外甥女造像記》）

2. 丘

A 魏晉南北朝石刻:

（19）大男楊紹從上公買冢地一丘。（西晉《楊紹買地莂》）

（20）縱廣五畝地,立冢一丘,雇錢萬萬九千九百九十文。（南朝梁《秦僧猛買地券》）

（21）中大通五年正月十五日,上官法光爲亡妹令玉尼,敬造釋迦文石像一丘。（南朝梁《上官法光造像記》）

（22）天保十年臘月八日,十四人造石佛一丘。（北齊《王鴨臉等造像記》）

B 隋唐五代石刻:

無。

3. 軀

A 魏晉南北朝石刻:

（23）都綰闕口、遊激校尉、司馬解伯達,造彌勒像一軀。（北魏《解伯達造像記》）

（24）大魏興和五年,歲次癸亥,正月壬戌,朔二日癸亥,雍州長安劉目連敬造觀世音像一軀。（東魏《劉目連造像記》）

（25）大齊承光元年,歲次丁酉,四月乙亥,朔十五日己丑,佛弟子張

思文敬造無量壽像一軀，並觀音大勢。（北齊《張思文等造像記》）

（26）誠心發願，罄捨家珍，敬造釋迦石像一軀。（北周《僧妙等十七人造像記》）

（27）並息洪顯先發願，爲亡祖公、亡祖母許造磚浮圖一軀。（東魏《朱舍捨宅造寺記》）

（28）邑主朱曇思、朱僧利一百人等，於村之前兆其勝地，綿基細柳，白虎遊南，敬造寶塔一軀。（北齊《朱曇思等一百人造塔記》）

B 隋唐五代石刻：

（29）故人王昕敬造無量壽像一軀，願生佛國，及法界衆生。（隋刻《王昕造像記》）

（30）吳吉甫敬造石像一軀，爲七代父母合大小，並願平安。（唐龍朔元年《吳吉甫造像記》）

（31）永徽四年八月十日，王師亮爲兄造阿彌陀像一軀。（唐永徽四年《王師亮造像記》）

（32）又於龕上爲身造救苦觀音菩薩二軀。（唐顯慶五年《楊君植造像記》）

（33）天寶十三載二月八日，敬造弥勒像一軀。（唐天寶十三年《袁名丘等造像記》）

（34）敬造五給浮圖一軀、像一鋪。（唐開元六年《張貓造像記》）

（35）於塋所建造尊勝陁羅尼幢壹軀。（唐咸通七年《黃順儀造陀羅尼幢》）

4. 所

A 魏晉南北朝石刻：

（36）元嘉二年八月十三日，於江寧石泉里建□□冢一所。（南朝宋《宋乞墓誌》）

（37）唯大齊天統三年四月十日，佛弟子李磨侯敬造鎮池寺一所、石佛象釋迦一會以報。（北齊《李磨侯造像記》）

B 隋唐五代石刻：

（38）在路交衢，建天宫一所，誘發菩提。（隋開皇五年《建天宫義井記》）

（39）遂□於程村之南，汶水之上，立永橋一所。（唐永徽四年《建永橋碑》）

（40）賞物五千段，奴婢卅，甲第一所，上馬五十匹。（唐顯慶五年《紇干承基墓誌》）

（41）龍朔元年六月十日，韓弁智爲亡母楊敬造石像一所。（唐龍朔元年《韓弁智造像記》）

（42）抽資什物，謹舍浄財，敬造斯塔一所。（唐垂拱四年《順貞等造塔記》）

（43）福比丘翻譯經典，有造經房一所。（唐景雲二年《大雲寺功德碑》）

（44）闕四所，在塋四隅。（唐開元三年《姚懿墓誌》）

（45）碑一所，在墳南一十四步。（唐開元三年《姚懿墓誌》）

（46）造水碾四所。（唐開元廿七年《易州鐵像頌碑》）

（47）大唐開元廿七年，歲次己卯，五月壬辰，朔三日甲午，建開北山通車道一所。（唐開元廿七年《易州鐵像頌碑》）

（48）范陽縣東南五十里上垡村趙襄子淀中麦田莊，并果園一所，及環山林麓……（唐開元廿八年《石浮屠後記》）

（49）於是廣勸有緣，奉爲九重萬乘，四生六趣，造浄土堂一所。（唐天寶二年《懷惲墓碑》）

（50）土無耕稼，利在魚鹽，郡有鹽井兩所，久而若廢。（唐天寶二年《王秦客墓誌》）

（51）故伽藍置寺一所，請以永泰爲名，特望度僧二七人。（唐天寶十一年《永泰寺碑》）

（52）濟瀆、北海壇二所，新置祭器及沉幣雙舫雜器物等一千二百九十二事。（唐貞元十三年《濟瀆廟祭器銘》）

（53）數年之間，日新成立，創置精思院一所。（唐元和四年《馮仙師墓誌》）

（54）領軍馬萬餘，收郡寨十所。（唐大中六年《同國政墓誌》）

（55）東韓家西昌將軍南自至北至道，内置營一所。（唐大中六年《同國政墓誌》）

（56）今時祇有六七人共結其志，供應硤石寺春冬二稅差科，兼造上方閣一所。（唐大和七年《硤石寺造上訪閣記》）

（57）募新卒七千人，增堡戍四十二所。（唐咸通二年《白敏中墓誌》）

（58）兼造尊勝陁羅尼幢一所，建立塋内。（後梁乾化五年《國礦誌銘》）

根據以上例證，可清晰瞭解量詞“區”、“丘”、“軀”和“所”在魏晉至隋唐時期内的用法。結合其在這個時間段内、在石刻材料中的使用頻率，可以明確其與名詞搭配演變的脈絡。

量詞	魏晉南北朝（對象[次數]）	隋唐五代（對象[次數]）
區	造像[195]	造像[57]
	佛塔[15]	佛塔[0]
	其他建築[10]：墓/井/宅第/寺/石窟	其他建築[7]：宅/井/塋地
丘	冢、冢地[4]	冢、冢地[0]
	造像[3]	造像[0]
軀	造像[121]	造像[67]
	佛塔[5]	佛塔[1]/經幢[1]
所	造像[0]	造像[1]
	佛塔[0]/經幢[0]	佛塔[14]/幢[3]
	其他建築[2]：墓/寺	其他建築[40]：寺/宅第/郡寨/閣/營/壇/房/堂/院/堡戍/果園/橋/井/通車道/水碾/闕/碑

由上表可知，在魏晉南北朝石刻中，量詞“區”的適用對象包括“造

像”、“佛塔”以及除“佛塔”外的其他建築物。量詞“丘”在石刻中應該是
買地券中所特有的,且因其本身有“冢”義,故適用對象均以“冢”爲中心。
又因與量詞“區”語音相近而通,亦可用於稱量“造像”。而在隋唐五代石
刻中,不見量詞“丘”的用例,其適用的“冢”、“冢地”此時期均由量詞
“區”來稱量。在魏晉南北朝石刻中,量詞“軀”用於稱量“造像”和“佛
塔”。而在隋唐五代石刻中,“軀”稱量“造像”的用法習見,但稱量“佛塔”
僅見 1 次,稱量“經幢”亦見 1 次。可見,在隋唐五代時期,“軀”基本上已
經成爲專用於“造像”的量詞了。而“佛塔”、“經幢”之類的事物,在隋唐
五代石刻中多與量詞“所”搭配。量詞“所”在魏晉南北朝時期已經很常
見,到了隋唐五代時期使用頻率更高,凡建築物或處所,基本都可與之搭
配。後來,繼續發展,“造像”多用量詞“座”或量詞“尊”來稱量,量詞
“軀”廢棄不用,量詞“區”僅剩下稱量“宅”等建築物的用法。大約明代以
後,量詞“區”也不再用於稱量建築物了。由以上梳理可以看出,量詞
“區”、“丘”、“軀”和“所”,在魏晉南北朝至隋唐五代時期內,在用法上呈
現明顯的分化、更替和演變趨勢。

（三）通用量詞與名詞搭配的演化

與專用量詞和合用量詞一樣,魏晉南北朝至隋唐五代石刻中,通用量
詞與名詞的搭配在不同的時期亦呈現明顯的更替和演化現象。我們以量
詞“具”和量詞“副”爲例,予以説明。因量詞“具”個體量詞和集體量詞的
用法並存,而發生演變的主要是其集體量詞的用法,故其個體量詞的用例
不予列舉。

具、副

1. 具

A 魏晉南北朝石刻：

（1）故嚴具馥一具。（東晉《潘氏衣物券》）

（2）故翦刀尺一具。（東晉《潘氏衣物券》）

（3）故臂珠一具。（東晉《潘氏衣物券》）

（4）故要系一具,錢七枚。（東晉《潘氏衣物券》）

（5）給東園祕器，朝服一具，衣一襲，賵物八百段。（北魏《元融墓誌》）

B 隋唐五代石刻：

（6）稱爲女師，乃賜銀匕箸一具。（隋大業二年《蔡君妻張貴男墓誌》）

（7）並銀稜函盛銀鑷子二具，共重一兩。（唐咸通十五年《法門寺供物帳碑》）

（8）銀鑷子、金塗鑷子七具，並鑰匙、鋷鉞、鑷子等，共計一十六兩四錢。（唐咸通十五年《法門寺供物帳碑》）

（9）銀白成香合一具，重十五兩半。（唐咸通十五年《法門寺供物帳碑》）

（10）銀金花合二具，共重六十兩。（唐咸通十五年《法門寺供物帳碑》）

（11）白藤箱二具。（唐咸通十五年《法門寺供物帳碑》）

（12）可幅臂鈎五具。（唐咸通十五年《法門寺供物帳碑》）

（13）接裓五具。（唐咸通十五年《法門寺供物帳碑》）

2. 副

A 魏晉南北朝石刻：

無。

B 隋唐五代石刻：

（14）高祖稱善，賚繒綵千有餘段，名馬五匹，并金裝鞍勒百副。（唐顯慶二年《張士貴墓誌》）

（15）將葬之日，又遺內給使齎衣裳一副，重申臨訣。（唐永淳元年《李孟姜墓誌》）

（16）賜衣五十副，所緣喪葬官供。（唐開元廿二年《代國長公主碑》）

（17）惠安皇太后及昭儀、晉國夫人衣，計七副：紅羅裙衣二副，各五事。夾纈下蓋二副，各三事。已上惠安太后施。裙衣一副四事，昭儀施。

衣二副八事,晉國夫人施。(唐咸通十五年《法門寺供物帳碑》)

(18)金襴袈裟三副,各五事。(唐咸通十五年《法門寺供物帳碑》)

(19)花羅衫十五副,内襯七副、跨(按即袴)八副,各三事。(唐咸通十五年《法門寺供物帳碑》)

(20)花羅袍十五副,内襯八副、跨七副,各四事。(唐咸通十五年《法門寺供物帳碑》)

(21)夾可幅長袖五副,各五事。(唐咸通十五年《法門寺供物帳碑》)

(22)長夾暖子廿副,各三事,内五副錦、五副綺、一副金錦、一副金褐、一副銀褐、一副龍紋綺、一副辟邪綺、一副織成綾、二副白氈、二副紅絡撮。(唐咸通十五年《法門寺供物帳碑》)

(23)繚綾浴袍五副,各二事。(唐咸通十五年《法門寺供物帳碑》)

(24)下蓋廿副,各三事。(唐咸通十五年《法門寺供物帳碑》)

(25)八尺踏牀錦席褥一副二事。(唐咸通十五年《法門寺供物帳碑》)

(26)香爐一副并臺盖朵帶,共重三百八十兩。(唐咸通十五年《法門寺供物帳碑》)

(27)香爐一副并椀子。(唐咸通十五年《法門寺供物帳碑》)

(28)寶函一副八重并紅錦袋盛。(唐咸通十五年《法門寺供物帳碑》)

(29)鹽臺一副,重十二兩。(唐咸通十五年《法門寺供物帳碑》)

(30)茶槽子、碾子、茶羅、匙子一副七事,共重八十兩。(唐咸通十五年《法門寺供物帳碑》)

(31)瑠璃茶椀柘子一副。(唐咸通十五年《法門寺供物帳碑》)

(32)匙箸一副。(唐咸通十五年《法門寺供物帳碑》)

由上述例證可知,魏晉南北朝時期,量詞"具"個體量詞和集體量詞的用法並存,而且適用範圍比較廣泛,凡配備成套的事物或成套使用的衣物皆可與之搭配。到了隋唐五代時期,雖然量詞"具"依然兼具個體量詞與集體量詞的性質,但其作爲集體量詞的適用範圍已經開始縮小,使用頻率也大大降低。原來與量詞"具"搭配的事物,在隋唐五代時期已經傾向於與量詞"副"搭配。也有一些事物用量詞"對"稱量,但在隋唐五代石刻中用例較少,遠不如量詞"副"那麼豐富。如:

(33)火筯一對。(唐咸通十五年《法門寺供物帳碑》)

(34)可幅勒腕帛子五對。(唐咸通十五年《法門寺供物帳碑》)

《説文·刀部》:"副,判也。"段玉裁注:"副之則一物成二,因仍謂之副,因之凡分而合者皆謂之副。"《玉篇·刀部》:"副,破也。""副"本義爲"剖分、破開",將一物剖分成兩部分,二者可以相匹配,由此引申爲"相配"義,進而引申爲量詞。凡可以分合、配合的事物,大多可與量詞"副"搭配。在隋唐五代石刻中,量詞"副"可稱量成套的衣物,包括"衣、衣裳、裙衣、衫、袴、袍、襴、下蓋、袈裟、長袖、暖子、浴袍"等,如例(15)~(24);可稱量成套的衾簟類事物,如例(25)之"席褥";亦可稱量成套的器具,包括"香爐、寶函、鹽臺、茶槽子、碾子、茶羅、匙子、茶椀柘子、匙筯"等,如例(26)~(32);還包括成套使用的馬具,如例(14)之"鞍勒"。

由上可知,在隋唐五代時期,量詞"具"稱量成套事物的用法,雖然沒有完全被量詞"副"替代,但已經處於向量詞"副"轉換的過渡階段,呈現出明顯的更替和演化趨勢。因量詞"具"表個體與表集體的用法並存,由此帶來語義模糊,造成諸多不便。爲使語言表達精確化,後來繼續發展,量詞"具"的集體量詞的用法被量詞"副"或其他量詞取代,僅剩下個體量詞的用法。這樣,量詞的適用範圍明確,分工更精細,語義也趨向明晰化了。

附表一　魏晉至隋唐量詞"枚"稱量對象比較表

名詞類別	魏晉南北朝傳世文獻	魏晉南北朝石刻	隋唐五代傳世文獻	隋唐五代石刻
建築物	塔、石柱、瓦	陶磚、石柱、石羊、石虎	塔、礦	塔子、柱子
食物/衣物/衾簞	麥料、雞子/貂皮/枕、被、簞	絮巾、大巾/枕、靈	熟肉、果實、燒餅、雞卵、葫蘆/枕、席、帽子、黃帔	裙/枕、巾子
一般器皿/日用什物	瓦器、銅、銚、甌、杯、盌、盤、柈、合、鉢、壺、香爐、鍼筒、匣/杖、手巾、繩、尺、鑷子、石碑、香、細腰	針綫囊、五穀囊/手巾、針、幹釘、龍碑、墓碣	壺、籠、合、食器、瓶、函、碗、鉢、酒杯、茶碾子/棋子、骰、鏡、巾、錫杖、風箏、石鼓、竹扇、刀子靶、帖子、車輻、剃刀、鐘	盆子、槲子、鐵盞、鉢盂、盤子、疊子、函、壘子、波羅子、香寶子、香爐、手爐、香匙、羹椀子、香山、香囊、籠子、甀、鉢子/銀鏤鍾、燈盞、燈臺子、香案子、如意、錫杖、方帛子、揩齒布
工具/貨幣	鏵/艚艦/錢	錢	大磨、錢	

207

名詞類別	魏晉南北朝傳世文獻	魏晉南北朝石刻	隋唐五代傳世文獻	隋唐五代石刻
文具/武器	書案、硯、紙、筆、竹簡、書刀/矛、戟、刀、劍、匕首、斧、箭鏑、棒、白梧、印、兜鍪		書鎮、竹簡、詔牘、竹笥/寶劍、矢	
首飾/儀仗/樂器	勝、釵、條脱、瑇瑁梳、鏡、鏡臺、繖、扇、蓋、鼓角/笛	銀釵、銅鏡、刷	飾器、釵、釧、珠、牙梳/幡	隨求
古器物	鼎、鍾、磬、鐸、璽、璧、石、佛牙、毛		古銅鏡、寶鏡、白環、玉龍、舍利	
動物/植物	羊、蠹蟲、黿、魚、鶉/木、棗、橘、梨、瓜、柰、橘葉		猿、繩虎子、鼠、象、蟹、蟲、蝎、胡矮子、魚、狐、黿、蛇、蝗蟲、蜂/櫻桃、橘子、紫芝、杏、棗、荷葉、桃	擔步羅果
人	銅人、飛人		銅人、婦人、金銀人馬、小人、鬼、窮漢	
肢體/器官			羊頭、爪甲、豹尾、臂掌骨、蛇膽	
語言單位			隸字	

注：表中"魏晉南北朝傳世文獻"數據能考劉世儒《魏晉南北朝量詞研究》（中華書局，1965年，76頁—82頁），"隋唐五代傳世文獻"數據參考游黎《唐五代量詞研究》（四川大學2002屆碩士學位論文，92頁—99頁），並在他們的基礎上進行歸納統計得出的。

附表二　魏晉南北朝石刻名量詞與 名詞對應表（兼與隋唐 五代石刻相較）

類別	量詞	適用範圍	
		魏晉南北朝石刻	隋唐五代石刻
1.個體量詞	根	青松、樹	樹
	匹	馬	馬
	頭	牛犢、牛	
	乘	寶車	車、牛車
	人	人、家人、縉紳、兵、御者、班劍、甲仗、石木工、僧、尼、道俗、生口	人、家人、口、奴婢、夫、俘虜、騎、班劍、兵、兵馬、道俗、京官、朝士、僧、尼
	口	家庭成員、棺材、石井	奴婢、家庭成員、寶刀、磚、太子幡、杓、鐘、釜、鐺、椀、銀金花盆
	級	俘虜、宮宇、塔、浮圖、佛圖、寺	首、塔、浮圖、爵戶、勳
	腰	衣、複裙、裌裙、繰裙、複袴、幣膝、銀艾	御服玉帶、繡裙、銀艾
	領	衫、兩當、襦、半裕、羅、鎧鉀、被	披袍、披衫、披襖子、袈裟、蒲合、氈、狀席
	邊	雜繒	

209

（續　表）

類別	量詞	適　用　範　圍	
		魏晉南北朝石刻	隋唐五代石刻
1. 個體量詞	幡	細笙	
	枚	銀釵、銅鏡、刷、枕、靈、絮巾、手巾、大巾、針綫囊、五穀囊、針、錢、幹釘、陶磚、石羊、碑文、龍碑、石虎、墓碣、石柱	罍子、盤子、盆子、鉢子、鉢盂子、鐵盞、函子、籠子、波羅子、槲子、香爐、手爐、香囊、香寶子、香匙、香山、燈盞、燈臺子、香案子、小塔子、銀柱子、裙、枕、方帛子、巾子、揩齒布、羹椀子、隨求、銀如意、銀鏤鍾、銀柱子、錫杖、鼬、擔步羅果
	互	糸綫、布綫	
	所	冢、鎮池寺	寺、佛祠、塔、浮圖、寶幢、石像、佛龕、碑、闕、郡寨、宅第、別廬、閣、壇、營、堡戍、院林、管屯院、精思院、神宇、天宮、石仙宮、浄土堂、經堂、經藏、經房、果園、橋、鹽井、水碾、通車道
	處	仙壇、石詩	佛圖精舍、塔、泉
	區	墓、墳、井、甲第、宅、寺、祇桓、石窟、銘、造像、佛圖、浮圖、塔、天宮浮圖、天宮	宅第、井、造像、塋地
	丘	冢、冢城、冢地、造像	
	軀	造像、塔、浮圖	造像、塔、浮圖、幢
	龕	造像	造像、石虎
	尊	造像	造像、佛磚、樹
	卷	書	文集、佛經、詩賦、文、書
	篇	詩賦、銘誄、箴頌、書奏	書、詩、文章、文集、皇箴
	首	詩、碑	墓誌銘、碑文、雜文、詩、賦、塔頌
	條	大獄	手巾、牀罩、夾罩、食帛、繡幞、繡帕
	種	好、色、響、寶華	奇物、草華、天衣妙華、華鬘、天花、花、樹、岡巒、妙衣、兵、名號、音樂、光、微妙、華香、功德、光明、莊嚴、好、色、心、神力
	等	榮、秩、爵	階、執喪、道、贈襚、恩榮、信、爵、淳心、秩、功

210

（續　表）

類別	量詞	適 用 範 圍	
		魏晉南北朝石刻	隋唐五代石刻
1. 個體量詞	重	高門、湯池、長瀾、瑤臺、層城	小塔子、寶函、壺、金扇、組綬、羽衛、近侍、閣、嶺、堆阜、城闕、君門、椒掖、巖壑、泉臺、幽泉、泉路、灞、山、山河、白雲、疊浪、疊幹
	層	塔	塔、浮圖、峻闕、臺、山
	段	地、事	地、塔子、龜
2. 集體量詞	量	襪、履	襪、鞋、靴
	雙	真瑙、銀鋜、銀環、玉豚、飛衣、櫛父母	筈
	群	賊、人	鬼、鐵馬、封豨、馬、胡騎
	會	佛像	人
	襲	朝服、衣	朝服、衣、斂衣、戰衣
	具	臂珠、嚴具馥、翦刀尺、要系、朝服	匕筯、鑷子、香合、銀金花合、白藤箱、可幅臂鈎、接䙓、金帶、剉碓
	戶	食邑、封、蔭丁	食邑、封
	室	食邑	
	家	民戶、學術流派	民戶
	部	佛經、挽歌、鼓吹、鐃吹	佛經、鼓吹、書、塔
	隊	人	馬、鬼、人
3. 度量衡量詞	寸	杉棺、人身、縑、趺座	泉、人身、玉、玉人、碑、筆
	尺	造像、趺座、布、松、人身、墓、距離(隱含)、石柱、劍	造像、趺座、石幢、塔、浮圖、磴道、碑、墓、墳、泉、瀑布、雨雪、地、松、人身、人面、馬、馬鬣、席褥、牀子、毯子、簞、席、香鑪、劍、牙盤、玉、緇纚
	丈	距離(隱含)、墓、造像、石柱、喬木、松	距離(隱含)、墓、墳、造像、趺座、石幢、七寶臺、塔、瓊峰、涯岸、石、松、泉、井、地、鎡基、孛彗、蛇、人面、目、胸、牀、香鑪
	步	距離(隱含)、地基	距離(隱含)、地

（續　表）

類別	量詞	適　用　範　圍	
		魏晉南北朝石刻	隋唐五代石刻
3. 度 量 衡 量 詞	里	距離（隱含）	距離（隱含）、樹莖枝葉、樹、街巷道陌、江水、明珠
	尋	造像、山、峰、澗	園木、樹、樹幹、喬木、竹、松、山峰、霞壁、江、瀾、幣
	仞	造像、宮宇、崇巖、宮牆、懸崖、城、山、峰、海、根	牆、宮牆、樹、樹幹、松、山峰、高崖、池臺
	段	物、縑	物、雜物、絹布、布絹、絹帛、絹綵、繒綵、雜綵、亂綵、錦綵、綵、粟帛、布帛、帛、絹、錦
	匹	絹、絹布、細布、帛、雜綵、布、綵縑、布絹、色絹	物、絹、布、絹布、帛、花繒、綵、繒綵、雜綵、綵物
	兩	幣帛、金、銀	黃金、金、銀、幣、庫帛、鉢盂、茶槽子、碾子、茶羅、匙子、盆、合、香合、金函、銀函、銀鶻伽瓶、椀、錫杖籠子、鹽臺、龜、香爐、手爐、胡香、香山、香寶子、香囊、菩薩像、銀鑷子、銀如意、金塗鑷子、鑰匙、鋦鈸、隨求、銀器、金器
	斗	穀	黃泥
	斛	清酒、穀、粟、鹽豉	柒、粟、鹽麦
	石	穀、禄、弧	粟、米、米粟、糧、粳稻、禄、酒
	鍾	粟、禄	粟、禄
	斤	赤金、黃金、臘	銅鐘、白金、黃金、金、布、香山
	鈞	弧	彎弓
	畝	墓田、課田、地	田、地、宅、松城
	頃	墓田、葬地、田、陂、波瀾	地、香地、葬地、田、波瀾、泉、陂
	畹	蘭田	蘭田
	文	錢	錢
4.容器量詞	篋	書	

附表三　魏晉南北朝石刻名詞與名量詞對應表（兼與隋唐五代石刻相較）

類　別	名　詞	名　量　詞	
		魏晉南北朝石刻	隋唐五代石刻
植物類	松	根、丈、尺	尋、仞、丈、尺、圍
	樹	根、丈	根、株、橛、條、種、尊、里、尋、仞、圍
動物類	馬	匹	匹、騎、群、駟、尺
	牛犢/牛	頭	
人物類	人	人、群、隊	人、個、輩、會
	家人	人、口	人、口、隻
	縉紳	人	人
	兵/班劍/甲仗	人	人、種
	御者	人、重	人、重
	石木工	人	
	僧尼/道俗	人	人、人俱、衆
	生口/俘虜	人、級	人、口
	賊	群	衆

213

類　別	名　詞	名　量　詞	
		魏晉南北朝石刻	隋唐五代石刻
人物類	身軀	尺、寸	尺、寸、丈
	鼓吹/鐃吹	部	部
	食邑/民户	户、室、家	户、家
	蔭丁	户	
交通工具類	車	乘	乘
造像類	造像	區、丘、軀、龕、尊、會	區、軀、龕、尊、身、塔、鋪、座、事、所、幀、兩
	繡像/畫像	區	鋪、幀
	像身	尺、丈、尋、仞	尺、丈
	趺座	寸、尺	尺、丈
衣物類	衣	腰、襲	副、襲、事、件、箱
	裙	腰	枚、腰、副、事
	銀艾	腰	腰
	袴	腰	副、事
	幣膝	腰	
	衫	領	副、事、領
	兩當	領	
	襦	領	
	半裕	領	
	羅	領	
	鎧鉀	領	襲
	雜繒	邊	
	絮巾	枚	頂、枚
	飛衣	雙	
	朝服	襲、具	襲
	要系	具	具、腰、圍

214

（續　表）

類　別	名　詞	名　量　詞	
		魏晉南北朝石刻	隋唐五代石刻
衣物類	襪	量	量
	履	量	量
衾簞類	笙	幡	領、牀、事、尺
	被	領	牀、事
	枕	枚	枚
	靈	枚	
妝奩飾品類	銀釵	枚	
	銅鏡	枚	匣、面
	刷	枚	枚
	手巾	枚	枚、條
	真瑠	雙	
	銀鋸	雙	
	銀環	雙	
	玉豚	雙	
	櫛父母	雙	
	臂珠	具	
	嚴具馥	具	具
日用什物類	棺材	口、寸	寸
	大巾	枚	枚
	香囊	枚	枚、兩、分
	針綫囊	枚	
	五穀囊	枚	
	針	枚	
	幹釘	枚	
	陶磚	枚	口、尊
	石羊	枚	列
	石虎	枚	龕

類　別	名　　詞	名　量　詞	
		魏晉南北朝石刻	隋唐五代石刻
日用什物類	石柱	枚、尺、丈	枚、列
	碑/墓碣	枚、首	所、合、尺、寸
	糸綫	互	結
	布綫	互	結
	幂刀尺	具	
	劍	尺	尺
	弧	鈞、石	張
布帛織物類	縑	段、寸	
	物	段	段、匹
	布	匹、尺	端、匹、斤
	絹	匹	匹、段
	絹布	匹	匹、段、匹段、端匹
	布絹	匹	段、端匹
	雜綵	匹	段、匹
	綵縑	匹	
	帛	匹	段、匹、箱
	幣帛	兩	兩、尋
金銀財物類	錢	枚、文	貫、文、貫文、瓮
	銀	兩	兩、分、錢、挺
	金	斤、兩	斤、兩、分、挺、薄、溢、箱
飲食類	穀	斗、斛、石	石
	粟	斛、鍾	鍾、石、碩、斛
	酒	斛	盃
	鹽豉	斛	
	臘	斤	
建築處所類	井	口、區	區、所、丈
	宮宇	級、仞	重、間、所

216

（續　表）

類　別	名　詞	名　量　詞	
		魏晉南北朝石刻	隋唐五代石刻
建築處所類	塔/浮圖/佛圖/祇桓	級、區、軀、層	所、處、級、重、層、座、軀、枚、部、丈、尺
	寺	級、所、區	處、所
	冢/墓/墳	所、區、丘、尺、丈	穴、重、丈、步、尺
	仙壇	處	所
	石詩	處	
	甲第/宅	區	區、所、廛、畝
	石窟	區	
	天宮	區	所
	冢城	丘	畝
	冢地/墓田/葬地	丘、畝、頃	區、頃、步
	地	段、畝	段、畝、頃、步、分、丈、尺
	田	畝、頃	畝、頃
	蘭田	畹	畹
	高門	重	重
	湯池	重	
	瑤臺	重	層、仞、丈
	城	重、仞	重
	宮牆	仞	仞
自然景物類	波瀾	重	重、里、尋、頃
	山峰/崇巖	尋、仞	重、層、種、尋、仞、丈
	澗/河	尋	重、曲、尋
	海	仞	里
	懸崖	仞	尋、仞、丈
文本卷宗類	書	卷、篋	本、卷、篇、部
	詩	首	首、卷、篇
	大獄	條	

（續　表）

類　別	名　詞	名　量　詞	
		魏晉南北朝石刻	隋唐五代石刻
文本卷宗類	佛經	部	部、本、卷、紙
	詩賦銘誄/箴頌書奏	篇	卷、篇、章、首、句、道、通、軸、紙
抽象類	好	種	種
	色	種	種
	響	種	種
	寶	種	
	官爵/勳級	等、石	級、階、轉、石
	錄	石、鍾	石、鍾
	距離	尺、丈、步、里	尺、丈、步、里
	奇事	段	
	學術流派	家	家

第五章　魏晉南北朝石刻
名量詞研究總結

　　"漢魏六朝到隋唐五代,社會用字實物材料類型最爲豐富,舉其大宗,就有簡牘、石刻和簡紙之類。由於材料物理屬性的影響,尤以石刻數量龐大且字形保存完整"。[1] 石刻材料内容上涉及宗教、軍事、婚喪等多個領域,且呈現書面語特徵與口語化特徵並存的語言特點。墓誌、讚頌碑文等表現出鮮明的書面語特徵;而造像記、買地券等則大多爲平民化的語言。時間上跨越魏晉南北朝和隋唐五代,是漢語發展史上語言演變最劇烈的時期,亦是漢語量詞發展的兩個關鍵階段。加上石刻材料屬出土文獻,時間明確,且真實可靠,是考察漢語量詞的第一手材料。如此珍貴的語料,前賢各方面的研究成果豐碩,但對其量詞的研究卻近乎空白。因而,本文嘗試對魏晉南北朝石刻中的量詞(主要是名量詞)進行盡可能全面、細緻的考察,尚屬首次,以期能填補這項空白。

---

　　〔1〕　臧克和:《金石學走向系統分析》,《中國文字研究》(第十四輯),鄭州:大象出版社,2011年。

一、魏晉南北朝石刻名量詞總覽

根據魏晉南北朝石刻中名量詞的具體使用情況,將名量詞分爲計數名量詞和計量名量詞兩大類。前者包括個體量詞和集體量詞兩類,後者包括度量衡量詞和容器量詞兩類。魏晉南北朝石刻中名量詞共有 63 個,總計使用 1 180 次。其中,個體量詞 29 個,包括"根、匹、頭、乘、人、口、級、腰、領、邊、幡、枚、互、所、處、區、丘、軀、龕、尊、卷、篇、首、條、種、等、重、層、段",共出現 610 次;集體量詞 11 個,包括"量、雙、群、會、襲、具、户、室、家、部、隊",共出現 205 次;度量衡量詞 22 個,包括"寸、尺、丈、步、里、尋、仞、段、匹、兩₁、斗、斛、石₁、鍾、兩₂、斤、鈞、石₂、畝、頃、畹、文",共出現 364 次;容器量詞 1 個,即"簏",共出現 1 次。

其中,個體量詞中以"區"、"軀"、"人"出現次數最多,集體量詞中以"户"、"家"出現次數最多,度量衡量詞中以"里"出現次數最多。這幾個量詞在魏晉南北朝石刻中有固定的使用場合,常用於稱量某種對象,其高頻出現與石刻文獻的內容密切相關。佛教在魏晉南北朝時期得以廣泛傳播,造像活動頻繁,造像記是其重要的物化成果之一。當時民衆常因共同的信仰,由多人出資造像共同供養。造像記中常用量詞"人"來計量供養人的數量,而"造像"多用量詞"區"和"軀"來稱量。墓誌是魏晉南北朝石刻的另一主要內容,且比造像記數量更多。量詞"户"和"家"用於稱量"食邑"、"民户",多出現在魏晉南北朝墓誌中有關賞賜封地的部分。量詞"里"用於表示隱含的地面之距離,多出現在魏晉南北朝墓誌中關於埋葬地點的描述。

二、魏晉南北朝石刻中的新興名量詞

與先秦兩漢時期相比,魏晉南北朝石刻中出現了不少新興名量詞,如"腰、邊、幡、互、丘、尊、隊"等。這些新興量詞,可以爲量詞斷代研究提供新的證據和參照,訂正已有關於量詞出現時代的成果中因語料範圍的局限而得出的錯誤論斷,並將一些量詞產生的年代大大提前。

1. 腰：作爲量詞,由衣服的一部分轉喻而來,在魏晉南北朝石刻中多稱量"裙"、"袴"等繫於腰的下身衣着,亦可稱量與腰無關的上身衣着。先秦兩漢時期不見,爲魏晉南北朝時期所新興。其最早出現的時間,劉世儒認爲是北齊,洪藝芳認爲是高昌延昌七年(567),顏秀萍認爲是六世紀中葉以後。實際上,魏晉南北朝石刻中量詞"腰"已經出現,且使用頻繁。最早的用例出自東晉升平五年(361)的《潘氏衣物券》,將其出現時間至少提前了兩百年。

2. 邊：作爲量詞,由衣服的一部分轉喻而來,在魏晉南北朝石刻中僅用於稱量衣物。前代不見,似首見於魏晉南北朝石刻中,後世文獻中亦不見其用例。

3. 幡：作爲量詞,由"旗幟"義轉來。前代未見,乃魏晉南北朝時期所新興。在魏晉南北朝石刻中用於稱量"細笙",蓋因"旗幟"與"細笙"外形上有相似性。

4. 互：同"笠",本指絞繩的器具。作爲量詞,魏晉南北朝石刻中首見,用以稱量"糸綫"和"布綫"。量詞"互"亦爲石刻所特有,其他文獻中不見。隋唐五代石刻中,用量詞"結"稱量"綫",現代漢語則多用"團"或"卷"。

5. 丘：個體量詞"丘"前代無所見,當爲魏晉南北朝時期所新興。常出現在此時期的買地券中,似爲石刻材料所特有。多用於"冢"、"冢城"、"冢地"等,不與其他建築物搭配,蓋與其本身有"墳"義有關。又因與量詞"區"音近相通,還可用於稱量"造像"。

6. 尊：作爲量詞,由"尊敬"義轉來,在魏晉南北朝石刻中用以稱量"造像"。前代所無,乃魏晉南北朝時期所新興,最早的用例出自南朝梁天監二年(503)的《天監造像記》。石刻中用於稱量"造像"的量詞還有"區、軀、丘、龕"等,但唯有"尊"的使用,突出尊敬、莊重之義。

7. 隊：作爲集體量詞,在魏晉南北朝石刻中用以稱量成群成列的人。前代未見,乃魏晉南北朝時期所新興。劉世儒《魏晉南北朝量詞研究》未提及,洪藝芳認爲其首見於唐代。實際上,在魏晉南北朝石刻中,量詞

221

"隊"已經出現,與量詞"群"功能相同,對舉使用。最早的用例出自北齊太寧二年(562)的《義慈惠石柱頌》。

三、魏晉南北朝至隋唐五代
名量詞用法的改變

魏晉南北朝石刻中的名量詞,到了隋唐五代時期,在原有用法的基礎上,產生出新的用法或者用法產生了改變。有些量詞使用頻率日益增加,適用範圍不斷擴大,爲魏晉以降愈用愈寬之例。有些量詞使用頻率下降,適用範圍縮小,對事物的稱量能力減弱,則爲魏晉以降愈用愈窄之例。

(一)愈用愈寬

1. 條:在隋唐五代石刻中,不僅繼承了魏晉南北朝時期的用法,且適用範圍有擴大的趨勢,將更多的條狀之物納爲稱量對象。量詞"條"真正泛用於一切條形之物應該是在隋唐五代時期。

2. 會:在隋唐五代石刻中,量詞"會"的適用範圍由"像"擴展至"人"。

3. 群、隊:量詞"群"在隋唐五代石刻中,不僅繼承了魏晉南北朝時期稱量"人"或動物的用法,而且擴展至稱量"鬼"。量詞"隊"產生於魏晉南北朝時期,用於稱量"人",到了隋唐五代時期,亦可以稱量動物和"鬼"。

4. 段:在隋唐五代石刻中,量詞"段"繼承了魏晉南北朝時期稱量"地"和"布帛織物"的用法。更主要的發展是此時期稱量"布帛織物"的使用頻率大幅提高,其度量衡量詞的性質更加確定,而且代表的長度固定可考:布帛寬一尺八寸、長二丈爲一段。

(二)愈用愈窄

1. 枚:在隋唐五代石刻中使用頻率仍很高,使用範圍也很廣,但與魏晉南北朝石刻相比,適用範圍表現出縮小的趨勢。主要原因在於專用個體量詞大量湧現,逐漸分擔其職能,對其產生的衝擊很大。

2. 軀:在隋唐五代石刻中,適用範圍縮小,基本上專門用以稱量"造像"。而原本適用的"塔"、"幢"等,多與量詞"所"搭配。

3. 首：在隋唐五代石刻中，僅適用於"詩、文"等言語作品類事物。而原本適用的"碑"、"綬"等事物，已不在其稱量範圍内。

4. 具：在隋唐五代石刻中，"具"依然兼具個體量詞與集體量詞的用法。作爲集體量詞，其適用範圍已經開始縮小，可稱量對象的類別亦明顯減少。

四、魏晉南北朝石刻名量
搭配及發展演變

名量詞與名詞的配合並非隨機組合，背後有其内在的規律和機制。根據邵敬敏的觀點，名詞與量詞之間是雙向選擇的關係。在影響名量雙向選擇的諸多因素中，起決定作用的是語義，而背後儼然是人類的認知機制在起作用。因此，對魏晉南北朝石刻中的名量詞進行語義特徵分析，是一個基本而又關鍵的步驟。同時，結合認知語言學的理論，更利於我們對魏晉南北朝石刻的名量搭配及發展演變作出科學合理的解釋。

探討量詞與名詞的搭配，可分別以量詞和名詞爲切入點進行。從量詞角度看其所能搭配的名詞範圍，形成的是一量多名現象研究。魏晉南北朝石刻中的一量多名現象包括量詞語義的泛化、中心詞的典型性與非典型性兩種情形。從名詞角度看其所能搭配的量詞範圍，形成的是一名多量現象研究。魏晉南北朝石刻中的一名多量現象包括凸顯事物不同的特徵、名詞的多義性和量詞用字的同音替代三種情形。以上是從語言角度進行的分析考察，漢語名量搭配機制的最終形成是語言系統内部發展的要求和必然結果，這是内因。但量詞在使用與發展過程中，與名詞的搭配不可避免要受到社會、宗教等外部因素的影響，這是外因。佛教的廣泛傳播和紙張的廣泛應用，是影響魏晉南北朝石刻名量搭配的兩大外部因素。

量詞與名詞的搭配，一方面表現爲靜態的聚合關係，一方面又體現爲動態的組合關係。因此，不僅要從靜態角度對其進行共時描寫，更要從動態角度探討不同時期其組合關係的演化。由於名量搭配是語義上的雙向選擇，因而可從量詞與名詞兩個角度來分別考察名量搭配的發展演變。

從量詞的角度考察同一量詞所搭配的名詞範圍的變化,由此可知量詞在魏晉至隋唐數百年間趨於愈用愈寬抑或愈用愈窄。參見上文"三、魏晉南北朝至隋唐五代名量詞用法的改變",此不贅述。從名詞的角度考察同一名詞所搭配的量詞範圍的變化,由此反映出量詞在不同時期的分化或更替。專用量詞"互"被"結"替代。合用量詞"區、丘、軀、所"從魏晉至隋唐呈現明顯的分化、更替和演變趨勢,使得量詞兼職逐漸減少,分工日趨精細,語義更加清晰。通用量詞"具"表集體的用法雖未完全被"副"替代,但已呈現出明顯的趨勢,後世被替代也是不可避免。

五、魏晉南北朝石刻名量詞
與人的認知機制

(一)魏晉南北朝石刻名量詞産生和發展的動因

"隱喻和轉喻作爲人們重要的認知方式,對人們認識事物、事物概念結構的形成、語言的發展都起了重要作用"。[1] 在量詞的産生和發展過程中,隱喻和轉喻亦起着不可或缺的作用。

名量詞的産生主要源自轉喻的促動。沈家煊認爲,A 轉喻 B,A 和 B 除了必須在同一認知框架內,A 還必須比 B 顯著,A 能附帶激活 B。顯著的事物是容易引人注意的、容易識別、處理和記憶的事物。一般情況下,整體比部分顯著(特殊情形下部分可能比整體顯著),容器比內容顯著,有生命的比無生命的顯著,近的比遠的顯著,具體的比抽象的顯著,均遵循以顯著的來指代不顯著的規律。[2] 在"整體—部分"認知框架內,若部分比整體顯著,則以部分轉喻整體。如:稱量植物類名詞的"根"、稱量人物類名詞的"口"、稱量動物類名詞的"頭"、稱量衣物類名詞的"領"、稱量造像類名詞的"軀"等量詞的産生。在"事物—處所"框架內,處所比事物顯著,則以處所轉喻事物。如:稱量衣物類名詞的"腰"、稱量建築類名詞

---

〔1〕 趙豔芳:《認知語言學概論》,上海:上海外語教育出版社,2001 年(118)。

〔2〕 參見沈家煊:《轉指和轉喻》,《當代語言學》1999 年第 1 期。

的"所"、稱量造像類名詞的"龕"等量詞的産生。在"工具—動作—受事/結果"框架内,工具在人的認知中得到凸顯。如:稱量"綫"的量詞"互"的産生。在"施事—動作—受事/結果"框架内,動作更顯著,常以動作轉喻與其相關的受事或結果。如:稱量建築類名詞的"處"、稱量可分段事物的"段"等量詞的産生。在"容器—内容"認知框架内,容器比内容顯著,以容器轉喻内容。如:"篋"作稱量"書"的容器量詞。

　　而在名量詞的發展過程中,主要是隱喻起作用。隱喻是不同領域之間的投射,投射的過程則賴於事物(具體與具體事物、具體與抽象事物)之間的相似聯想。一些量詞語義逐漸泛化,適用範圍不斷擴大,隱喻即是主要動因。如:"頭"通過部分代整體的轉喻成爲量詞,最初用於量人和動物。後來適用於"繭、蒜頭"等無頭之物,則是基於形狀相似性的隱喻。"口"通過部分代整體的轉喻成爲量詞,最初量人和動物。受到隱喻的促動,後來泛用於有口的器具、有口的設施,甚至無口的"刀"等。"領"多用於量有領的衣物,因材質、功能上的相似性,後來亦適用於"被"。"段"可量實物"地"、"布帛",亦可量抽象的"事",與人類認知從具體到抽象、從空間域到時間域的過程一致。"家"作表集體組織"家"的數量的量詞,而因具有相同學説或觀點而形成的學術派別亦可稱"家",所以學術流派亦在量詞"家"的適用範圍内。

　　(二) 魏晉南北朝石刻名量詞的主要來源

　　魏晉南北朝石刻中,名量詞共有 63 個。其中,個體量詞有 29 個,大多來源於名詞,也有少數從動詞發展而來。如:"根、枚、條"源於表植物體組成部分的名詞,"頭、口、腰、領、軀、首"源於表人或動物肢體部位的名詞,"人"源於表人整體的名詞,"幡、互"源於表日常事物整體的名詞,"邊"源於表衣物組成部分的名詞,"所、區、丘、龕"源於表處所的名詞,"種、等"源於表種類的名詞,"乘、處、段、卷、篇、重、層"則源於表動作的動詞。集體量詞有 11 個,多從動詞發展而來。如:"群、會"源於聚集義,"襲、具"源於配置義,"户、室、家、部、隊"源於組織義,而"量、雙"則源於本身含數量概念的詞。度量衡量詞有 22 個,多來源於名詞和動詞。如:

"寸、尺、尋、仞"源於表人體部位的名詞,"丈、步、里、段、匹"源於表測量或截分動作的動詞,"斗、斛、石、鍾"源於表容器的名詞。容器量詞有 1 個,由表容器的名詞發展而來,即"籢"。

由上可知,名詞和動詞是魏晉南北朝石刻名量詞產生的兩大主要來源。而名詞中又以表示人或動物肢體部位、植物體的組成部分的名詞和表日常所用事物、事物所處場所的名詞爲最多。因其與人類日常生活關係緊密,較爲普遍和常見。表部分的名詞,或外形突出,或功能顯著,極易在人的認知中得到凸顯。動詞多爲表人發出的、作用於動作對象或對其產生一定改變的行爲。因在"施事—動作—受事/結果"框架內,人對動作的關注更多,常以動作轉喻與其相關的受事或結果,由此體現人處置事物的方式或結果。而量詞的產生和使用,體現的是人的認知中對名詞的認識和分類。魏晉南北朝石刻中,量詞的稱量對象以衣物類和造像類爲最多,建築類和文本類次之。衣物是人類生活中常見且常使用的事物,建築是人類生產的直接成果,均是人類賴以生存的重要的物質基礎。造像是人類爲表達宗教信仰而建造的,文本是人類智慧的結晶和精神的食糧,均在社會文化生活中佔有很高的地位。所以,用於稱量這些名詞的量詞,數量上相對較多,認知上更能體現人類對事物的分類。

（三）魏晉南北朝石刻名量詞與名詞的搭配

名量詞與名詞是雙向選擇的關係,共同具有某個或某些相同的語義特徵是實現名量搭配的前提和必要條件。但背後儼然是人類的認知機制在起作用,體現人類對客觀事物的認識和分類。

同一個量詞可以與多個名詞搭配,這些不同的名詞構成一個"名詞選擇群"。根據認知語言學的典型理論:同一範疇的成員由家族相似性決定,即範疇成員之間總是享有某些共同特性。與其他成員享有更多共性的成員爲該範疇的典型的和中心的成員,其他成員爲非典型成員或邊緣成員。詞類是一種典型範疇,在漢語量詞範疇中,容器量詞屬非典型成員,與名詞範疇相互滲透,二者有互相重疊的屬性。同樣,"名詞選擇群"內各個成員的地位也不同,亦有典型與非典型之分。如:量詞"腰"稱量"裙、袴"等繫於腰之下身衣着,爲典型用例;而稱量與腰部無關的上身衣着,則爲非典型用例。量詞"領"稱量"衫、襦"等有領的上身衣着,爲典型用例;而稱量"被"則爲非典型用例。

同一個名詞亦可以與多個量詞搭配,這些不同的量詞構成一個"量詞選擇群"。根據認知語言學的意象圖式理論:對一個客觀事物或現象由於識解方式的差別(即凸顯的部分、觀察的視點以及抽象化和具體化的程度不同等),而形成不同的心理印象,即意象。可見,意象的形成與凸顯、視角密切相關。情境中被凸顯的部分是焦點,非凸顯的部分是背景。越是容易引起人注意的事物,容易記憶、容易提取、容易進行心理處理的事物,越容易被凸顯。另外,對同一客觀事物,觀察的視角不同,注意的焦點不同,事物得到凸顯的部分也不相同。人們描述同一事物,若觀察事物的視角不同,凸顯的部分不同,自然會選用不同的量詞。如:"井"可選用量詞"區",亦可選用量詞"口",體現的是觀察視角和凸顯特徵的差異。前者爲遠觀,以周圍事物爲參照點來確定其位置;後者爲近處俯視,視域內最先注意到的就是井口,強調其"有口"的特徵。

六、魏晉南北朝石刻在漢語量詞研究上的價值

（一）補充修正前人結論,完善量詞研究成果

通過全面考察魏晉南北朝石刻名量詞,爲漢語量詞研究提供新的原始材料和佐證,或可補充修正已有成果中因語料局限等原因而得出的不夠周至的結論,使量詞研究成果更加完善。

1. 人:劉世儒認爲其在魏晉南北朝時期並未成爲真正的量詞,因其在此時期不能前附於中心詞。洪藝芳認爲在初唐時期的吐魯番文書中最早出現量詞"人"前置於中心詞的用例。范崇高所舉用例皆出自《法苑珠林》、《舊唐書》和《太平廣記》等傳世文獻,時間上更爲滯後。據考察,此種用例早在魏晉南北朝時期即已出現。北魏真王五年(528)《楊天仁等二百人造像記》中有:"上曲陽城內唯那楊天仁等二百人邑義,爲亡邑義造

彌勒像一區。"

2. 級：劉世儒認爲其用於"被俘虜的活人"在漢代不常見，在南北朝也沒有得到繼承。魏晉南北朝石刻中有"獲將獻俘，千有餘級"（北魏《元端墓誌》），可見量詞"級"在魏晉南北朝時期並未消失，依然可稱量"被俘虜的活人"。

3. 段：魏晉南北朝時期，"段"用於稱量"地"、"布帛"等實物和"事"等抽象事物。目前學界均認爲"段"屬個體量詞，其截分的事物的長度並未形成一種定制。據考察，"段"稱量"布帛"的用法逐漸發展成爲度量衡量詞，用以表示長度，有固定的量的規範。這種用法在隋唐五代石刻中使用頻率大幅提高，而且其長度固定可考。因魏晉南北朝石刻中例證偏少，且缺乏文獻記載，無法斷定其實質長度。但可以肯定，"段"當時已兼具個體量詞和度量衡量詞的性質。

4. 會：劉世儒認爲"會"爲個體量詞，但根據其語義基礎及用法，當歸入集體量詞。李建平認爲其量詞用法在後世並沒有得到繼承。從石刻材料來看，"會"不僅在魏晉南北朝時期繼續保持量詞的性質，而且到隋唐五代時期還將適用範圍擴展至"人"。且量詞"會"的使用皆與佛教相關，蓋爲佛教所特有。

（二）彌補傳世文獻的不足，填補漢語量詞研究的空白

魏晉南北朝石刻中，有的新興量詞未見於同時期其他傳世文獻和出土文獻，爲石刻材料所特有。如：量詞"邊"，由衣物之"鑲邊"轉來，用於稱量衣物。量詞"互"，由"絞繩的器具"轉來，用於稱量"綫"。量詞"丘"，由"墳"轉來，用於稱量"冢、冢城、冢地"等，爲買地券之特色。又因與量詞"區"音近相通，也適用於"造像"。以上三個量詞，均首見且僅見於魏晉南北朝石刻。

有的新興量詞未見於同時期其他傳世文獻，首次出現在魏晉南北朝石刻中，但非石刻材料所特有。如：量詞"隊"，用於稱量成群成列的"人"，最早出自北齊太寧二年（562）的《義慈惠石柱頌》，後一直沿用至現代漢語。

　　有的新興量詞見於同時期其他傳世文獻,亦見於魏晉南北朝石刻,但以石刻的出現時間更早。如:量詞"尊",用於稱量"造像",最早出自南朝梁天監二年(503)的《天監造像記》。量詞"腰",用於稱量"裙、袴"等下身衣着,亦適用於上身衣着。最早出自東晉升平五年(361)的《潘氏衣物券》,比傳統文獻中的斷代時間提前了至少兩百年。

　　有的新興量詞見於同時期其他傳世文獻,亦見於魏晉南北朝石刻,但用法不同。如:量詞"幡",劉世儒認爲其在魏晉南北朝時期專用於"盾",語源待考,但石刻中出現"幡"稱量"細笙"的用例。"幡"有"旗幟"義,由於外形上的相似關係,通過轉喻成爲量詞,用於稱量"盾"、"細笙"等平面片形、扁而平的事物。

　　另外,魏晉南北朝石刻提供同時期傳世文獻和出土文獻未見的珍貴佐證,對於確定量詞屬性起到關鍵作用,並以此修正前賢對某些量詞用法的錯誤論斷。如:量詞"人",劉世儒認爲其在此時期不能前附於中心詞,故未成爲真正的量詞。洪藝芳認爲其可前置於中心詞,最早見於初唐時期的吐魯番文書中。范崇高亦認爲其可前置於中心詞,但舉例皆出自《法苑珠林》、《舊唐書》和《太平廣記》等傳世文獻,時間上更爲滯後。若將語料範圍擴展至魏晉南北朝石刻,就會發現,早在北魏時期就已存在量詞"人"前置於中心詞的用例了。

　　可見,魏晉南北朝石刻爲此時期量詞研究提供極其寶貴的材料,可呈現漢語量詞的新成員,尤其是石刻材料所特有者;提供新的佐證,可作爲量詞斷代的新坐標,刷新對一些量詞出現時代的認識;展示量詞成員中與其他文獻用法不同者,使我們更全面、清晰瞭解一些量詞的用法;提供同時期傳世文獻和出土文獻未見的珍貴佐證,對確定一些量詞的屬性起到關鍵作用。以上皆可彌補傳統以傳世文獻爲中心進行量詞研究的不足,並填補漢語量詞研究上的空白。

　　(三)提供新的原始材料,促進漢語辭書的編纂與修訂

　　通過對魏晉南北朝石刻名量詞的全面考察,可爲辭書編纂提供新的、有價值的材料,彌補收詞、書證等方面的不足,促進漢語工具書的修訂

工作。

1. 增添量詞成員:《漢語大字典》漏收"人、邊、互、處、等、會、室、户",《漢語大詞典》漏收"人、邊、互、龕、等、會、室",當據魏晉南北朝石刻予以補充。

2. 提前量詞書證:《漢語大字典》中,量詞"龕、尊、首、軀、隊"的書證均過晚。《漢語大詞典》中,量詞"腰、尊、隊"的書證均過晚。根據魏晉南北朝石刻中的例證,當予以提前。

3. 訂正量詞釋義:"腰",《漢語大字典》:"量詞。古代用於指衣帶,相當於'條'。"釋義過狹。從魏晉南北朝石刻材料來看,"腰"不僅適用於"帶",更多是稱量"裙、袴"等繫於腰之衣物,甚至連上衣都可與之搭配。"尊",《漢語大字典》:"量詞。如:五百尊羅漢;十尊大炮。唐杜甫《春日憶李白》:'何時一尊酒,重與細論文。'"其中,"五百尊羅漢"之"尊"來源於"尊敬"義,魏晉南北朝時期爲專用於"造像"的個體量詞。因"大炮"與"造像"在形體的相似性,後來也可用於稱量"大炮"。"一尊酒"之"尊"則源自其本義"酒器",屬容器量詞的性質。《漢語大字典》將不同來源和性質的量詞"尊"混淆在一起,釋義時當分項列舉。

本書對魏晉南北朝石刻中的名量詞進行盡可能全面、細緻的考察,從名量詞的來源和意義出發,定量統計其出現頻率,確定其適用範圍,展現魏晉南北朝時期名量詞的真實面貌。運用語義特徵分析法,引入認知語言學理論,結合社會文化因素的影響,考察漢語量詞與名詞搭配的理據。除了以上静態的平面描寫,還結合隋唐五代石刻中名量搭配的情形,試圖描述其發展演變的軌跡,展現此時期量詞分工逐漸明晰、量詞體系日益完善的過程。如此,便可得到以上幾方面的研究結果,足可彰顯石刻材料對於中古漢語量詞研究的重要價值。上述魏晉南北朝石刻名量詞的探討啓示我們,在量詞研究方面,應儘量利用現有的各種材料,不能僅僅以傳世文獻爲中心,應給予出土文獻尤其是石刻材料更多的重視。但由於時間和精力的限制,僅能就魏晉南北朝石刻中的名量詞進行具體描述,對其中的動量詞只能在日後繼續研究。隋唐五代石刻材料數量更爲龐大,量詞使用頻率更高,用例更豐富,若能對其量詞進行全面考察,必將得到更多有意義的結論。

附　録

魏晉南北朝石刻名量詞音序索引

233

參 考 文 獻

一、資 料 類

[1] 北京圖書館金石組編:《北京圖書館藏中國歷代石刻拓本匯編》,中州古籍出版社,
1989 年。
[2] 高峽主編:《西安碑林全集》,廣東經濟出版社、深圳海天出版社,1999 年。
[3] 國家圖書館金石組編:《中國歷代石刻史料彙編》,北京圖書館出版社,2000 年。
[4] 李獻奇、郭引强編:《洛陽新獲墓誌》,文物出版社,1996 年。
[5] 陸增祥:《八瓊室金石補正》,文物出版社,1985 年。
[6] 羅新、葉煒:《新出魏晉南北朝墓誌疏證》,中華書局,2005 年。
[7] 毛遠明:《漢魏六朝碑刻校注》,綫裝書局,2008 年。
[8] 齊運通:《洛陽新獲七朝墓誌》,中華書局,2011 年。
[9] 喬棟、李獻奇、史家珍:《洛陽新獲墓誌續編》,科學出版社,2008 年。
[10] 趙超:《漢魏南北朝墓誌彙編》,天津古籍出版社,2008 年。
[11] 中國文物研究所等編:《新中國出土墓誌》,文物出版社,1994—2009 年。
[12] 華東師範大學中國文字研究與應用中心:《魏晉南北朝石刻文獻語料庫》,2013 年。
[13] 華東師範大學中國文字研究與應用中心:《隋唐五代石刻文獻語料庫》,2013 年。

二、專 著 類

[1] 陳國符:《道藏源流考》,中華書局,1963 年。
[2] 陳小明:《粵方言量詞研究》,遼寧大學出版社,2010 年。
[3] 陳穎:《蘇軾作品量詞研究》,巴蜀書社,2003 年。
[4] 丁聲樹等:《現代漢語語法講話》,商務印書館,1961 年。
[5] 董紹克:《漢語方言詞彙差異比較研究》,民族出版社,2002 年。
[6] (清) 段玉裁:《説文解字注》,上海古籍出版社,1981 年。
[7] 樊中元:《現代漢語一名多量現象研究》,湖南人民出版社,2007 年。
[8] (日) 富谷至著,劉恒武譯,黄留珠校:《木簡竹簡述説的古代中國——書寫材料的文

化史》,人民出版社,2007 年。

[9] 郭瑞:《魏晉南北朝石刻文字》,南方日報出版社,2010 年。

[10] 郭先珍:《現代漢語量詞手册》,中國和平出版社,1987 年。

[11] 郭先珍:《現代漢語量詞用法詞典》,語文出版社,2008 年。

[12] 郭正忠:《三至十四世紀中國的權衡度量》,中國社會科學出版社,1992 年。

[13] 何傑:《現代漢語量詞研究》,民族出版社,2000 年。

[14] 洪藝芳:《敦煌吐魯番文書中之量詞研究》,文津出版社,2000 年。

[15] 洪藝芳:《敦煌社會經濟文書中之量詞研究》,文津出版社,2004 年。

[16] 侯旭東:《五、六世紀北方民衆佛教信仰:以造像記爲中心的考察》,中國社會科學出版社,1998 年。

[17] 胡樸安:《古書校讀法》,江蘇古籍出版社,1985 年。

[18] 華夫:《中國古代名物大典》,濟南出版社,1993 年。

[19] 惠紅軍:《漢語量詞研究》,西南交通大學出版社,2011 年。

[20] 賈彦德:《語義學導論》,北京大學出版社,1987 年。

[21] 蔣紹愚:《漢語詞彙語法史論文集》,商務印書館,2000 年。

[22] 李宇明:《漢語量範疇研究》,華中師範大學出版社,2000 年。

[23] 李宗江:《漢語常用詞演變研究》,漢語大詞典出版社,1999 年。

[24] 李佐豐:《先秦漢語實詞》,北京廣播學院出版社,2003 年。

[25] 梁曉紅、徐時儀、陳五雲:《佛經音義與漢語詞彙研究》,商務印書館,2005 年。

[26] 劉世儒:《魏晉南北朝量詞研究》,中華書局,1965 年。

[27] 劉曉英:《佛教道教傳播與中國文化》,學苑出版社,2012 年。

[28] 劉子平:《漢語量詞詞典》,内蒙古教育出版社,1996 年。

[29] 柳士鎮:《魏晉南北朝歷史語法》,南京大學出版社,1992 年。

[30] 吕叔湘:《現代漢語八百詞》,商務印書館,1980 年。

[31] 歐陽俊、李海霞:《六朝唐五代石刻俗字研究》,巴蜀書社,2004 年。

[32] 潘玉坤:《西周金文語序研究》,華東師範大學出版社,2005 年。

[33] 錢存訓:《書於竹帛》,上海書店出版社,2003 年。

[34] 秦公:《碑別字新編》,文物出版社,1985 年。

[35] 秦公、劉大新:《廣碑別字》,國際文化出版公司,1995 年。

[36] 裘錫圭:《文字學概要》,商務印書館,1999 年。

[37] 沈家煊、吳福祥、李宗江:《語法化與語法研究》(三),商務印書館,2007 年。

[38] 石毓智:《語法的認知語義基礎》,江西教育出版社,2000 年。

[39] (日)太田辰夫著,蔣紹愚、徐昌華譯:《中國語歷史文法》(修訂譯本),北京大學出版社,2003 年。

[40] 湯用彤:《漢魏兩晉南北朝佛教史》(增訂本),昆侖出版社,2006 年。

[41] 唐作藩:《上古音手册》,江蘇人民出版社,1982 年。

[42] 汪維輝:《東漢—隋常用詞演變研究》,南京大學出版社,2000 年。

[43] 王國維:《王國維文集》,中國文史出版社,1997 年。

[44] 王力:《漢語史稿》,中華書局,1980 年。

[45] 王力:《漢語語法史》,商務印書館,1989 年。

[46] (清) 王念孫:《廣雅疏證》,江蘇古籍出版社,1984 年。

[47] 王雲路:《中古漢語詞彙史》,商務印書館,2010 年。

［48］吳承洛：《中國度量衡史》，商務印書館，1998 年。

［49］吳福祥：《敦煌變文 12 種語法研究》，河南大學出版社，2004 年。

［50］向熹：《簡明漢語史》，高等教育出版社，1993 年。

［51］蕭清：《中國古代貨幣史》，人民出版社，1984 年。

［52］（漢）許慎：《説文解字》，中華書局，1963 年。

［53］揚之水：《詩經名物新證》（修訂版），天津教育出版社，2012 年。

［54］楊樹達：《積微居小學述林》，中華書局，1983 年。

［55］姚平：《唐代婦女的生命歷程》，上海古籍出版社，2004 年。

［56］葉桂郴：《明代漢語量詞研究》，岳麓書社，2008 年。

［57］臧克和：《説文解字的文化説解》，湖北人民出版社，1995 年。

［58］臧克和：《尚書文字校詁》，上海教育出版社，1999 年。

［59］臧克和、王平：《〈説文解字〉全文檢索》，南方日報出版社，2004 年。

［60］臧克和：《中古漢字流變》，華東師範大學出版社，2008 年。

［61］臧克和：《漢魏六朝隋唐五代字形表》，南方日報出版社，2011 年。

［62］臧克和、劉本才：《實用説文解字》，上海古籍出版社，2012 年。

［63］張赬：《類型學視野的漢語名量詞演變史》，北京大學出版社，2012 年。

［64］張敏：《認知語言學與漢語名詞短語》，中國社會科學出版社，1998 年。

［65］張詒三：《詞語搭配變化研究——以隋前若干動詞與名詞的搭配變化爲例》，齊魯書社，2005 年。

［66］張再興：《Access 數據庫在語言文字研究與教學中的應用》，江西高校出版社，2003 年。

［67］趙豔芳：《認知語言學概論》，上海外語教育出版社，2001 年。

［68］（清）趙翼著，欒保群、呂宗力校點：《陔餘叢考》，河北人民出版社，2007 年。

［69］中國大百科全書總編輯委員會：《中國大百科全書·語言文字卷》，中國大百科全書出版社，1988 年。

［70］中華文化通志編委會編，常建華撰：《宗族志》，上海人民出版社，1998 年。

［71］周訊、高春明：《中國衣冠服飾大辭典》，上海辭書出版社，1996 年。

［72］朱德熙：《語法講義》，商務印書館，2007 年。

［73］朱慶之：《佛典與中古漢語詞彙研究》，文津出版社，1992 年。

［74］宗福邦等：《故訓匯纂》，商務印書館，2003 年。

三、論 文 類

［1］（法）貝羅貝：《上古、中古漢語量詞的歷史發展》，載北京大學漢語語言學研究中心編：《語言學論叢》（第二十一輯），商務印書館，1998 年。

［2］陳紱：《從"枚"與"個"看漢語量詞泛指性量詞的演變》，《語文研究》2002 年第 1 期。

［3］陳練軍：《居延漢簡中名詞與量詞組合的語義條件》，《漳州師範學院學報》2004 年第 1 期。

［4］陳玉冬：《隋唐五代量詞的語義特徵》，《古漢語研究》1998 年第 2 期。

［5］儲澤祥：《名詞的空間義及其對句法功能的影響》，《語言研究》1997 年第 2 期。

［6］樊中元：《多義名詞對個體量詞的選擇》，《廣西師範大學學報（哲學社會科學版）》2003 年第 1 期。

［7］范崇高：《名量詞"人"示例》，《中國語文》2003 年第 3 期。

［8］顧云卿：《書何以稱"本"》，《咬文嚼字》2006 年第 10 期。

［9］郭繼懋：《再談量詞重疊形式的語法意義》，《漢語學習》1999 年第 4 期。

［10］郭先珍：《量詞的模糊性》，《漢語學習》1994 年第 3 期。

［11］洪藝芳：《吐魯番文書在中古漢語量詞研究上的價值》，《敦煌學》2001 年第 23 輯。

［12］洪藝芳：《中古漢語量詞研究的考察與展望》，《澎技學報》2003 年第 7 期。

［13］洪藝芳：《敦煌吐魯番文書中的通用量詞探析》，載項楚、鄭阿財主編：《新世紀敦煌學論集》，巴蜀書社，2003 年。

［14］洪藝芳：《論法門寺唐代〈衣物帳〉中的個體量詞》，《漢學研究》（第 24 卷）2006 年第 2 期。

［15］洪藝芳：《法門寺出土唐代〈衣物帳〉的集體量詞》，《文學新鑰》2006 年第 4 期。

［16］胡起望：《從民族學資料看數量觀念的發展》，《民族研究》1982 年第 1 期。

［17］華玉明：《試論量詞重疊》，《邵陽師專學報》1994 年第 3 期。

［18］黃盛璋：《兩漢時代的量詞》，《中國語文》1961 年第 8 期。

［19］黃載君：《從甲文、金文量詞的應用，考察漢語量詞的起源與發展》，《中國語文》1964 年第 6 期。

［20］蔣紹愚：《從"反訓"看古漢語詞彙的研究》，載蔣紹愚：《漢語詞彙語法史論文集》，商務印書館，2000 年。

［21］蔣穎：《漢語名量詞虛化的三種機制》，《雲南師範大學學報》2005 年第 1 期。

［22］李建平：《泛指性量詞"枚/個"的興替及其動因——以出土文獻爲新材料》，《古漢語研究》2009 年第 4 期。

［23］李建平：《漢語個體量詞研究出土文獻語料二題》，《中國語文》2012 年第 1 期。

［24］李若暉：《殷代量詞初探》，《古漢語研究》2000 年第 2 期。

［25］李先銀：《漢語個體量詞的產生及其原因探討》，《保定師範專科學校學報》2002 年第 1 期。

［26］李先銀：《借用名量詞的語義分析》，《信陽師範學院學報（哲學社會科學版）》2002 年第 2 期。

［27］李宇明：《論詞語重疊的意義》，《世界漢語教學》1996 年第 1 期。

［28］李宇明：《拷貝型量詞及其在漢藏語系量詞發展中的地位》，《中國語文》2000 年第 1 期。

［29］李宇明：《量詞與數詞、名詞的扭結》，《語言教學與研究》2000 年第 3 期。

［30］李宗江：《語法化的逆過程：漢語量詞的實義化》，《古漢語研究》2004 年第 4 期。

［31］李佐豐：《〈左傳〉量詞的分類》，《內蒙古大學學報（哲學社會科學版）》1984 年第 3 期。

［32］劉大爲：《流行語的隱喻性語義泛化》，《漢語學習》1997 年第 4 期。

［33］劉福鑄：《談量詞的選擇與錘煉》，《福建師大福清分校學報》1989 年第 2 期。

［34］劉興均：《〈周禮〉物量詞使用義探析》，《古漢語研究》2002 年第 1 期。

［35］盧屋：《量詞的表量、理據及其功能》，《西藏民族學院學報（社會科學版）》1988 年第 4 期。

［36］盧鑫瑩：《漢語個體量詞語義泛化的認知機制》，《五邑大學學報（社會科學版）》2012 年第 2 期。

［37］陸儉明：《語義特徵分析在漢語語法研究中的運用》，《漢語學習》1991 年第 1 期。

［38］羅日新：《從名（或動）、量的搭配關係看量詞特點》，《遼寧師範大學學報（社會科學版）》1986 年第 2 期。

［39］麻愛民：《漢語個體量詞研究中的語料使用問題》，《中國語文》2010 年第 2 期。

［40］麻愛民：《〈漢語大字典〉、〈漢語大詞典〉個體量詞編纂疏誤》,《南昌大學學報（人文社
會科學版）》2011 年第 1 期。

［41］馬慶株：《數詞、量詞的語義成分和數量結構的語法特徵》,《中國語文》1990 年第
3 期。

［42］倪寶元：《量詞的選擇》,《中國語文》1984 年第 5 期。

［43］牛太清：《量詞"重/層"歷時小考》,《古漢語研究》2002 年第 2 期。

［44］（日）氣賀澤保規撰，王維坤譯：《試論法門寺出土的唐代文物與"衣物帳"》,《文博》
1996 年第 1 期。

［45］邱湘雲：《閩南話和客家話的"量詞"——與國語比較》,《玄奘人文學報》2007 年第
7 期。

［46］邵敬敏：《量詞的語義分析及其與名詞的雙向選擇》,《中國語文》1993 年第 3 期。

［47］邵敬敏：《論漢語語法的語義雙向選擇性原則》,載侯精一主編：《中國語言學報》（第
八期）,北京語言文化大學出版社,1997 年。

［48］邵敬敏：《語義特徵的界定與提取方法》,《外語教學與研究》2005 年第 1 期。

［49］（日）神塚淑子：《天尊像、元始天尊像的問世、流行與靈寶經》,載李淞主編：《道教美
術新論》,山東美術出版社,2008 年。

［50］沈家煊：《"有界"與"無界"》,《中國語文》1995 年第 5 期。

［51］沈家煊：《轉指和轉喻》,《當代語言學》1999 年第 1 期。

［52］石毓智：《女人，火，危險事物——範疇揭示了思維的什麼奧秘評介》,《國外語言學》,
1995 年第 2 期。

［53］史樹青：《晉周芳命妻潘氏衣物券考釋》,《考古通訊》1956 年第 2 期。

［54］司徒允昌：《論漢語個體量詞的表達功能》,《汕頭大學學報（人文科學版）》1991 年第
1 期。

［55］宋玉柱：《關於量詞重疊的語法意義》,載宋玉柱：《現代漢語語法論集》,北京語言學
院出版社,1996 年。

［56］王景荃：《試論北朝佛教造像碑》,《中原文物》2000 年第 6 期。

［57］王紹新：《試論"人"的量詞屬性》,《中國語文》2005 年第 1 期。

［58］王紹新：《隋唐五代的一組稱人名量詞》,《漢語史學報》（第四輯）,上海教育出版社,
2003 年。

［59］王紹新：《唐代詩文小說中名量詞的運用》,載程湘清：《隋唐五代漢語研究》,山東教
育出版社,1992 年。

［60］王松木：《試論〈吐魯番出土文書〉的量詞及其所展現的物質文明》,《敦煌學》（第 22
輯）,1999 年。

［61］魏達純：《說〈貞觀政要〉中的"物"》,《中國語文》2003 年第 3 期。

［62］魏平：《試論漢魏南北朝墓誌的語言研究價值》,《樂山師範學院學報》2006 年第 3 期。

［63］吳福祥：《魏晉南北朝時期漢語名量詞範疇的語法化程度》,載沈家煊、吳福祥、李宗江
主編：《語法化與語法研究》（三）,商務印書館,2007 年。

［64］邢福義：《現代漢語數量詞系統中的"半"和"雙"》,《語言教學與研究》1993 年第 4 期。

［65］顏秀萍：《吐魯番出土隨葬衣物疏的物量詞例釋》,《中國語文》2001 年第 2 期。

［66］葉桂郴：《從"個"和"枚"等三對量詞的歷史演變看漢語量詞發展的機理》,《玉林師範
學院學報》2008 年第 1 期。

［67］葉南：《漢語名詞的"數"與重疊量詞》,《西南民族學院學報（哲學社會科學版）》1996

年第 5 期。

[68]（法）游順釗：《從認知角度探討上古漢語名量詞的起源》，《中國語文》1988 年第 5 期。

[69] 袁毓林：《漢語量詞的描摹性》，《漢語學習》1981 年第 6 期。

[70] 袁毓林：《詞類範疇的家族相似性》，《中國社會科學》1995 年第 1 期。

[71] 臧克和：《結構的整體性——漢字與視知覺》，《語言文字應用》2006 年第 3 期。

[72] 臧克和：《書體發展與文體自覺——魏晉南北朝書體發展的社會因素及社會功能》，《學術月刊》2007 年第 3 期。

[73] 臧克和：《金石學走向系統分析》，《中國文字研究》（第十四輯），大象出版社，2011 年。

[74] 臧克和：《詞肥義瘠》與"假象過大"——碑板文字語用考察之一》，《中國文字研究》（第十五輯），大象出版社，2011 年。

[75] 張萬起：《名詞對量詞的選擇問題》，《語法研究和探索》（第七輯），商務印書館，1995 年。

[76] 張萬起：《量詞"枚"的產生及其歷史演變》，《中國語文》1998 年第 3 期。

[77] 張湧泉：《"弓"字探源》，《古籍整理研究學刊》1994 年第 1 期。

[78] 趙中方：《唐五代個體量詞的發展》，《揚州師院學報（社會科學版）》1991 年第 4 期。

[79] 趙中方：《唐五代宋元集體量詞的發展》，《南京大學學報》1992 年第 4 期。

[80] 朱慶之：《試論佛典翻譯對中古漢語詞彙發展的若干影響》，《中國語文》1992 年第 4 期。

[81] 宗守雲：《論雙數量詞對名詞性成分的語義選擇》，《廣西師範大學學報（哲學社會科學版）》2007 年第 1 期。

[82] 宗守雲：《量詞範疇化的途徑和動因》，《上海師範大學學報（哲學社會科學版）》2011 年第 3 期。

[83] 宗守雲：《從"段"和"股"的泛化看量詞泛化的一般途徑》，《廣西師範大學學報（哲學社會科學版）》2011 年第 6 期。

[84] 曹芳宇：《唐五代量詞研究》，南開大學 2010 屆博士學位論文。

[85] 鄧幫雲：《元代量詞研究》，四川大學 2005 屆碩士學位論文。

[86] 郭瑞：《魏晉南北朝石刻文字的傳承與變異》，華東師範大學 2008 屆博士學位論文。

[87] 姜國平：《湘語通用量詞"隻"研究》，湖南師範大學 2005 屆碩士學位論文。

[88] 李建平：《先秦兩漢量詞研究》，西南大學 2010 屆博士學位論文。

[89] 彭文芳：《元代量詞研究》，廣西師範大學 2001 屆碩士學位論文。

[90] 汪祎：《中古佛典量詞研究》，南京師範大學 2008 屆博士學位論文。

[91] 王向毅：《名量詞在唐代的新發展》，西北大學 2007 屆碩士學位論文。

[92] 游黎：《唐五代量詞研究》，四川大學 2002 屆碩士學位論文。

[93] 周芍：《名詞量詞組合的雙向選擇研究及其認知解釋》，暨南大學 2006 屆博士學位論文。

[94] 宗守雲：《集合量詞的認知研究》，上海師範大學 2008 屆博士學位論文。